刘少奇
真情实录

于俊道 ○ 主编

天地出版社 | TIANDI PRESS

图书在版编目（CIP）数据

刘少奇真情实录 / 于俊道主编. —成都：天地出版社，2020.2（2022年2月重印）
ISBN 978-7-5455-4543-2

Ⅰ.①刘… Ⅱ.①于… Ⅲ.①刘少奇（1898-1969）–生平事迹 Ⅳ.①K827=7

中国版本图书馆CIP数据核字（2019）第043352号

LIU SHAOQI ZHENQING SHILU

刘少奇真情实录

出 品 人	杨　政
编　　者	于俊道
责任编辑	杨永龙　聂俊珍
封面设计	蒋宏工作室
内文排版	盛世博悦
责任印制	葛红梅
出版发行	天地出版社 （成都市槐树街2号　邮政编码：610014） （北京市方庄芳群园3区3号　邮政编码：100078）
网　　址	http://www.tiandiph.com
电子邮箱	tianditg@163.com
经　　销	新华文轩出版传媒股份有限公司
印　　刷	北京文昌阁彩色印刷有限责任公司
版　　次	2020年2月第1版
印　　次	2022年2月第7次印刷
开　　本	710mm×1000mm　1/16
印　　张	25
字　　数	356千
定　　价	58.00元
书　　号	ISBN 978-7-5455-4543-2

版权所有◆违者必究

咨询电话：（028）87734639（总编室）
购书热线：（010）67693207（营销中心）

如有印装错误，请与本社联系调换。

"共和国领袖真情实录"系列编委会

主 编：于俊道
编 委：（以姓氏笔画为序）
　　　 一 斌　于 力　于俊道　文 川　文 武
　　　 邹 洋　张文和　聂月岩　裴 华　魏晓东

目 录

第一章 炭子冲走出的革命家

◎刘少奇读私塾期间，中国社会发生了惊天动地的大事变。刘少奇不明白发生了什么事，他听大人们说，朝廷皇帝退位了，长沙的巡抚大人被赶下了台，宁乡的县太爷溜走了。他意识到，这不公平的社会将要发生变化。

◎1913年7月，刘少奇满怀着对未来的憧憬和向往，以总分第一的成绩考取了宁乡县的玉潭学校。刘少奇终于走出了炭子冲，开始接受新式的正规教育。

出身耕读之家，从小就不怕苦 ……………………………… 2
沉静好学，人称"刘九书柜" …………………………… 7
改名刘卫黄，为中华崛起而奋斗 ………………………… 11
赴俄留学，寻找救国真理 ………………………………… 15
加入中国共产党，投身革命洪流 ………………………… 24

第二章 学习！学习！再学习！

◎据传，毛泽东曾说过："三天不学习，赶不上刘少奇！"如果真有此事，毛泽东的话在很大程度上是一种自谦，但也从侧面反映了刘少奇博学勤思的可贵品德。刘少奇一生到底读过多少书，如今我们无法统计。但有一点是可以肯定的，他是我们学习的典范。

"学习是另一种形式的休息" ……………………………… 30
不应该把孔子一笔抹杀 …………………………………… 34
"没有知识分子，社会主义便不能胜利" ………………… 36

第三章　风雨共担：刘少奇与家人

◎王光美与刘少奇结婚后，在生活上，她负责照顾刘少奇的衣食住行；在工作上，她又是刘少奇的得力助手。在他们共同生活的20年中，有19年她担任刘少奇的秘书。

◎在刘少奇同志一百周年诞辰纪念日前夕，王光美同志在杂志上发表了用记者采访形式写成的长篇回忆文章《与君同舟，风雨无悔》。这是人们目前所看到的有关二人文字较多、内容充实全面的一篇好文章。

离开母亲，正是为了祖国的强大和母亲的幸福……………40
永远的支持者：六哥刘云庭………………………………46
革命伴侣何宝珍……………………………………………49
爱妻王光美…………………………………………………58
"好在历史是人民写的"……………………………………72
儿女情深……………………………………………………91

第四章　情系湖湘：伟人的故乡情结

◎1961年4月1日，一列火车从广州开出，急速驶向终点长沙。一位身材高大、满头鹤发、神采奕奕的老人倚窗而坐。他时而注视着窗外，时而闭目沉思。这位老人就是中共中央副主席、中华人民共和国主席刘少奇。这次，刘少奇到湖南不是回家乡探亲，而是回家乡专门搞调查研究。

"我们今天就住这里"……………………………………173
他在地上捡了一根树枝撩开人粪，仔细观察……………181
改"故"字为"旧"字更好些………………………………182
"不办食堂还是社会主义"…………………………………185

"我对不起各位父老乡亲"……………………………………191
"我是来向乡亲们承认错误的"…………………………………198
冯国全致死耕牛案……………………………………………202

第五章　要对每个公民负责

◎工人们有什么说什么，刘少奇问什么答什么。工人们全然没有普通百姓的拘束感，刘少奇全然没有中央领导的官腔。工人们感觉刘少奇是在真心实意帮他们排忧解难。无拘无束的谈话拉近了国家主席和普通工人之间的距离。他们在一起为林区将来的发展，谈了很久、很久，很多、很多……

"不论是不是工友，都应该尽量抢救"……………………………208
"把药留给病人吃"………………………………………………209
"一定要想出治病的办法"………………………………………210
"我们要多为群众着想，不能只顾我们的工作"…………………212
"你们大约需要多少粮食？"……………………………………214
"希望你们听毛主席的话，好好学习，天天向上"………………216
住房问题要解决，问题是怎么个解决法…………………………219
关心年轻人找对象问题…………………………………………221
"将来我们要给老乡还小米"……………………………………222
"小鬼，哪来的石榴？"…………………………………………223
"有都江堰，这就有了天府之国"………………………………225
危难时刻，让轮船为小船挡风…………………………………228
有理有据地保护刘桂阳…………………………………………230
小孩子写条标语不算什么反革命………………………………231
"再困难也不能取消伐木工人的酒"……………………………233
"让大家穿得漂亮些"……………………………………………236

"不能随便打扰老乡" ································· 240
"我们后方的人可以饿肚子，前方部队不好饿肚子的" ········ 243

第六章　俭朴不是丑事：主席的平民生活

◎刘少奇办公时习惯跷着腿，而普通办公桌的高度不够，他无法跷腿，很不方便。工作人员想给他特制一张新办公桌，他坚决反对。后来，还是他自己出主意，让木工把抽屉下的那块隔板挖了一个洞，那空间正好能容他跷起腿。工作人员说这样太不美观，刘少奇却说："要美观就得重做，那太浪费了，我要的是实用、方便。"

"走路走惯了，不习惯坐轿子" ························· 246
"嘴巴"越张越大的"狮子口鞋" ······················· 248
"不要紧，再缝一缝，还能穿些时候" ·················· 251
"这不是还能用吗？为什么要换新的呢？" ·············· 252
"我要的是实用、方便" ······························· 253
生活简朴容易满足 ······································ 256
23.80元，一位国家主席的全部家底 ····················· 258
"出国不一定非得穿新衣服" ··························· 260
"比我们困难的人还很多，为什么对我额外补助？" ······ 262

第七章　回忆：开国元勋点滴往事

◎刘少奇生活中没有什么特别的嗜好，就是爱吸烟。在思考问题时，他总习惯一支接一支地吸烟，无论在艰苦危险的革命战争年代，还是在和平建设时期，他常常一天要工作十多个小时。这样一来，每天吸的烟就多了，少则一盒，多则两盒。在经济条件较好的建设时期还好办，在条件艰苦的战争年代就常常"资源"枯竭。

借光读书	266
不许豺狼当道	267
惩治恶狗	268
打"鬼"的故事	269
节俭的"烟民"	270
替张二叔打抱不平	272
原谅七伢子	274
习武以酬志	275
与徐立业下棋	276
题　字	277
给朋友写对联	278
为一个标点符号请教专家	279
"星相先生"	279
不走的手表	280

第八章　君子之交昭日月：刘少奇与他周围的人

◎"你们想请我这个国家主席帮忙，以改变自己目前的状况，甚至改变自己的前途。说实话，我要是硬着头皮给你办这些事，也不是办不成。可是不行呀！我是国家主席不假，但我首先是个共产党员，共产党员应该全心全意为人民服务，不是为个人小家庭服务。我手中有点权也是真的，但这权是党和人民给的，我只能用于维护党和人民的利益。"

同志之间	284
在人民中间	338
与部属之间	362
亲人之间	381

第一章

炭子冲走出的革命家

◎刘少奇读私塾期间，中国社会发生了惊天动地的大事变。刘少奇不明白发生了什么事，他听大人们说，朝廷皇帝退位了，长沙的巡抚大人被赶下了台，宁乡的县太爷溜走了。他意识到，这不公平的社会将要发生变化。

◎1913年7月，刘少奇满怀着对未来的憧憬和向往，以总分第一的成绩考取了宁乡县的玉潭学校。刘少奇终于走出了炭子冲，开始接受新式的正规教育。

出身耕读之家，从小就不怕苦

湖南省宁乡县花明楼乡的炭子冲，是刘少奇的诞生地。

"冲"在湖南是指山水之间形成的小块盆地。炭子冲就是湖南千万个盆地里面的一个。

炭子冲西距宁乡县城30多公里，南面与毛泽东的故乡韶山相邻，东面离长沙40多公里，属丘陵地带，自然风景秀丽，土地肥沃。小山冲长约1公里，从冲尾到冲口颇似一把展开的巨扇。这条小山冲取名炭子冲，源于当地丰富的煤炭资源。据考证，20世纪初人们发现了埋在地下的黑色宝藏，就开始采掘，并办起了煤矿，最初叫清溪煤矿。当地人或伐木烧炭，或进山挖煤，以此营生。渐渐地，这个小山冲就取名为炭子冲了。

刘少奇的故居——炭子冲屋场——就坐落在炭子冲旁边的山坡下。它由正屋、偏房、外坪、内坪组成，共有茅、瓦屋20多间。从规模来看，刘氏家族当年是一个殷实、兴旺之家。刘少奇的祖籍原为江西吉水，后来才定居湖南。大概在明朝中叶，刘氏家族的始祖刘时显的长子刘宝因学识渊博、为人忠诚、多才，被朝廷派往湖南任了资阳（现称益阳）县的知县，刘时显夫妇就随同儿子来到资阳。刘宝在任期间，勤政廉洁，政绩不凡，深得当地老百姓的拥戴，刘氏家族和当地群众的感情日深。刘宝离任后，当地老百姓挽留其居住资阳，加上刘时显夫妇也十分羡慕湘江之滨的秀丽山川，不舍得离开，于是，刘宝便带着家人定居到宁乡县城南的茅田滩。后来，刘氏家族搬迁到南塘炭子冲一带居住。此后，刘氏家族便世代安居在这块美丽、富饶、肥沃的土地上，以"耕读传家"，乐在其中。很多年后，刘氏家族人丁逐渐兴

第一章
炭子冲走出的革命家

刘少奇的故乡——湖南省宁乡县炭子冲（历史图片）

旺起来，到刘少奇这一代已是第13代了。

刘少奇的曾祖父叫刘再洲，是一个勤劳朴实的农民。由于先辈没有给他留下什么像样的财产，年轻时生活是十分艰难的。但这并没有动摇他使家境好起来的决心。他和妻子胡氏及独生子刘得云，在离家不远的地方租种耕地，辛勤劳动，年复一年。在全家人的努力下，家境开始好转，在炭子冲附近购置了田产。

到了刘少奇的祖父刘得云持家时，他继承了父亲勤劳俭朴的家风，继续辛勤耕作，家境更加殷实。到后来，他将刘氏家族在炭子冲的田产扩大到60亩，并将原来的三间茅屋改建成七间较宽敞的新茅屋。刘得云虽然读书不多，但为人诚恳，乐于助人，常常以钱和粮来接济贫困的乡亲，深得当地群众的尊重。

刘得云生有两个儿子，长子刘秉林，次子刘寿生。刘少奇的父亲就是刘寿生。与父辈相比，刘寿生除具备了忠厚老实、心地善良、乐于助人的品德

刘少奇的故居——炭子冲屋场——就坐落在炭子冲旁的山坡下（历史图片）

外，在几代人中是受教育最多的人。这就决定了在对未来的设计上，刘寿生并不是很热心挣钱扩大田产和房屋，而是把主要精力放在对子女的教育上。他认为，只要孩子能读些书，将来总会有出息。他的4个儿子在父亲的资助下都进私塾读了书，而且一个比一个读的书多。老大和老二都读了4年左右私塾。后来，孩子们一个个来到世间，家庭劳务越来越繁重，刘寿生便让他们哥俩回家劳动。老三后来读了6年私塾，与两位哥哥相比，知道得更多，能力更全面，操练得写算俱全，19岁就成了全家总管。刘寿生最小的儿子是刘少奇。由于在刘氏家族叔伯兄弟姐妹中排行第九，所以小时候族人都叫刘少奇为"九满"。刘寿生看到小儿子聪明、善良，便对他抱的希望最大，要求最严格。他决心要让小"九满"读更多的书，在病重去世前，他交代家人要让"九满"多读几年书，将来当个好中医师。父亲的支持是刘少奇自幼得以接受传统文化良好教育的决定性因素。

刘少奇的母亲鲁氏，是一个普通的农家女子。1864年大年三十出生在离炭子冲5里远的顾庐塘，其父名叫鲁桂和。1882年她与刘寿生定了亲，当时刘寿生的父亲刘得云正重病在床，一家人看着他的病情一天天加重，十分焦急，便按照当地"一喜消三灾"的迷信习俗，希望以儿女的婚事来"冲喜"。可是，迷信毕竟是迷信，"冲喜"的办法无法挽救刘少奇祖父的生命。鲁氏坐着花轿来成亲的那一天上午，祖父便与世长辞。但不管怎么样，鲁氏的到来给刘家带来了福音。鲁氏虽然没有文化，却长得高大结实，聪明秀气。而娘家的大家庭生活，早已把她磨炼得麻利能干，她不仅把一家老小的家庭生活安排得井井有条，也能替丈夫分担大部分家务重担。在刘少奇的记忆中，母亲总是忙忙碌碌，十分辛苦。

刘少奇的母亲是一位开通的母亲。她十分支持儿女读书。虽然在当时的

宁乡县花明楼乡炭子冲刘少奇纪念馆（历史图片）

条件下，要供几个孩子上学是不可能的，但在父母的支持下，刘少奇兄弟4人前后都读了几年私塾，这在当时已经是不容易的事了。为了支持刘少奇读书，母亲特意为他布置了一间学习的小屋，这就是家中杂屋后面的一个小偏棚。屋内仅有一张旧桌，一把木椅，一只旧书箱，但在这间简陋的书屋中，文房四宝却是一应俱全。看着刘少奇安静地坐在小屋中埋头读书，母亲的心中升起一股幸福的激流，脸上露出自豪的笑容。

刘少奇的母亲性格坚强。尽管丈夫英年早逝，丧夫之痛几乎将她击倒，但她没有令孩子们失望。她从悲痛中解脱出来，坚强地挑起了家庭的重担，依靠几个逐渐成年的孩子，克服种种困难，不仅没有使家境衰败下去，还逐渐地振兴了起来。刘家后来又先后增加了几亩田产，加修了几间茅屋。

刘少奇从小生活在这样一个幸福、勤劳、家规严格的大家庭中。父亲的通情达理、吃苦耐劳、乐于助人，母亲的善良、坚强、干练，哥哥姐姐们的俭朴、勤劳的作风，在刘少奇的幼小心灵中留下了深刻的印象。瘦弱文静、聪明伶俐的他，并没有因为父母和哥哥姐姐的疼爱而养成好逸恶劳的习惯。相反，他从小就开始跟着大人到田边去放牛、割草、拾柴、挖野菜，幼嫩的身体分担着力所能及的家庭生活重担。

等长到八九岁，刘少奇便要求跟着父母和哥哥姐姐下田插秧了。但由于年龄太小，往往会把秧苗插坏。于是，他便选择了往田间送茶水、汤粥，提秧苗、拾禾穗的轻活。禾苗长起来后，到田间去除草也是刘少奇能够做的农活。虽说这是比较轻的农活，但在6月热天站在水田中弯腰扯草，一干就是大半天，仍然需要有毅力。好在刘少奇不怕苦，他学着大人们的样子，埋头苦干，从不偷懒，每每得到大家的称赞。也许，就从这时起他品尝到了劳动的辛苦，培养了顽强的意志。当他成为国家主席后，仍能够时刻关心群众疾苦，遇到各种困难时，能坚定不移，勇往直前。

第一章
炭子冲走出的革命家

沉静好学，人称"刘九书柜"

时间过得真快，1906年刘少奇已经8岁了。"望子成龙"的父亲把刘少奇送到离炭子冲不远的柘木冲读书。从此，刘少奇开始了他艰难的求学生涯。伴随着旧中国的动荡不安，他也慢慢成长起来。

刘少奇上学的年代，在乡下很少有新式教育的洋学堂，因而他的求学就首先由进私塾起步。由于先生的教学水平一般、课程陈旧等原因，刘少奇转了好几个学堂。虽说多次转学对一个年幼的学子来说十分艰辛，但7年的私塾生涯使他涉猎了大量中国古代的经典之作。这种学识功底为他长大后接受马克思主义并为中国革命及建设做理论上的论证奠定了坚实的基础。

刘少奇在入学后的头几年先后转学柘木冲、罗家塘、月塘湾等地。

柘木冲、罗家塘与炭子冲相隔不远，中间以一条小河沟为界，是朱氏人家集聚的地方。授课的先生也都姓朱。私塾里学的课程无非是《三字经》《论语》《孟子》《诗经》等。先生授课也都是些读、抄、背的方法。虽然课程陈旧，方法简单、呆板，但求学欲望强烈的刘少奇还是学得很认真。由于他天生记忆力好，态度认真，所以总是提前完成先生布置的学习任务，考试往往是第一名。刘少奇学习有个特点，读书时喜欢默不作声，生怕大声念书会影响别人的学习。他不但认真学习，而且善于仔细理解所学的内容。如《论语》讲的"吾日三省吾身"、《礼记》中的"人一能之己百之，人十能之己千之"、《孟子》所说"天将降大任于斯人也，必先苦其心志，劳其筋骨，饿其体肤，空乏其身，行拂乱其所为，所以动心忍性，增益其所不能"等至理名言，他都能熟背牢记，并以此为座右铭约束自己的行为，深得同学们的喜爱和先生的赞赏。

在私塾里，刘少奇和他的伙伴们有许多有趣的故事被人们传诵，后来又被文人学者们记载下来。透过这些平常的故事，我们可以看到刘少奇儿时的天真、活泼、聪明与懂事。

在柘木冲的私塾学习时，先生朱赞庭一家对刘少奇及其伙伴们非常喜爱，他们相处得很好。朱先生家的房前屋后栽了许多果树。每当树上的累累果实成熟时，那红盈盈的石榴、黄澄澄的梨子垂满枝头，引得这群顽童们馋涎欲滴，两手发痒。于是，就有几个胆大的小家伙偷偷爬上树去摘吃，惹得朱老先生发脾气。但刘少奇从不去摘石榴吃。

这一现象被朱老先生发现后，他便特地摘了两个熟透的石榴奖给刘少奇。刘少奇谢过先生后手捧红艳艳的石榴来到教室，用小刀将其切成小瓣，与小伙伴们一起分享。这一举动使在旁边一直观望的朱老先生大为感慨。他为自己有这样的学生感到高兴，更希望别的学童都能像刘少奇一样懂事明理。以这件小事为例，朱先生因势利导，从刘少奇分石榴讲到古时孔融让梨，语重心长地启发学生们，要树立做人的美德，要学会关心别人。学子们听了先生的话深受感动，对刘少奇这位品学兼优的伙伴更加尊敬了。

刘少奇在家人的支持下，继续求学，渐渐长大成人。

1909年，刘少奇已经11岁了，他又转学到离炭子冲稍远的洪家大屋学习。

所谓洪家大屋，并非是高楼深院，而是宁乡县芳储乡有名的洪家的宅院。这所宅院的外面是池塘，里面又有整齐排列的平房，三排九栋，气度不凡。门前是一片开阔的田地，环境优美。这样的大院和那些低矮的小茅房相比，要气派得多。尤其是门口那一对石狮子，显示着这家主人的地位和身份。洪家既是拥有很多土地的大户，又是世代书香门第。洪家先人洪葆卿是清代二甲进士，曾在陕西和甘肃做官；洪咏庐曾任翰林院国史馆进修；洪国良是清末最后一科的举人。洪家历代都十分重视对孩子的教育。这时，洪家为了使继承人洪赓扬得到良好的教育，专门选聘了受过新式教育的杨毓群来家里开设学堂，并招收附近的农家孩子来伴读。

杨先生在当地是很有名气的学者，所以洪家开馆办学的消息传出后，很多人送孩子前来就读。刘少奇的家人抓住这个机会送他来到洪家大屋。经过面试，洪家谢绝了别的求学者，收下了刘少奇。试读几个月后，洪母对刘少奇的各方面都比较满意，就正式认可了"九伢子"的伴读资格。洪母还让刘少奇与他儿子以兄弟相称，按当地风俗结盟为兄弟。

洪家的学堂果然与别的私塾不同。先生杨毓群学贯中西，又对现代新式教育有所了解，教学内容和方法不因循守旧。让刘少奇最感兴趣的是，课堂上再也不用日复一日地诵读"四书五经"了，而是由杨先生教授国文、算术和自然知识。国文课也不是千篇一律的"子曰诗云"，而是一些有趣的寓言故事。先生的教学方法也一改以往的死记硬背，代之以启发式教学，使学生的兴趣大增。在学堂里刘少奇学到了过去没学到过的新知识。尤其令刘少奇感兴趣的是，学堂里有很多很有意思的故事书和图画书。如《今古传奇》《世说新语》《西游记》等，这些书在家里父亲是禁止他阅读的，而在这里可以随便看，并不受限制。

在洪家大屋，刘少奇还有新的发现。他看到洪家的姑娘都不缠足，几乎和男人一样，这使刘少奇感到很奇怪。因为他看到自己的母亲和姐姐以及周围的妇女都是小脚。他想，为什么洪家的女子可以不缠足呢？既然洪家的女孩可以不缠足，别人家的女孩是否可以同样不缠足？同时刘少奇还看到，洪家的孩子放学后不用去看牛、割草，成年男人也不去下地耕田，而洪家的生活却比别人家好得多。刘少奇开始思考这些问题，但总是找不着答案。

虽然刘少奇在洪家大屋的学习颇有收获，但当父亲知道杨毓群先生不重视教学生"四书五经"时，颇为不满。于是，就让刘少奇停止了在洪家大屋的学习，而此时的刘少奇也很乐意回到他原先的小伙伴中。

辍学后的刘少奇，因经受不住父亲去世的打击，大病一场。病愈之后，在母亲的支持下又去了离炭子冲不远的花子塘二姐家寄读。这里的私塾先生叫杨寿吾，是个比较开明的人。他除了给学生教一些经书，还讲些中国历史上改朝换代的有趣故事。刘少奇的学业又有所长进。

随着学业的长进，私塾的学习已经不能满足刘少奇的求知欲了。于是，他开始到处借书来读，最常去的是同学周祖三家里。

周祖三家住在与炭子冲一山之隔的首自冲，其父周瑞仙是位倾向进步的知识分子，在留学日本期间就加入了孙中山先生领导的同盟会。回国后，他先后在长沙、厦门等地任教。周瑞仙对孩子的教育既严格又宽松。他把自己以前在国内上学时读过的书、留日期间买的书都分类整理好，如国文、算术、历史、地理、物理、化学、生理卫生等，供孩子们阅读。刘少奇随同学周祖三来过几次后，发现了这个读书的好地方，于是常常来周家读书。在这里，他不仅在书上认识了卢梭、华盛顿、瓦特、达尔文等一批外国政治家和科学家，而且也知道了康有为、梁启超和谭嗣同等中国主张改良的代表人物。

随着年龄的增长，知识的不断积累，年幼的刘少奇开始成熟起来。有一次，他和哥哥运货从一座山下经过时，看见一座小庙的门上刻着一副对联："惠止南国，戴如北辰。"

最初刘少奇不甚解其意，便一边请教别人，一边又翻书考证、思索，渐渐弄懂了这副对联的含义。过了几天，伙伴们在一起讨论这副对联时，刘少奇引用《论语》中的"为政以德，譬如北辰居其所而众星共之"和《诗经》中赞扬周文王的典故，解释道：这副对联，反映了老百姓希望为官者勤政爱民、仁慈廉洁的意愿。如果当官的都能施行这样的政德，那么，就一定会受到老百姓的爱戴，就如同无数小星星拥戴北极星一样。刘少奇的旁征博引，令伙伴们折服。因为刘少奇有学问，又沉静好学，于是人们便送给他一个外号叫"刘九书柜"。

几年的私塾生涯，不仅使刘少奇在学业上有了很大长进，而且在经历了不少事情后开始对社会也有了新的认识。父亲的病故和多次转学,使他感受到生活的艰辛;洪家大屋的所见使他在增长知识之外又看到社会的贫富不均;康、梁的改良思想,使他朦胧地意识到改良的重要。这一切,使刘少奇的内心世界开始发生细微的变化,为他的觉醒奠定了基础。

改名刘卫黄,为中华崛起而奋斗

刘少奇读私塾期间,中国社会发生了惊天动地的大事变。刘少奇不明白发生了什么事,他听大人们说,朝廷皇帝退位了,长沙的巡抚大人被赶下了台,宁乡的县太爷溜走了。他意识到,这不公平的社会将要发生变化。

不久,六哥刘云庭的到来使刘少奇初步了解到这种变动的情况。刘云庭从16岁就开始到外面闯荡,18岁时他加入了清政府编练的新军,并成为湖南新军的一个小头目。辛亥革命爆发时,他所在的部队参加了长沙起义,他因而见多识广,对这场变革比较了解。刘云庭告诉刘少奇,这场变革叫辛亥革命,推翻了清朝封建统治,建立了中华民国,中国社会因此要发生更加深刻的变革。

六哥看到刘少奇学识好又善于思考,关心社会变动,十分高兴。他鼓励刘少奇以后要多读新的进步书籍,并表示今后对刘少奇的学习要尽力支持。临回部队前,他给刘少奇留下一套《辛亥革命始末记》。刘少奇爱不释手,一连读了两遍。从这套书中,他了解到辛亥革命推翻封建王朝的革命壮举,也知道了革命先驱孙中山和黄兴等在这场革命中的伟大贡献和曲折经历。从这时起,刘少奇便非常钦佩孙中山、黄兴这些革命的先驱,认为他们比康有为、梁启超更伟大。

由辛亥革命引来的社会变革的思潮，撞击着少年刘少奇的心灵。他感到在这封闭的乡间根本无法了解外面正在迅速变动着的社会。要了解社会便要走出去，而走出去的唯一办法是进正规的小学堂去读书，只有这样才能为今后走向社会打下基础。1912年6月，刘少奇得到开明的母亲的支持，踏入了芳储乡小学的大门。

在芳储乡小学，刘少奇和昔日的许多小伙伴们又聚集在一起，格外高兴。也是在这时，刘少奇带头剪掉垂在脑壳后的长辫子，伙伴们以此来表示与封建王朝的决裂和对共和制的支持。由于学习的目的更加明确，在芳储乡小学他更加刻苦攻读，功课进步很快。仅用半年时间，他便以全班最优秀的成绩获得了毕业文凭。1913年7月，刘少奇满怀着对未来的憧憬和向往，以总分第一的成绩考取了宁乡县的玉潭学校。

刘少奇终于走出了炭子冲，开始接受新式的正规教育。

玉潭学校，是当时宁乡县颇有名气的新式学校。其前身是玉潭书院，始建于明朝嘉靖年间，以后多次修复改建。1902年改名为玉潭高等小学堂。后来又改名为宁乡县第一高等小学校（简称玉潭学校）。改制后的玉潭学校，开设国文、算术、历史、地理、物理、英语、体育、音乐、图画、手工等课程。任课老师大多是湖南高等师范学校毕业生，学贯中西，思想倾向进步。在这样的学校读书，正符合刘少奇的心愿，因而，他学习起来格外努力。

在玉潭学校学习期间，刘少奇的收获是多方面的。学业的长进，知识面的扩大只是一个方面，更重要的是他通过参加反袁斗争，在思想上渐趋成熟，开始真正觉醒。

刘少奇对各门功课的学习都十分认真，成绩优秀。即使他最不感兴趣的国文，因为有在私塾打下的坚实基础，成绩仍然名列前茅，他的作文经常被老师作为范文。刘少奇在学习中表现出的最大特点，就是他从不盲从、迷信，有独到的见解。比如，有段时间，国文课恢复了尊孔读经的内容，这实际上是为袁世凯复辟帝制制造舆论。而一些比较激进的学生，明确表示拒绝

读"四书五经"。刘少奇则主张反对对孔子顶礼膜拜，但认为对"四书五经"应作为一门学问来研习。他的观点是：对于孔子、孟子这几位大思想家的言论要有分析、有鉴别。他们有的观点是很有道理的。他们关于"民为贵""为政以德"等方面的一些言论，可以作为当政者的一面镜子，应当肯定。

宁乡县凤凰山玉潭书院（历史图片）

在玉潭学校学习时，令刘少奇最难忘的是亲身参加了宁乡人民反对袁世凯与日本签订丧权辱国的"二十一条"的爱国斗争。

1915年是刘少奇考入玉潭学校读书的第三年，就在这一年，中国社会的政治生活发生了一件大事。这年1月，日本帝国主义利用西方各列强忙于大战无暇东顾的机会，以解决中日两国间的"悬案"为名，向袁世凯提出了旨在灭亡中国的"二十一条"的无理要求。经过3个多月的交涉，5月9日，身为大总统的袁世凯，为了换取日本帝国主义对其复辟帝制的支持，竟不惜出卖国家主权，将这灭亡中国的"二十一条"无理要求全盘承认和接受下来。

消息一传开，举国悲愤！一场声势浩大的抗日讨袁运动在中华大地迅速展开。

玉潭学校的师生听到这一消息后，群情愤慨。刘少奇和贺执圭等同学刺破自己的手指，含泪在白纸上写下"誓雪国耻""毋忘国耻"的血书。在刘少奇等同学的带动和梅冶成等老师的支持下，玉潭学校的一部分学生首先走出校门，在县城各处张贴散发"毋忘国耻""取消二十一条"的标语和传单。同时，他们与县城各校联络，组织了轰动全县的游行示威运动。在游行队伍中，刘少奇身背"毋忘国耻"的牌子走在最前面。他个子高、声音洪亮，带领大家一遍又一遍地高呼"打倒卖国贼""不做亡国奴""坚决取消二十一条"等口号。游行一连持续了好几天，轰动了宁乡县城。

除此之外，刘少奇还和其他进步同学组成了抵制日货小组，四处宣传讲解，号召广大群众团结一心，自觉抵制日货。对于玉潭学校师生的这种爱国行动，宁乡县内袁世凯的走狗是不能容忍的。他们警告带头参加游行活动的学生，并扬言要捉拿支持学生开展爱国斗争的老师。这时的刘少奇已经成熟许多，他爱憎分明，并不为顽固势力的威胁所动。相反，为了表示要坚决保卫炎黄子孙的志向，他干脆将自己当时所用"刘渭璜"的名字改为"刘卫黄"。他在自己的课本、笔记本的封面上都重新用工整漂亮的毛笔字题写了"刘卫黄"几个大字。他还利用课余时间精心雕刻了一枚"刘卫黄"的大印章。一举一动，饱含了这位17岁学生对祖国和人民的深厚感情，也表明了他立志为中华民族崛起而奋斗终生的远大抱负。

1916年夏天，刘少奇以第一名的优异成绩从玉潭学校毕业，学校按照传统的习惯，派人敲锣打鼓把喜报送到他的家中。

仔细算来，从1913年入校到1916年毕业，刘少奇在玉潭学校整整度过了三个难忘的春秋。从入私塾以来，由于各种主客观原因，他还没有在哪个学堂连续读这么长时间。在玉潭学校，不仅读书的时间长，而且收获也最大。如果说此前在私塾主要是学习儒家经典的话，那么在玉潭学校他才开始比较全面地接受现代科学文化知识。更为重要的是，他在这所学校就读期间亲身参加了反袁爱国运动，对中国社会的了解更进了一步，他懂得了为中华民族崛起而奋斗是每个有志青年的历史责任。此时的刘少奇知识更丰富,理想也开始树立起来。刘少奇正在走向成熟。

赴俄留学,寻找救国真理

刘少奇从玉潭学校毕业后,"卫黄"的理想初步确立,但同时他又深感对中国社会了解太少。他从读私塾起,最远只不过进了宁乡县城,连长沙是啥样都不清楚,更谈不上对全中国的了解。这是刘少奇当时的第一个困惑。第二个困惑就是他仍感到掌握的本领还不够,这必然要影响到"卫黄"理想的实现。在玉潭学校梅冶成老师的指导下,他考虑再三,决定还是先去长沙继续求学,以便有更大的提高,为将来干一番大事业而打下坚实基础。

1916年6月的一天,刘少奇邀上玉潭学校的同学好友贺执圭、任克俊等,背着简单的行李来到长沙。他们来到省城,顾不上欣赏长沙的美景,便寻找可以报考的学校。经过反复筛选,最后决定报了宁乡驻省中学,通过入学考试后,进入该中学深造。

在宁乡驻省中学,他是跳级到二年级学习的,首先面临的问题是如何将前面一年多的功课补上。文史课程对他来说不是大问题,最难的是数、理、化课程。因此,刘少奇把主攻方向定在这几门课程上。他认为,记住繁杂的公式、定理,是学好数、理、化的关键环节,只有先弄懂这些定理、公式的来龙去脉,方可在做习题时得心应手。为此,他把每天学习的公式、定理写在手心,随时默记。他还在纸条上写好公式、定理和外语单词,贴在床头,以便帮助记忆。由于刘少奇天资聪明,加上刻苦认真、方法多样、富有实效,很快就把前面的课程补上而且进入优秀学生行列。进入省中学后,经过半年的努力，到期末考试时，他的各科成绩在全班名列前茅。同学都十分钦佩他的刻苦精神，大家开玩笑说："看来'刘九书柜'真是名不虚传！"并认为他将来可以成为一个有名的医生、工程师或者是教授，前途无量。

然而，刘少奇的志向并不是将来过一种比较富裕的日子。这时，他已经18岁了。18岁正是对未来充满着憧憬的年龄。他的志向是报国，是为中华民族的强大而贡献力量。如何报国？如何才能为祖国的强大作出贡献？刘少奇经常思考着这些问题。

他回想起玉潭学校梅冶成老师讲过的中国历史上苏武、班超、马援、岳飞等英雄报国的壮举，再回头看看中国军阀混战，人民在痛苦中呻吟的悲惨现状，决定走从军报国之路。

刘少奇将自己的想法告诉了一贯支持他、关心他的六哥刘云庭，得到六哥的支持。六哥告诉刘少奇，部队缺少有文化的人，只要他去参军，一定能干出个名堂来。1916年冬，刘少奇决定报考新办的湖南陆军讲武堂。他借用六哥一位刚退伍的战友刘丰生的证件报上了名，顺利通过考试，接到录取通知书。

经过4个多月的等待，到1917年4月，湖南陆军讲武堂正式开学，刘少奇放弃了他在宁乡驻省中学的学业，到讲武学堂报到入学。5月1日讲武学堂举行开学仪式，湖南省督军兼省长谭延闿到校讲话。这是刘少奇第一次听到省长大人发表演讲。

从一所普通中学来到湖南省内最高军事学府，从一个中学生成为军校的学员，这种跨越对他来说是人生旅途上的一件大事。令刘少奇激动不已的是，进了军校意味着他投笔从戎、报效祖国愿望的实现完全成为可能。他怀着对军事知识的渴求和对未来的憧憬投入了紧张的学习和训练当中。新的学习内容、新的环境，使刘少奇的生活充满了欢乐，他常常抽空回到宁乡中学和昔日的伙伴们共享这种欢乐。

意想不到的事发生了。讲武堂刚开军事课程一个多月，护法战争爆发，

第一章
炭子冲走出的革命家

到 10 月，湖南长沙陷入一片混乱。讲武学堂设在湖南省督军署旁边，成为交战双方攻防的重点，炮火中，讲武堂变成一片废墟。学员们脱下军装，东奔西走。刘少奇被迫离开长沙，暂时回到炭子冲。

离开讲武堂，从戎救国的愿望算是要落空了。但他又不愿回到宁乡驻省中学复读。权衡再三，刘少奇决定在家自修，等待机会的到来。于是，他借了好多书，在家开始了自修。据研究刘少奇的一些史学家统计、考证，在这段自修时间，刘少奇除了自修中学课程及一部分大学课程，重点是研读古籍史书，系统地涉猎了历代思想家的著作。明代进士袁了凡先生著的《了凡纲鉴》和《资治通鉴纲目》两部古书是重点中的重点。其主要目的是从古人治国经验中吸取营养，作为他寻找救国道路的借鉴。

刘少奇人在家中，心系国家。他时常在思考着怎样才能为广大贫苦的劳动人民谋幸福，怎样才能停止军阀混战，使中国真正强大起来不受列强的欺凌。他从远古想到现代中国社会，从炭子冲想到湖南、想到整个中华大地。从他系统研读过的古籍史书中找不到理想、满意的答案。刘少奇此时能够做得到的，就是尽量去资助那些饥寒交迫的老乡。

青年求学时期的刘少奇（历史图片）

刘少奇的家也不算很富有，但由于母亲的日夜操劳和几位兄长的踏实肯干，日子过得不错，常有余粮。刘少奇因此常打自家的主意。刘少奇到底用了多少方式接济过多少穷人，已无从考证。我们只选一件事就足以证明他是"不顾小家顾大家"的典型代表。有一天清晨，刘少奇正在外面练拳，看见一个肩挑箩筐的人来到他家门口，似乎要进屋却又迟疑未进。刘少奇觉得奇怪，就走上前去打招呼。仔细一看，原来是以前经常来刘家帮助修盖茅房的一位工匠周师傅。

"周师傅，这么早就赶来，有啥急事吗？"刘少奇很热情地问道。

"我欠公堂两石积谷，现在团总催我还上，可家里仅有的一点早就卖光了，你看我上哪去凑这两石谷子，真是急死人了！"周师傅心事重重地低声回答。

听完周师傅的话，刘少奇心里一沉，片刻后他悄悄对周师傅说："你先回去吃早饭，吃完饭后上午推一辆土车来，从我家运两石谷子去还清好了。"

"这……"周师傅犹豫着，像是有些不相信，又像是有些担心。

刘少奇看着他将信将疑的样子，就赶紧说："不要紧的，上午我哥他们都出门做事，就我一个人在家，你快去快来吧！"

周师傅虽有些为难，但又没有别的更好的办法解决这一问题，只好按刘少奇说的办。他回家吃过早饭后，推着土车来到刘少奇家。这时，刘少奇早就打开谷仓在等着他。刘少奇帮周师傅装好谷子，送他上路。周师傅怎么也不相信，这么急杀人的事，在刘少奇的帮助下一早上就解决了。他流着眼泪感激地说："九爷救了我呀！"

尽管刘少奇尽其所能帮助乡亲们，但他也很清楚，这种办法是微不足道的。帮得了一时，帮不了一世；帮得了一家，帮不了一村，更不用说一县、一省、一国了。究竟用什么办法才能帮助全国千千万万的穷苦百姓过上幸福的日子，怎样才能使中国强大起来？这是刘少奇自修期间苦苦思索的问题。成熟了许多的刘少奇经过认真思考，认为中国贫穷落后的原因在于没有人才。中国既缺乏治国的人才，又没有各方面的专业人才和管理人才。这种情况下，怎么能使中国强大起来？于是，他决定继续求学。其具体思路是，先搞到一张中学文凭后再去继续投考专业学校或大学。1919年春，经过了一年多在家的自修后，刘少奇又来到长沙私立育才中学毕业班学习。

大概20世纪注定是中国要发生深刻变革的世纪，大概刘少奇只有经受了这场深刻变革之后才能成长起来，才能对中华民族的崛起作出应有的贡献。就在刘少奇中学快要毕业的时候，在北京爆发了震惊中外的伟大的五四运动。

1919年5月4日，因反对列强在"巴黎和会"上任意宰割、瓜分中国，北京爆发了大规模的学生示威活动，遭到反动政府的镇压。消息传出，在全国范围内一场声援北京学生的爱国运动迅速开展起来，并很快发展成为声势浩大的反帝反封建运动。

北京爆发的学生运动波及长沙后，湖南各界，特别是青年学生立即行动起来，声援北京学生的斗争。5月中旬，邓中夏从北京来到长沙活动，各校派出了学生代表举行会议，研究如何响应北京的爱国运动。在邓中夏、彭璜、毛泽东等人的领导下，5月底，长沙市中等学校学生联合会成立了。6月初，长沙各校学生全体罢课。刘少奇作为育才中学学生运动的带头人，为了投身更大的革命洪流，在通过了毕业考试后，未来得及拿到毕业证书，便匆匆北上，来到了五四运动的中心——北京。

北京，不愧是中国著名的大都市、五四爱国运动的发源地。在这里，聚集了很多著名的思想家、社会活动家，他们通过演讲、写文章等多种方式宣传新的思想，给这座古城带来了生机。到北京后，刘少奇参加了天安门广场的群众集会和游行活动，这使他再次感受到了中国人民的伟大力量。

刘少奇到北京时，正赶上各大学招生，他先后报了包括北大在内的几所普通高等学校和军事学校，都以优秀的成绩被录取。但是，他最想上的北大因学制太长、学费太高而使他只能站在这所最高学府的门口兴叹。入军事学校倒是可以免费，但刘少奇从北洋军阀和各地方军阀所操纵的军队为争权夺利而进行的战争中，感觉到在目前军阀统治中国的这种状态下从戎未必能报国。

正当刘少奇苦恼之时，他得到一个消息，北京华法教育会正在组织青年去法国勤工俭学。获得这个消息使刘少奇着实高兴了一阵，他似乎看到了希望之光。刘少奇赶忙找人联系，报名参加。但去法国的路费要自理。为此，他想了很多办法筹措去法国勤工俭学的路费，均遭失败。囊中羞涩的刘少奇实在无力支付路费，赴法留学一事只能作罢。

虽然刘少奇为筹措路费几次碰了钉子，但他并没有气馁，而是继续努力着。不久，他听说有中学毕业文凭的青年要求留法的，可以先进入保定育德中学留法预备班学习一年法文和技艺，然后可以赴法。刘少奇和湖南籍的几个青年学生抱着一线希望辗转来到了保定。

保定育德中学，创办于1906年，是一所私立学校。虽然规模不大但当时很有些名气。该校在华法教育会的支持下，在原有的基础上附设了留法预备班。全国有不少青年来这里求学。留法预备班自创办以来到1919年夏，已经有两个班毕业，刘少奇进入该校第三班学习。

1919年9月，刘少奇在该校的学业正式开始。这里的教学很特别，它没有一般高等学府那样的学究味，采取的是半工半读的方法。半天读书，半天劳动。所学的内容有：法文、机械学、木工、钳工、锻工、翻砂等技术。学校附属的实习工厂分别设有铁工场和木工场，有三个车间，一台小型发动机，还有车床、钻床、刨床等十余台机器。学校为配合教学，特地请来一位技艺很高的师傅指导学生上机实习。

育德中学不但为刘少奇等一批进步青年学习技术和进行生产实践创造了条件，而且该校民主、自由的环境也为这些有志青年接受世界进步潮流奠定了基础。由于校长王国光思想进步，他经常向学员们讲国内外形势，和学生一起探讨救国道路。他还支持办了一份校刊，向学生介绍国内军阀混战的动态，宣传俄国十月革命的胜利和布尔什维克党的革命主张。这份不起眼的

第一章
炭子冲走出的革命家

1919年5月4日，北京三所高校的3000多名学生代表冲破军警阻挠，云集天安门，他们打出"誓死力争，还我青岛""收回山东权利""拒绝在巴黎和会上签字""废除二十一条""抵制日货""宁肯玉碎，勿为瓦全""外争主权，内除国贼"等口号，并且要求惩办交通总长曹汝霖、货币局总裁陆宗舆、驻日公使章宗祥，五四运动爆发。五四运动是中国旧民主主义革命的结束和新民主主义革命的开端，中国革命从此进入了一个新的历史时期（历史图片）

校刊，把青年学生的思想和世界以及中国被压迫人民的命运联系了起来，而校园内广为流传、公开阅读的《新青年》《每周评论》《湘江评论》等进步刊物，使同学们深受启发。通过学习与劳动实践，他们迅速成长起来。

1920年6月，刘少奇从育德中学留法勤工俭学预备班毕业。此时，情况发生了变化。由于法国政府的限制，华法教育会停止了赴法勤工俭学的选送工作。赴法不成，刘少奇只好返回长沙。这对一心希望赴法寻找救国真理的刘少奇来说，无疑是一瓢冷水。

但过了不久，刘少奇得到消息，在湖南已成立了"俄罗斯研究会"和留俄勤工俭学团的组织。刘少奇想，如果能去俄国不是比去法国更理想吗？于是，他立即做出决定，改赴法勤工俭学为赴俄，到十月革命的发源地，到列宁的故乡去。

通过长沙"俄罗斯研究会"成员贺民范的介绍，刘少奇加入了社会主义青年团，并同任弼时、萧劲光等进步青年一道前往上海，在上海外国语学社学习俄语，为赴俄勤工俭学做准备。

在经历了与家庭成员的争论之后，刘少奇赴俄留学的主张得到了母亲和兄长的理解与支持。1920年冬，刘少奇带着家中好不容易为他凑好的路费，在长沙湘江码头登上了北去的火轮船，沿湘江、洞庭湖、长江而下，直达目的地上海。站在轮船甲板上，面对汹涌澎湃、滚滚东去的江水，刘少奇心潮激荡，感慨万千。也许这一去要很多年才能再次看到祖国辽阔壮丽的河山。家中年迈

保定育德中学旧址。该校1917年秋至1920年附设了留法高等工艺预备班（历史图片）

的母亲一定会为儿子的远去牵肠挂肚。但是，儿子的远去不正是为了母亲的幸福，为了祖国的强大吗？想到这里，他暗下决心，一定要在他乡寻找到救国真理，拯救处在被压迫、被奴役地位的中国人民，把可爱的祖国建设得更加美丽。

到了上海，外国语学社已经开学。好在他持有贺民范的介绍信，因此受到热情接待。刘少奇一行被安排在学社厢房楼上的集体宿舍，楼下为教学和办公场所。这里的生活是很艰苦的，每人每月按规定吃5元钱的包饭，为节省点钱买书，同学们想出一个办法，就是五个人合伙包四个人的饭。虽然吃、住等方面的条件很差，但这些热血男儿聚集在一起，很是开心，学习的积极性很高。外国语学社的主要课程是俄语。为了便于去俄国后的学习和工作，要求学员们在几个月内掌握俄语的几千个常用单词和最基本的语法，做到具备初步的听、读、写、说的能力。因此，学习任务十分繁重。在上海外国语学社，刘少奇和同伴们除了学习俄语，还参加了上海工读互助团和上海马克思研究会的活动。把学习俄文、马克思主义基本理论和了解上海工人阶级生活状况联系起来，进一步确立了对马克思主义的信仰，为赴俄留学做好了准备。

在紧张的学习和工作中，刘少奇及其同学在上海外国语学社度过了愉快的几个月。很快，冬去春来，百花争艳。1921年春天，他们拿到了前往俄国的护照、船票和去莫斯科学习的介绍信。1921年4月初，刘少奇等十余名社会主义青年团团员，自上海吴淞口登上了轮船，终于踏上了去往莫斯科的漫漫征程。

加入中国共产党，投身革命洪流

历经千辛万苦，用了整整三个月时间，他们终于在 7 月初到达莫斯科。

莫斯科，是中国进步青年向往的"圣地"。刘少奇一行来到这里后用惊奇和几近贪婪的目光注视着这里的一切。那高耸的克里姆林宫钟楼，雄伟的红场，宽阔、干净、笔直的街道，这一切看起来都是那么亲切。不仅如此，更让这些中国进步青年羡慕的是，这里没有像中国那样的"租界"，没有中国那样流浪街头的乞丐，没有摇头摆尾、神气十足的阔老爷，看到的是为幸福生活而忙碌的人们。这是多么令人向往的生活！多么令人向往的社会！

到莫斯科后，刘少奇一行受到俄国布尔什维克党的关心，他们被安排住在共产国际的招待所。随后，他们还有幸参加了共产国际第三次代表大会的旁听。特别难忘的是，他们在大会期间，见到了世界无产者敬爱的领袖列宁，并聆听了列宁的讲话。

大会闭幕后，刘少奇和同伴们被选送到莫斯科东方劳动者共产主义大学（以下简称东方大学）学习。1921 年 10 月，东方大学正式开学。刘少奇、罗亦农、任弼时、萧劲光等 40 余名中国青年，在这里开始了新的学习。

东方大学位于莫斯科中心，离克里姆林宫和红场都不远。学校为中国青年开设的课程是有针对性的，主要是：无产阶级革命理论、政治经济学、国际工人运动史、俄文等。因为授课老师基本上是俄国人，老师和学生之间的语言交流有困难，学起来很费劲。

为了克服语言障碍，他们经过协商，请北京《晨报》驻莫斯科的记者瞿秋白来当翻译。瞿秋白不但俄语好，而且也正在研究马克思主义，于是就承担了中国学生政治理论课的翻译和授课任务。他对教学十分内行且认真负责，他的帮助对中国学生的学习起了极大的作用。

东方大学的制度非常严格，完全采取军事化的管理制度，这是中国学生在国内没有经历过的。每天早晨，学员们跑步到操场列队操练。然后用冷水洗一把脸，吃块黑面包，就去上课。每天上下午的课程都排得很紧，形式也多种多样。有时去听课，有时听报告，也有讨论和自学，还要参加一些重要的政治活动。晚上要轮流站岗放哨，星期天参加义务劳动。

当时，苏维埃俄国正处在严重的困难时期。战争的创伤再加上敌人的封锁，使全国的经济状况很差。严重的形势迫使苏维埃政府实行战时共产主义政策。中国学生的生活和红军战士一样，这在当时已经是最高待遇了。他们每人每天只能分配到一块二两多的黑面包，分餐食用。中午最丰盛的一餐也只是给每人供应一碗有几片土豆或萝卜的清汤。这些20多岁的小伙子因长期吃不饱，竟连上楼的力气都没有了。他们的衣服、被子都是统一发的，因为单薄、破旧，抵御不了莫斯科的漫漫寒夜。尽管如此，中国学员从不叫苦。他们知道不远万里从中国来到这里，不是来享受而是来寻找救国真理的。因此，这些来自中国的年轻人思想乐观、情绪稳定，学习积极性高。他们抓紧时间，尽量多学一些马克思主义的革命理论和十月革命的新经验。刘少奇在东方大学同样是优秀生。他夜以继日地阅读着马克思、列宁和其他革命领袖的著作。尽管俄文原版书读起来吃力，但他凭借字典一部一部地啃。刻苦的学习必然有丰厚的收获。刘少奇通过对马克思主义理论的系统学习，初步掌握了认识世界的科学方法，思想觉悟不断提高。

1921年7月，中国共产党成立了。刘少奇听到这个消息后，非常激动。他找中国班的政治教导员谈心，表达了渴望加入中国共产党的决心和愿望。1921年冬，刘少奇的崇高愿望实现了，在东方大学由社会主义青年团的团员转为中国共产党党员。与刘少奇同时入党的还有彭述之、罗亦农、卜士奇等人。东方大学的中国班还建立了中国共产党的旅俄支部，刘少奇是支部负责人之一。

从 1906 年读私塾算起，到 1921 年，刘少奇在学知识、求真理的道路上整整走过了 15 个年头。从一个不懂事的孩子成长为有知识、有理想的共产主义战士，成为中国共产党党员，其间所经受的艰辛只有他自己能够体会得到。但不论走过的路有多么曲折，刘少奇从没后悔过。因为，原本求学的目的就是为了寻找救国的真理，并不是为了个人发家致富。当他认识到只有马克思列宁主义才能指导中国革命取得胜利并最终走上独立、富强的道路时，便毫不动摇地选择了这条反帝反封建的革命道路。

1922 年春，由于中国共产党的革命活动已经展开，亟需既有马克思主义理论基础，又有一定实践经验的骨干力量，刘少奇的学业还没有完成，就被通知提前回国参加革命运动。已经成为中国共产党党员的刘少奇，接到指示后，坚决服从党的号召，踏上了回国的征程。

再见了，东方大学！再见了，莫斯科！再见了，亲爱的老师和同学们！

回国后的刘少奇，为中华民族的独立和富强奋斗了 40 余年，直到生命的

苏联莫斯科东方劳动者共产主义大学教学主楼（历史图片）

第一章
炭子冲走出的革命家

中国共产党第一次全国代表大会会址位于上海市望志路106号、108号（今兴业路76号、78号）。1921年7月23日，中国共产党第一次全国代表大会即在此举行（历史图片）

最后一刻。作为一代伟人，在近半个世纪的革命生涯中，他始终执着追求、无私奉献。他那追索真理的远大志向、献身革命的坚忍品格、忠于人民的公仆精神，是我们的宝贵财富。刘少奇用自己坎坷的一生，证实了对祖国、对人民无限的忠诚！

斯人已去，留给后人的是一座永恒的人生丰碑和不尽的思念！

/第二章/

学习！学习！再学习！

◎据传，毛泽东曾说过："三天不学习，赶不上刘少奇！"如果真有此事，毛泽东的话在很大程度上是一种自谦，但也从侧面反映了刘少奇博学勤思的可贵品德。刘少奇一生到底读过多少书，如今我们无法统计。但有一点是可以肯定的，他是我们学习的典范。

刘少奇是伟大的马克思主义者和无产阶级革命家，是中国共产党和中华人民共和国的卓越领导人。他是公认的党内理论家。他之所以能够从一个农民的孩子成长为在理论与实践上均有卓越贡献的伟人，源于他救国救民的远大志向和勤奋的学习精神。远大的志向，决定了他的学习不是为了图个文凭，谋个好职位，而是为中华民族的独立富强掌握更多的科学文化知识。因此，他真正做到了活到老，学到老，终生不息。而勤奋的学习精神，又使他无论在战火纷飞的年代还是和平建设的时期，总要千方百计挤时间不停地学习、不停地钻研、不停地思考，甚至牺牲治病和疗养的时间。靠着这种水滴石穿的精神，他日复一日，年复一年地遨游在知识的海洋，最终成为学贯中西的马克思主义理论家。据传，毛泽东曾说过："三天不学习，赶不上刘少奇！"如果真有此事，毛泽东的话在很大程度上是一种自谦，但也从侧面反映了刘少奇博学勤思的可贵品德。刘少奇一生到底读过多少书，如今我们无法统计。但有一点是可以肯定的，他是我们学习的典范。

"学习是另一种形式的休息"

刘少奇十分热爱学习，不论在什么条件下，他对自己的学习都抓得很紧，从不荒废时间。刘少奇看书学习，涉猎面较广，各种书籍报刊，凡是有可能，他都要阅读一番，从中获取新的知识。但是，繁忙的工作往往使刘少奇没有完整的时间用来学习。有时，他还常常要利用组织上规定他休假的时间来看文件和办公。因此，保健部门只得又规定，刘少奇休息，必须离开家，并且不准带办公物品和文件。他不好违反规定，于是，把休假变成了集中学习。

第二章
学习！学习！再学习！

1951年冬天，由于工作十分劳累，刘少奇的身体很虚弱。医生们很焦急，几次让刘少奇注意休息，可他一工作起来就把医生的话放到了一边。于是，医生们只好提出，让刘少奇放下工作，到外地去休养一段时间。毛泽东主席知道这件事后，十分关心刘少奇的身体健康，要刘少奇到杭州去休息。

临出发时，刘少奇别的东西没带，只把厚厚的几本《中国通史》装到皮包里，带到了杭州。

杭州是个非常有名的风景区，是游览胜地。那里有花港观鱼、三潭印月、灵隐寺……数不胜数、美不胜收，这正是休息和调养身体的好地方。可是，刘少奇到了这里，很少出去游览观光，除了在住所附近散散步，其余的时间几乎都用在看书学习上了，差不多每天都要学习十几个小时。他戴着老花镜，坐在办公桌前，手里拿着《中国通史》，一看就是几个小时。他常常是一边看书，一边思考着什么，有时还要提笔在书页上写眉批，或是翻开辞典、地图查阅什么。他读得是那么认真，那么入迷，到了吃饭时间，工作人员都常常不忍心打断他。

很快，一个多月过去了，刘少奇的休假结束了，他带来的《中国通史》也读完了，书上写满了眉批，新书也变成了旧书。刘少奇身边的工作人员看着这一切，感慨地说："这哪里是休假啊！"是啊，在刘少奇看来，休假就是学习的好机会。

刘少奇还有一次休假是1959年，那次休假，他干脆组织了个学习讨论会，专门研究政治经济学。

1959年秋天，刘少奇在长期革命斗争中落下的肩周炎又发作了，胳膊抬不起来，时常痛得他满头大汗，经过治疗也未见好转。为了坚持工作，他把胳膊垫在枕头上，以减轻疼痛。为此，党中央决定让他到海南岛治疗和休养一段时间。

这时，从1958年开始的"大跃进"已经搞了一年多了，工作中暴露出一些矛盾和问题,应该如何认识和解决它们,正是刘少奇探索的问题之一。于是,他决定利用这次休假,专门研究政治经济学,从理论上研究探讨这些问题。这次出发时,他带的是《政治经济学教科书》。

11月的海南岛,山青水碧,郁郁葱葱,广阔无垠的大海涌起阵阵波涛,在明媚的阳光下,格外迷人。

可是刘少奇同上次休假时一样,很少去游览观光,一到海南岛,就开始学习。他不仅自己学习,还把身边的工作人员都组织起来,同他一起学习政治经济学。

这天,刘少奇主持第一次学习讨论会。他对大家说:"我们要利用这段时间,好好把政治经济学学一遍。怎么学呢?我先谈几点建议。"他看了看大家,接着说:"第一,我们的讨论会采取座谈方式,谁有话就讲,会上可以展开辩论;第二,在我们的学习会上,不分上下级,大家都是学员,不要有拘束;第三,这里学习所讲的话,不要到处去讲,如果要讲,只能当作自己的

为总结社会主义建设的经验教训,刘少奇于1959年11月在海南岛研究政治经济学理论。这是他在讨论会上发言(历史图片)

第二章
学习！学习！再学习！

意见讲，错了自己负责；第四，第五分册有些内容比较难懂，喏，我请来了两位老师，就是这两位，薛暮桥和王学文同志，大家有看不懂或不理解的地方，可以向他们请教。我们的会议大家可以讲话，也可以不讲话，不要搞得很拘束。"

刘少奇的这番话打消了大家的顾虑。原来，有些同志觉得自己文化水平不高，尤其是一些警卫人员，怕出"班门弄斧"的笑话，打算学习讨论时先不发言，听了刘少奇的开场白，大家的压力消失了，都畅所欲言，有的摆情况，有的提问题，有时还要争论一番，结果，第一次讨论会开得非常热烈。

从这天起，在刘少奇的带领下，大家一起学习政治经济学，上午读书，下午讨论。在看书学习时，刘少奇认真读书，查阅参考材料，深入思考问题，一坐就是很长时间，常常忘了吃饭。讨论时，他又总是带头发言，谈他的学习体会。他还同薛暮桥、王学文详细地讨论我国国民经济中的问题和解决办法，提出了许多精辟、独到的见解。后来，薛暮桥把刘少奇在讨论中的发言整理成书面材料。不

1959年11月，刘少奇在海南岛兴隆华侨农场了解咖啡生长情况（历史图片）

久，这份材料被周恩来总理、李富春副总理等拿去，在有关会议上作了传达学习。其中的许多好思想，对今天的国民经济建设仍有着重要的指导作用。

就这样，刘少奇在紧张的学习讨论中又度过了一个假期。有的工作人员看到这一切，感慨地说："少奇同志的休假有名无实，应该说少奇同志是到这里学习来了。"刘少奇说："不，学习就是休息，对我来说，它是另一种形式的休息。"

不应该把孔子一笔抹杀

山东，特别是在孔子的故乡鲁西南一带，孔子的影响不只在上层，就是在群众中也颇深，如成年男女不得到父母或家长许可，便不能公开参加任何活动，有些父母常拿"老夫子"（即孔子）的言论来约束家庭内的成年男女。这对于我们抗日民主建政和开展群众运动，都是一种阻力。因而，对孔子应采取什么态度，便提到了分局宣传工作的日程上。分局宣传部的一些同志认为，应该正面提出孔子来加以批判；另一些同志则认为，几千年来孔子在群众中留下了深远的影响，目前我们只能利用孔子来向群众进行教育，而不能直接批评孔子。刘少奇的秘书柳岗（即吕振羽）当时感到这是一个比较复杂的问题，既不能对这种不利于抗战和民主的落后保守思想让步，也不能脱离群众。但究竟应该如何处理，自己思想上也不明确。于是柳岗请教中共山东分局书记朱瑞，朱瑞认为这样的问题应该去向刘少奇同志请教。

下午，柳岗回来向刘少奇汇报了情况，并转达了朱瑞的意见。刘少奇坐在窗边，认真地倾听着，凝视着坐在对面汇报的柳岗。随后，他沉思了一会儿，以严谨而又谦逊的态度对柳岗说："这类问题，最后还是要请山东分局根据实际情况去处理，我只能谈一点个人的看法。"

刘少奇当时说的大意是：孔子思想在当时是反映了社会前进的倾向和要求的，到今天还有其合理的因素，但不能否认，其主要方面又成了阻碍社会前进的有害东西。今天中国还有它的社会基础，在山东，特别是鲁西南一带影响比较大，那也是很自然的。说到这里，刘少奇上身微微前倾，注视着柳岗说："你想想，他生在鲁南，孔子庙就在曲阜，还有许多传说遗迹，历代帝王差不多都到这里立碑，致祭……"

刘少奇继续阐明：由于孔子思想在群众中的影响，不光是个历史传统问题，还存在着一定的社会依据。因此，要群众把这长期以来的传统思想改变，要完全消除孔子对群众的消极影响，不是一个简单的问题。这在敌与我之间，是一个极其复杂的意识形态的斗争问题。

刘少奇站了起来，背着手缓缓地踱着，他的目光落在那两扇大门上已经褪色的对联上，然后意味深长地说："农村到处张贴的'忠厚传家久，诗书继世长'之类的对联，我看那就是地主阶级的标语、口号；它能为农民所接受，是有其社会基础的，那就是封建性的经济基础和其家长制的残余。"

柳岗一面聚精会神地听着，一面很快地记在一个小本子上。刘少奇深深地吸了一口烟，接着又说明：本来，在抗日战争这种你死我活的斗争中，各方面都在重新组织力量，都在迅速地发生变化。而意识形态等东西的根本改变，只有随着社会基础的改变，才能跟着改变。我们通过减租减息运动、生产斗争、民主建政等一系列的运动和斗争，然后在适当的时候，再来一个文化教育运动，可以逐步地改变群众的思想面貌。但是要从根本上解决问题，须待抗战胜利之后。

刘少奇稍微停了停，幽默地说："目前，我们在有些问题上还是要同孔子妥协的。"

他接着讲述怎样妥协的问题，说明暂时可以不去正面地批评孔子，但这不等于可以去迁就落后，不对有害的东西做斗争。对于有害的思想，是必须进行批判的，只是不正面地去批判孔子。

刘少奇在谈话中特别指出：当我们进行每一项工作时，既要足够地估计到群众的革命热情和要求，也要恰当地照顾到群众的觉悟和认识水平，主观主义是办不好事情的。

刘少奇还讲到孔子思想中的合理因素。他说，比如孔子曾说过："微管仲，吾其披发左衽矣！"这是主张民族自卫、反对外来侵略的思想，对我们抗日民族革命战争就有用，我们就应该充分利用它，不应该把孔子一笔抹杀。

"没有知识分子，社会主义便不能胜利"

1949年5月，刘少奇受党中央的委托，去解决开滦煤矿的问题。

一天，刘少奇在林西总机厂门口碰到工程师胡嗣宏，对这位早年曾在安源煤矿当技术员的工程师表示了亲切问候，并说："你要用科学技术知识建设社会主义，眼下要把煤矿管好，还要发挥你们工程技术人员的作用。"

由此，刘少奇想到要把开滦煤矿的生产迅速恢复起来，除了依靠广大工人群众，还要重视对所有工程技术人员的团结、教育和使用。于是，他找到开滦煤矿的军代表王涛江了解职工的思想状况。当他了解到中华人民共和国成立以后，下级职员热情很高，但是很多中高级职员瞧不起共产党，其中有一些人不相信共产党能办好事业，管好工厂，采取观望态度，还有些人曾依仗国民党的势力欺压工人，他们害怕共产党会杀他们的头。基于上述情况，刘少奇问道："你们军代表对待中高级职员的态度和认识上，是不是存在'左'的偏向呀？"

当刘少奇提出是否应该吸收那些工程技术人员和中高级职员加入工会

第二章
学习！学习！再学习！

1955年，刘少奇同皮肤病性病专家胡传揆席地而坐，促膝交谈（历史图片）

1955年7月，刘少奇同妇产科专家林巧稚愉快交谈（历史图片）

37

时，军代表说:"这些人工资待遇和普通工人相差很大，要他们加入工会，怕工人会有意见。"

刘少奇意味深长地说:"建设社会主义，没有知识分子不行。""他们待遇虽高，也是靠薪金生活。他们是脑力劳动者，也是工人阶级的一部分，工人如果不服气，要向工人做工作，要依靠工人阶级建设开滦，并要依靠工人阶级团结、教育知识分子。"

最后，刘少奇又重复告诫道:"要记住这一点，没有知识分子，社会主义便不能胜利！"

听完刘少奇的话，军代表连连点头，似乎明白了许多道理。

/第三章/

风雨共担：刘少奇与家人

◎王光美与刘少奇结婚后，在生活上，她负责照顾刘少奇的衣食住行；在工作上，她又是刘少奇的得力助手。在他们共同生活的20年中，有19年她担任刘少奇的秘书。

◎在刘少奇同志一百周年诞辰纪念日前夕，王光美同志在杂志上发表了用记者采访形式写成的长篇回忆文章《与君同舟，风雨无悔》。这是人们目前所看到的有关二人文字较多、内容充实全面的一篇好文章。

离开母亲，正是为了祖国的强大和母亲的幸福

1961年5月7日，风和日丽，是一个大好的日子。炭子冲来了一行人。他们进村后，沿着山间小道，来到刘少奇母亲的坟前。原来，那位身材高大，一脸慈祥的长者，就是刘少奇。他当时的职务是中华人民共和国主席。

站在已经长满了青草的母亲坟前，刘少奇默默无语。他想起最后一次看见母亲，已是35年前的事。而母亲离开人世已经有整整30个春秋。母亲在世，由于他在外求学、奔波，没有尽到孝心，反而让老母在家为自己的安危而担忧。母亲去世，也没有来得及为老人家送终……想到此，刘少奇慢慢地抬了抬头，任凭思念的泪水流淌着……

刘少奇回想起那逝去的青少年时代，在那个时代母子间的相依、相伴以及别离。哦！那些往事，充满着欢乐、悲痛与思念！

母亲鲁氏，18岁嫁到刘家。与别人婚嫁所不同的是，刘少奇的母亲一开始便肩负着两个使命。一是当新娘，二是为重病在身的公公"冲喜"。她

刘少奇的母亲鲁氏（历史图片）

没能完成"冲喜"的重任,当她嫁到刘家当天上午,老人家就与世长辞了。

来到刘家,刘少奇的母亲便成了家中的主心骨。她不仅能把一家人的生活安排得井井有条,对于一些男人管的事,诸如一年四季的农活、请人帮工等,也分担了一大半。

刘少奇的母亲十分宽容、开通。她认为孩子尤其是男孩应当上学,将来才有出息。正是有了父母亲的支持,刘少奇才得以变换地方求学。父亲于1911年夏因病过早去世,刘少奇的母亲用她瘦弱但坚强的身躯挑起了家庭的重担。在她的带领下,全家人经过艰苦劳动,家境慢慢地好起来。

但无论怎么说,母亲终究是属于她那个时代的、不识字的农村妇女。随着刘少奇一天天长大,思想一天天成熟,母子之间的冲突便不可避免地发生了。

刘少奇随着在外求学的过程,见识也增长了。耳闻目睹,使他逐渐成熟的思想显得格外活跃。辛亥革命的爆发,新思想的传播,使刘少奇受到了很大的启示和震动。他开始厌倦私塾里的陈旧课程和教学方法,向往新式学堂。原因很简单,刘少奇想了解中国、想了解世界所发生和正在发生的变化,而这些在私塾里是永远做不到的。他跟母亲多次谈了自己的想法,希望得到支持,但母亲总是用老眼光看待学识和前途,她认为儿子的学问已经不错,剩下的就是找个好中医从师学习,将来做个郎中,就可以维持生活。因此,用不着再继续读"洋书"。

刘少奇知道母亲心软,只要花些工夫硬磨,肯定会同意自己的要求。于是,他一边像往常一样帮母亲干活,一边寻找机会谈自己的想法。母亲心疼自己的儿子,最终还是经不起儿子的软缠硬磨,作出了让步,同意刘少奇到离家十多公里的西冲山芳储乡小学读书。

刘少奇格外珍惜这一争取来的求学机会,学习更加刻苦,学习成绩名列前茅,顺利地考入了宁乡县玉潭高等小学。1916年夏,18岁的刘少奇又跑到省城长沙,考入了宁乡驻省中学。

不久，在全国有志青年中掀起去欧洲寻找救国真理的热潮，尤以留法勤工俭学为最。刘少奇也是这些热血青年中的一位，他到河北保定的留法预备班学习了半年后，因路费难以凑齐又回到湖南。在长沙听说可以通过上海的"外国语学社"到苏俄留学的消息后，他决定改留法为留俄。因为十月革命的故乡更令他向往，联系妥后他赶回家中，征求意见并希望筹集到旅费。

这时已是1920年冬，刘少奇已经有一年多没回家了。本来，母亲不打算让他再读书，可刘少奇偏偏一发不可收拾，从县城读到省城。让母亲更加担心的是他不断地参加学生运动，五四运动时甚至到了北京。离家一年多，好不容易盼回来了，却又带来了一个令全家感到震惊的决定：出国留学。

当听说儿子要出国，母亲的态度就更加坚决了，她不愿意刘少奇再次离家远走。母亲对刘少奇说道："你只要不去留学，什么要求家里都可以答应你。你可以在家做你喜欢做的事，也可以去长沙读大学。"刘少奇的几位哥哥

刘少奇故居，内室。墙上挂的是刘少奇1961年4月回家乡调查时的照片（历史图片）

也极力挽留他。

刘少奇对母亲的态度是早有预料的。他深知母亲爱他,不会轻易让他出国留学,因此,在回家时早都想好了劝说母亲的话。他告诉母亲:"苏俄是工农当政的国家,是最平等合理的社会,我们应该去了解、学习。我离开祖国,离开母亲,正是为了祖国的强大和母亲的幸福!"

听了儿子的话,母亲感到儿子讲得有道理,也从这次谈话中感觉到儿子已经长大,她感慨万千地叹息道:"真是儿大不由娘啊!"随后是长时间的沉默……过了许久,母亲抬起头来对刘少奇的几个哥哥说道:"你们抓紧时间开仓粜些粮食,再把家中的几头肥猪卖掉吧!"

听到母亲这样安排,刘少奇就知道她已经为自己准备路费了。几个哥哥没说什么,也没必要说什么,就分头去粜粮、卖猪了。

几个儿子走出门后,屋里只剩下刘少奇和母亲。母亲静静地坐在那里,一副淡淡的样子,仿佛儿子去的不是远隔千山万水的苏俄,而是几里之外的集镇。一个母亲的豁达、宽容、勇敢和奉献,正是在这种平淡中得到升华。为人母,就不愿委屈自己的孩子;为人母,就会把叹息、痛苦和失落留给自己,把自由、追求和幸福送给儿子。多么伟大的母亲啊!

遵照母亲的嘱托,路费很快就凑齐了。随后,刘少奇告别了慈爱的母亲和家人,同几个伙伴一起上了路。到上海后,经过几个月的学习,1921年春起程赴莫斯科。到莫斯科后,刘少奇进入东方劳动者共产主义大学中国班学习,并在那里加入了中国共产党。

1922年春,根据组织决定,刘少奇提前回国,8月到长沙,任中共湘区执行委员会委员。报到后,他抽空回到家里看望母亲。

母亲万万没想到儿子这么快就回到她的身边,高兴得不知说什么,思念与喜悦顺着泪水一齐淌出。母亲拉着刘少奇的手有说不完的话。但是有重任在身的刘少奇,不能在家待很久。他也没敢跟母亲说自己正从事着随时都可能被杀头的事业,便匆匆离开了家。

刘少奇故居柴房（历史图片）

这一次母亲没有拦他。她想，小儿子已经完全长大了，可以出外做事了。

安源工人大罢工的胜利，把刘少奇推到了工人运动领袖的地位。此时，母亲从他哥哥口中得知，小儿子刘少奇干了革命。她的担心与日俱增。于是，母亲经常在佛龛前念叨：保佑我家九伢子平平安安。

刘少奇再次见到母亲，便是最后一面了。这次不是他去看望母亲，而是母亲来看他；不是在家乡，而是在长沙；不是他给母亲行礼，而是母亲求他……

1925年年底，按照党组织的安排，刘少奇从上海到长沙治病和休养。因为五卅运动时的过度操劳，刘少奇的肺病发作，需要静心养病。谁料到，湖南军阀赵恒惕探得消息，竟把他捕去了。

一时间，群情激愤。妻子何宝珍四处奔波，求人援救，母亲也把哥哥刘云庭派来长沙，利用他曾在湘军中做过下级军官的背景及同乡关系，联络援

第三章
风雨共担：刘少奇与家人

救。党组织也想尽一切办法营救刘少奇。迫于社会各种压力，赵恒惕难以招架，他不得不在1926年1月将刘少奇释放。

经历了这次惊险之后，母亲更为儿子的安全担心了。母亲在哥哥的陪同下不顾年迈、不顾劳累急匆匆赶到长沙，去见出狱后的刘少奇。

母亲见到儿子，未语先流泪。过早失去丈夫的她，再经不起失去儿子的打击。她一下扑在儿子跟前，要求儿子跟自己回家，无论如何再也不能出去干那种危险的工作了。

面对泪流满面、一头华发的母亲，刘少奇一时无语。他感到自己的心欲碎、全身的血液都要凝固了。他理解母亲此时的心情，这是母亲对儿子比大海还要深的爱的流露与表现。这种爱比世界上任何东西都要宝贵！

但是，刘少奇已经是中国共产党党员。他的生命，已经不仅仅属于母亲，他的生命属于党、属于祖国和人民。因此，为党和人民的事业而奋斗终生才是最终的理想。想到这，刘少奇对母亲说道："母亲，别的事情我都可以依您，唯有这件事不能答应您。请您老人家还是放心地回去吧，我会多加小心的。"

刘少奇毅然告别了母亲，离开长沙，踏上了新的征程。

就这样，这次浸透了泪水的离别，竟成了刘少奇与母亲的诀别。此后，由于革命工作的繁忙，刘少奇再也没能抽空回家看望母亲。1931年母亲病逝的消息，也是事后才知道的。

母亲就这样走了，带着对儿子的担忧与思念……

刘少奇在母亲的坟前深深地鞠了三个躬，又献上几枝松柏，愿母亲在地下安息吧！

永远的支持者：六哥刘云庭

刘少奇有三个哥哥、两个姐姐，他们都十分喜欢弟弟，对他的学习和进步给予了很大的帮助。然而，帮助最大的要数刘氏家族排行老六的六哥刘云庭。

刘云庭个子高大，性格豪爽，为人诚恳。16岁他开始外出谋生，18岁报名加入湖南新军。由于他胆大心细，待人诚实，不久就被提拔成为新军第49标的一个小头目。辛亥革命爆发后，全国各地纷纷响应，刘云庭所在的军队参加了长沙新军起义。

辛亥革命爆发的这年，刘少奇正辍学在家自学。他想到外面去学习，去了解社会上发生的变化到底是怎么回事。但家里人担忧，不同意他远游。正在此时，六哥刘云庭从部队请假回家。

刘云庭以自己的亲身经历向家人详细介绍了长沙起义的经过。刘少奇对六哥的介绍听得非常认真，他开始对省城和其他一些地方发生的变化有了兴趣。同时，六哥刘云庭也很关心刘少奇的学习情况，告诉弟弟，由于自己读书不多，在部队工作遇到不少困难，所以希望刘少奇能多读些书。他对刘少奇说："现在潮流在变，不能光读经书，要多读新的进步的书才是。"刘云庭的这些意见，正好符合刘少奇想去外边读新书的愿望。

这次回家，六哥对刘少奇的最大帮助，一是支持他去外面继续读书，二是给家人做了不少工作，希望他们支持刘少奇读更多的书。临走时刘云庭还给刘少奇留下了一套崭新的《辛亥革命始末记》。经过刘云庭的帮助和自己的努力，刘少奇从此开始懂得什么叫辛亥革命，知道了孙中山、黄兴是革命

第三章
风雨共担：刘少奇与家人

领袖，并开始关心国家和民族的命运了。由于六哥的说服和刘少奇本人的努力，家人同意他外出继续求学。刘少奇因此而有机会，先进西冲山芳储乡小学，随后又进宁乡县玉潭高等小学。

令刘少奇终生难忘的是，他弃文从军的愿望也得到六哥刘云庭的支持。虽然由于战事爆发，这一愿望最终没有实现，但六哥的帮助功不可没。

在宁乡驻省中学就读时，刘少奇因感到学无用武之地产生弃文从军的想法，但他又怕家人不同意。因为六哥的部队就驻在长沙，所以刘少奇在驻省中学读书时能够经常见到六哥。当刘少奇把自己弃文从军的愿望讲出后，刘云庭非但没指责，反而鼓励他参军。原因是，六哥认为九弟有文化，要在部队干肯定会比自己干得好，将来会有出息的。

恰好这年的冬天，湖南省新设的一所陆军讲武学堂招收新学员。但是报名条件比较严格。规定凡报考者，必须是湘军部队的基层中的下级军官或有条件的退伍军官。刘少奇想不出好办法，就去找六哥帮助解决。六哥设法借到了一位刚退伍的战友刘丰生的证件，让刘少奇拿着去报名。报名后，刘少奇顺利地通过了考试，不久就接到录取通知。在等待了一段时间后，刘少奇进入陆军讲武学堂读书。然而，开学不久，因南北战争爆发，学堂成为战场，刘少奇又回到了家乡自学。

不管怎样，刘少奇很感激六哥的帮助。

六哥刘云庭对刘少奇的帮助总是在关键时刻。

1920年刘少奇准备去苏俄留学，需要一大笔资金作为路费。家里卖了一些粮食，又卖了几头肥猪，筹集了一部分，但还不够。六哥知道后，表示决心支持九弟留俄，不足经费由他来承担。他从自己的工资中预支了一部分，又向连部借了一笔钱，总算凑够了路费。刘少奇从六哥手中接过那一摞沉甸甸的白洋时，眼眶里流出了感激的泪花。正因为得到六哥的鼎力相助，刘少奇才得以赴苏俄留学，也才有机会成长为一个伟大的马克思主义者。

刘少奇从苏俄回国参加革命，因操劳过度肺病复发，回家养病，不慎被反动军阀赵恒惕关押起来。中共地下党组织、中华全国总工会以及刘少奇的家人开始了紧张的营救工作。

六哥刘云庭知道后，万分焦急，立即投入营救工作。

他首先拜访了当时担任湖南省禁烟局局长的同乡洪赓扬，请他出面帮助营救。洪氏虽然当时受到统治者重用，但他留过学，受进步思想的影响，没有忘记与刘少奇少年时同窗共读的同学情谊，答应帮忙。他说："刘少奇是我的同乡同学，为人很好，学问也很好，我一定要保他出来。"

洪氏一方面派人到监狱打点关照，一方面立即送信给赵恒惕的亲信和重要军事首领叶开鑫、贺耀祖等人，请他们出面参加保释。叶、贺都是宁乡人，曾参加过辛亥革命，在护国讨袁和护法战争中都立有战功。赵恒惕在湖南得势后，叶开鑫便成为赵手下最受器重的一个师长。贺耀祖曾留学日本，参加过辛亥革命和护法战争，时任师长。他们出面保释，起到了重要作用。

洪氏为了得到叶开鑫对保释刘少奇的支持，特意打制了一套白银餐酒具，派人送到叶氏家中，又派人日夜兼程回到宁乡洪家大屋老家，取了一幅乾隆御笔字画送给叶开鑫。随后，由刘云庭和洪赓扬共同出面，分别在长沙天乐居和怡园酒家设宴招待省内参加营救刘少奇的军政界要人。叶、贺两人也出席了宴会。他们看到共产党的势力日益壮大，工农革命汹涌澎湃，不能不对时局发展有所考虑。所以，他们在中国共产党组织的策动和洪赓扬、刘云庭等人的疏通关系后，对营救刘少奇这件事采取了积极支持和配合的态度。酒宴后，以叶、贺为首，在向赵恒惕递交的保释书上一一签名盖章。

此时的赵恒惕迫于内外压力，不得不考虑释放刘少奇。1926年1月26日，刘少奇在各方面的营救下，终于恢复了自由。

对六哥的帮助和支持，刘少奇一直牢记在心。1949年六哥逝世时，刘少奇以沉痛的心情亲笔写了悼词："你是我幼年时期学习和活动的第一个帮助者。"

革命伴侣何宝珍

从相识到结合

何宝珍,曾用名葆珍、葆贞、葆真,乳名林英,1902年出生于湖南省道县一个贫寒家庭。父亲何瑞蓉是个潦倒的穷秀才,靠做小买卖维持五口之家的生计。

因为家庭贫穷,何宝珍很小便给人家当童养媳,并随婆婆到一户姓蒋的地主家里当佣工。父亲病逝后,家中生活更难维持,年仅两岁的妹妹被人贩子以两块银洋加五斗米买去。

本来这样的家庭根本就谈不到送女儿去读书,可是,何宝珍就是偏偏有这个命。她到蒋家后,蒋家有位小姐正读私塾,何宝珍作为贴身丫鬟侍候小姐,也就慢慢认识了不少的字。后来,小姐去县立国民女子小学堂读书,何宝珍又被派去伴读。由于她天资聪慧,勤奋好学,博得老师的同情和赞赏,破例让她作为正式学生一起上课。小学毕业后,何宝珍报考衡阳师范,并以优异的成绩名列榜首,她所侍奉的地主小姐却榜上无名。地主老爷便强迫何宝珍把自己的学籍让给他没考取的女儿。在这关键时刻,幸而有富有正义感的老师的支持,何宝珍终于冲破阻挠,进入衡阳第三女子师范学校读书。

1919年五四运动爆发,全国各地学生纷纷声援。当时衡阳第三女子师范学校的校长欧阳骏是个有名的封建卫道士,千方百计不许学生参加集会。开会这一天,清早就锁上学校大门,不让学生外出。何宝珍十分愤怒,她把进步生召集在操场上,振臂高呼:"当今之世,已不是校长横行霸道之时,

何宝珍（历史图片）

爱国者，站起来！冲出学校，走向街头！"近百名爱国学生经过她的发动，每人自制一面三角小旗，上面写道："打倒帝国主义列强""反对不平等条约""勿忘国耻"等反帝反封建口号。何宝珍带领学生越墙走出校园，参加示威游行。1922年9月，何宝珍又领导学生发表宣言，掀起了反对校长欧阳骏的罢课斗争。

何宝珍在斗争中很快成长起来，成为第三女师学生运动的领袖之一。

刘少奇与何宝珍的相识是在长沙清水塘畔。说来他们的相识还与毛泽东有着直接的关系。

事情的经过是这样的：由于1922年9月何宝珍揭露了校长欧阳骏的腐败行径，校长便恼羞成怒，勾结那个蒋姓地主，以违反封建礼教为借口，将何宝珍监禁在学校的工具室里，不许外出。

这天晚上，星月无光，秋雨如泣。半夜时分，两条黑影机灵地来到了学校工具室的房门边。原来他们就是衡阳党组织的负责人张秋人和朱舜华，特地冒雨来帮助何宝珍逃出牢笼。朱舜华掏出藏在怀里的铁钳，用力往门上一撬，大铜锁被撬开了。张秋人扶着何宝珍，在夜幕的掩护下来到后操场，攀上榕树，爬上围墙，逃出虎口。

第三章
风雨共担：刘少奇与家人

第二天，校长在四处找人均无结果的情况下，宣布开除何宝珍的学籍。真是祸不单行！正在这节骨眼上，何宝珍的母亲又去世了。这样一来，何宝珍就成了无家可归、无亲可投的游子。衡阳党组织派张秋人，雇了一条民船将她接到长沙，住在清水塘的毛泽东家里。那时，毛泽东担任中共湖南支部书记及中国劳动组合书记部湖南分部主任，与杨开慧结婚不久。

这一天，刘少奇从安源归来，他与毛泽东席地而坐，兴奋地谈论着安源罢工的浪潮。

忽然，一串银铃般的笑声从对面的树丛中传来。刘少奇抬头一看，只见朱舜华手拉着一位陌生的漂亮姑娘向他们走来。

毛泽东见状，便笑着介绍："那位是小何，在衡阳女三师揭露校长欧阳骏治校无方和贪污腐化，被开除了，无家可归。现在住我家里。"

听了毛泽东的介绍，刘少奇仔细打量着这位姑娘，觉得她不仅漂亮，而

衡阳第三女子师范学校旧址（历史图片）

51

且很有气质，笑起来很逗人。

就这样，刘少奇和何宝珍在毛泽东的介绍下认识了，大家在一起交谈得很开心。朱舜华毕竟是个女同志，很是心细。她知道何宝珍此时还没有男友，刘少奇也还没有女友。再一看俩人谈得很好，感觉要是成为一对倒挺般配。于是，她故意神秘地对刘少奇低声说："喂，少奇，何宝珍给你当秘书，还行吧？"

听到朱舜华的话，他俩的脸都红了，何宝珍低下头悄悄地抚弄衣襟。朱舜华凭这一句话成了他俩的"红娘"。

这次认识后不久，刘少奇又奉命去了安源。毛泽东笑着劝刘少奇："在长沙玩几天再去？"

"不，那里的斗争需要我！"刘少奇坚定地回答。

1923年春，毛泽东派何宝珍去安源协助刘少奇领导工人运动，她的公开身份是路矿工人子弟学校教师。共同的事业使何宝珍与刘少奇产生了真挚的爱情，这年4月，他们在安源结婚了。

这天，风儿轻轻地从大地吹过，柳枝摆动着似乎在欢迎来客。蓝天上飘动着几朵白云，鸟儿在树梢上尽情歌唱，大地一片生机……

俱乐部刘主任结婚的喜讯像阵春风，转瞬间便传遍十里矿山。大家凑钱买了些简单的贺礼，准备热热闹闹地为刘主任庆贺一番。但刘少奇却将各类红包一律退了，只在俱乐部开了个茶话会，举行了简单的结婚仪式。

工人们都说："刘主任办喜事，不办酒席不收礼，新娘不坐花轿，这叫作文明结婚！"

婚后的生活是幸福的！

刘少奇和何宝珍结婚后的第二年，他们的儿子刘允斌出世了。为了工作方便，何宝珍把孩子送回湖南老家抚养。从此，她跟随刘少奇从事革命活动，成为刘少奇的得力助手，四进上海是他们共同从事党的秘密工作的部分经历。

第三章
风雨共担：刘少奇与家人

第一次是在 1925 年五卅惨案发生后不久。当时，刘少奇在上海总工会工作，何宝珍从安源来到刘少奇身边，担负通讯联络、整理文件、抄写资料等工作，同时细心照料身患肺病的刘少奇。这年底，刘少奇回湖南养病，不幸被捕入狱，何宝珍四处奔走，经多方营救，刘少奇得以自由。

北伐战争时，何宝珍又跟随刘少奇来到武汉。何宝珍除完成党组织交给她的工作外，还经常参加慰问北伐军伤病员和救济妇女、儿童的活动，热情帮助派到武汉工作的同志解决食宿困难。1927 年 7 月，汪精卫继蒋介石之后公开背叛革命，武汉形势十分险恶。刘少奇此时正在庐山养病，但他牵挂着留守在武汉的何宝珍，于是，通过关系转告何宝珍立即转移到庐山来。

1927 年 10 月，何宝珍跟随刘少奇再次来到上海。那时的上海正处于血雨腥风之中，敌人到处搜捕和屠杀革命者。有一次，刘少奇他们正在工人宿

安源路矿工人俱乐部旧址（历史图片）

舍召集会议，商讨组织武装反抗敌人。突然，一群流氓打手闻风赶来追捕。刘少奇立即组织转移。这时，何宝珍却站起来反对。和她持相同观点的是朱舜华。她们说："我们要与敌人决一死战！"

"快走，这是命令！"刘少奇威严地将她们的话打断，带领大家跳窗撤离。

晚上，朱舜华来到他们家里，与何宝珍一起指责刘少奇说："今天我们手里有枪，为什么不可以消灭几个敌人？"

"你那样太幼稚，是会吃亏的。"躺在床上的刘少奇微笑着回答。他看何宝珍和朱舜华似乎还不明白话意，就接着解释说："必须避免无谓的牺牲，在这种情况下，后退也是进攻。"

"说得好听！"何宝珍好像仍然想不通，她将朱舜华招到床前，要把刘少奇抬下床来。

刘少奇笑着说："别开这样的玩笑！"何宝珍和朱舜华看到刘少奇一脸认真和"害怕"，扑哧一声笑了起来。

1929年春，刘少奇从外地调回上海，任中共沪东区委书记。何宝珍随他第三次来上海。不久，又同刘少奇一起去满洲省委工作。

1930年3月，何宝珍跟随刘少奇离开满洲省委，第四次来到上海工作。这次在上海工作期间，她当过交通员，住过机关，搞过联络，守过店铺，任过教员，进过工厂。她不顾个人安危，任劳任怨，想方设法为刘少奇和他的同志们创造良好的工作环境。

这时的何宝珍已是三个孩子的妈妈了。刘少奇任中央职工部部长。白天，两人各忙各的；晚上，刘少奇仍有忙不完的工作。何宝珍就坐在灯下，默默地为他抄写文件。一对恩爱夫妻，两个革命同志。

第三章
风雨共担：刘少奇与家人

离别在上海

冬去春来，一年又一年。刘少奇和何宝珍一起为党工作了九个年头，他们连自己的孩子也托人带到乡下寄养。

1932年冬天来临，刘少奇接到党的指示，要离开上海去江西中央苏区工作。根据党的指示，何宝珍仍需留在上海坚持革命工作，担任全国互济总会负责人兼营救部部长。他俩面临着又一次离别。

何宝珍舍不得离开身患肺病的丈夫，她愿意跟随丈夫工作并照顾他的生活，要求和刘少奇一同去江西。

刘少奇深情地望着妻子，摇了摇头："不行啊，这是党的决定，我们必须无条件服从！"

刘少奇终于告别了妻子。何宝珍站在寒风中，目送着渐渐远去的丈夫，直到他的身影消失在她的视线里。谁能想到，这竟是他们的诀别。

互济会是在中国共产党领导下专门做援助受难同志及其家属工作的革命群众团体。何宝珍到互济总会工作后，化名王芬芳，以教师的公开身份为掩护开展工作，负责同赤色国际互济总会联系，争取国际

刘少奇在发言（历史图片）

援助。同时，她四处奔走，为狱中难友聘请律师，争取社会力量的支持，营救被捕同志。

何宝珍的革命活动引起了敌人的注意。3月底的一天，一群便衣特务包围了何宝珍的住处。她意识到可能要出事，就机智地抱起年仅3岁的小儿子毛毛，迅速塞到邻居一位大嫂的怀里，说："请帮助照顾一下孩子，过几天会有人来领他。"说罢立即转回室内，销毁了机密文件，然后从容地应付前来搜捕她的敌人。但由于叛徒的出卖，何宝珍最终落入敌人的魔掌。

何宝珍被捕后，被敌人囚禁在上海市公安局。敌人逼她供认自己的真实身份。

"我是家属，也当过教师。"何宝珍回答。

"不对，你是政治犯！"敌人大喊大叫。

何宝珍灵机一动，装着听不懂，笑着答道："我只会煮饭，不会蒸饭。"

敌人对她开始严刑拷打，但始终没有问出个结果，便将她解往南京宪兵司令部。

入狱后，敌人多次审讯何宝珍，用尽了大刑，但是何宝珍意志坚定，始终没有暴露自己的身份。最后，无奈的敌人在无任何事实根据的情况下判她15年徒刑。

何宝珍是个革命乐观主义者，身陷牢房但还是乐呵呵的。然而有时也偷偷流眼泪，每当这时大家都知道她又想起了丈夫和小孩。她担心刘少奇的身体和安全，更挂念孩子们的生活。最让她放心不下的是毛毛。不知毛毛现在有没有人照顾，他一定会想妈妈。每每想到这里，母亲的心就像针刺一般的痛。但是，何宝珍毕竟是位坚强的母亲和坚定的革命者。她相信革命一定会成功，相信孩子们将来一定会成为有用的人才。想到这些，她便又忘掉了这些苦恼。

1934年10月18日子夜，阴云低垂，秋雨沥沥，如泣如诉。荷枪实弹的狱警恶狼般地号叫着，押解"王芬芳"出狱。何宝珍听到叫她的化名，知道

第三章
风雨共担：刘少奇与家人

敌人要对她动手了。她镇定自若、从容地整理了一下自己的衣服，梳了梳头发，和姐妹们告别。难友们担心敌人对她下毒手，一齐围过来保护她。何宝珍知道，反动统治者迟早会对她下毒手，抗议是毫无用处的，反而会对大家不利。她和难友们告别后，走出牢房大门。

刽子手把何宝珍押往雨花台，随着罪恶的枪声响起，这位年仅32岁的共产党员，人民的好女儿的热血洒在雨花台上。她用自己年轻的生命，谱写了一曲壮丽的人生之歌。

当刘少奇在江西瑞金得到妻子遇害的消息后，万分悲痛。在追念何宝珍时，他挥笔写下了几个大字："英勇坚决，为女党员之杰出者！"

何宝珍的牺牲，对刘少奇来说无疑是一个沉重打击。虽然她永远离开了自己的丈夫和孩子，但刘少奇一直在怀念着这位为党、为人民作出过贡献的好妻子。

何宝珍牺牲后的第四年，在党组织的关怀下，在武汉找回了已沦为童养媳的女儿爱琴。1938年4月，刘爱琴来到延安，第一次见到亲生父亲。刘少奇看着瘦得皮包骨的女儿，既难过又高兴地说："爱儿，你受苦了。不要紧的，这回好了，你回到家里来了。"

刘少奇给女儿讲述了妈妈牺牲的经过，告诉她："你的母亲牺牲了，是为革命牺牲的，就是蒋介石、国民党把她杀害的。你还有一个哥哥，一个弟弟，哥哥很快就要回来了。找你们都很费劲，弟弟到现在还没有找到。当时我们没办法长期在那儿住。革命嘛，今天住这里，明天住那里，带着小孩不方便，就把你们寄养给人家了。现在你们回来了，不是挺好吗？"

这年夏天刘允斌也由老家接到延安。刘少奇看着两个天真活泼的孩子，想起了他们的母亲何宝珍。他把两个孩子叫到跟前教导他们："一定要记住你们的母亲，学习你们母亲的精神！"

爱妻王光美

完美的一对

王光美出身于天津一个开明的家庭，算是书香之家。父亲王治昌，号槐青，曾留学日本著名的早稻田大学。在日本留学期间，他是一名勤工俭学的穷书生。回国以后，他在天津女子师范学院教过书，后来在政界工作过，是一个有进步要求的知识分子。在父亲的影响下，这个家庭的成员都追求革命，在不同的岗位上为中国革命和建设作出了贡献。

王槐青共生有11个儿女，6男5女。兄妹11个分别为三个母亲所生。

王槐青的原配夫人黄氏，婚后生有一男孩，是兄妹中的老大。黄氏产后没多久就因病去世。所生男孩后来也多病，到30岁时，因病医治无效不幸英年早逝。

黄氏去世后，王槐青续娶在日本留学时的房东女儿赵氏为妻。婚后他们生了两个男孩，取名王光琦、王光超。

王光美的父亲王治昌和母亲董洁如（历史图片）

第三章
风雨共担：刘少奇与家人

王光美兄弟姐妹和父母合影。前排左起：王光复、王光中、王光和、王光美、王光平、王光正、王光英，后排左起：王光杰、王光琦、王光超（历史图片）

王光美的母亲董洁如，是位知识分子。她毕业于天津女子师范学院，是王槐青的学生。她与王槐青结婚后，共生了8个子女，3个男孩，5个女孩。王光美在5个女孩中最年长。

董洁如是位开明、进步的知识分子，又是一位会持家、会培养孩子的母亲。她在对待子女方面倒有些偏向。对不是自己亲生的3个孩子，她给予了更多的关心和培养。在她的支持下，王光琦、王光超都先后去美国留学，而自己亲生的8个孩子都没有出国。黄氏夫人所生的男孩因病去世后，她很悲痛。对非自己亲生的3个孩子的关心，表现了一位伟大母亲的美德。董洁如还是一位追求进步的伟大女性，在抗日战争和解放战争中，她支持女儿们参加革命，并为中国革命作出了贡献。

王光美出生于1921年。曾从事过教育工作的母亲对孩子的教育十分重视。王光美到了入学年龄便开始了学生生涯。在北京实验二小读完小学后，

前去军调处工作时的王光美（历史图片）

1947年，王光美（左2）在延安窑洞前和战友们合影（历史图片）

她以优异成绩考入北师大附中读书。后来因为全面抗战爆发，在家自修了一段时间。到了1939年她考取辅仁大学物理系读书。大学毕业获得学士学位后，又考取辅仁大学研究生并获得硕士学位。随后留校任助教。

王光美不仅是一位学业优异的学生，也是一位思想进步的革命青年。在读大学期间，她曾在北平地下党负责人崔月犁、刘仁的领导下从事革命工作。

抗日战争胜利后，为避免军事冲突，由国共两党及美国政府代表组成军调处执行部，能说一口流利英语的王光美，由北平地下党组织推荐，担任了由叶剑英、罗瑞卿、李克农领导的北平军调处执行部中共代表团的英语翻译。她出色地完成了党组

1948年8月,王光美和刘少奇在西柏坡结婚(历史图片)

织交给的任务。

不久,国共谈判破裂,内战爆发。因为王光美在军调处工作过,其身份已经公开,为防不测,经中央批准,让她去党中央所在地延安工作。1946年11月1日,王光美和宋平及一个美国人,同乘一架班机赴延安。

到延安后,因为英语很好,王光美被党组织分配在军委外事组工作。适逢胡宗南部进攻延安,王光美随军委外事组去了瓦窑堡,1947年春又回到延安。随后,她又奉命去晋绥解放区参加土地改革运动。参加了一年的土改工作后,1948年春她又随军委外事组来到河北省平山县,其主要工作是负责编译《内部参考》。

王光美与刘少奇是在延安认识的。到了西柏坡后,因为工作上的关系,她经常和刘少奇接触,渐渐相互熟悉起来,并且产生了感情。经过一段时间的了解，相互由相识到相爱。1948年8月21日，刘少奇、王光美在西柏坡结为夫妻。

当晚，婚礼在中央秘书处大院举行，煤油灯下，贺喜的战友们在一片锣鼓、琴声中拥着刘少奇和王光美到婚礼台旁，吃着新郎新娘分发的喜糖和瓜子。欢笑声中，周恩来、朱德、叶剑英等同志来到了现场，朱德用他那浓重的四川口音说道："今天是少奇和光美同志结婚的日子，欢迎他们出个节目好不好？"

1949年3月，王光美和刘少奇随同中央机关由西柏坡抵达北京的香山（历史图片）

"好！"院内响起了热烈的掌声。

"花篮的花儿香，听我来唱一唱……"《南泥湾》的熟悉曲调响了起来。

新郎新娘的二重唱刚一唱完，周恩来站起来向大家说："我建议把延安晚会的热闹劲儿也带到西柏坡来，让少奇和光美同志给大家跳个舞嘛！"

琴弦奏起了舞曲，在一阵热烈的掌声中，刘少奇和王光美大大方方地跳起了交际舞。刘少奇开心地说："欢迎大家都来参加。"

现场沸腾了。自延安转战到西柏坡，大家好久都没有跳舞了，在这喜庆婚礼的日子里，朱德、周恩来和男女青年们"蓬嚓嚓"地旋舞起来。热闹的婚礼晚会给年轻的王光美留下了深刻的印象。从这一天开始，刘少奇和王光美一起走过了 20 个春秋。

在同刘少奇相伴的日子里，王光美不仅通过别人的言谈了解了不少刘少奇的革命经历，更通过刘少奇本人的一言一行加深了对他的了解。刘少奇的宽厚、博学、为人师表、长者风范，都令王光美爱之深、情之切。他们既是夫妻，又是战友，王光美从内心深处感到，他更是一个诲人不倦的老师。作为人生伴侣和在他身边工作的人，她对少奇同志是理解入微的。尤其是在长达 20 年夫妻互敬互爱、相濡以沫的生活岁月中，王光美终于读懂了刘少奇："他是一个名副其实的共产党员，即使在他不被承认为共产党员时，他也仍然是一名真正的共产党员。"

她给刘少奇当了 19 年秘书

王光美与刘少奇结婚后，在生活上，她负责照顾刘少奇的衣食住行；在工作上，她又是刘少奇的得力助手。在他们共同生活的 20 年中，有 19 年她担任刘少奇的秘书。

1963 年，全国范围的农村社会主义教育运动展开，很多干部下乡去工作。此时，刘少奇提议让王光美也去基层工作一段时间，以便得到锻炼和提高。

当时刘少奇肺病再次复发，非常需要妻子留在身边照顾。出于对刘少奇身体健康的考虑，大家都不同意王光美在这个时候离开刘少奇到基层去工作。

当支部书记把大家的意见告诉王光美后，她也觉得有道理。她告诉支部书记："少奇同志现在身体状况是这个样子，我也不忍心马上离开他。"

但是，从工作关系上讲，王光美是刘少奇的下级。她知道刘少奇在对待工作上十分认真，所以，王光美感到自己不能跟刘少奇讲这些话。

这件事被周恩来知道了。他了解刘少奇的身体状况，当即决定：不仅王光美不能下基层，而且要她陪着刘少奇一块去北戴河疗养一段时间，好让刘少奇的身体恢复健康。

因为得到周恩来的支持，这次王光美没去基层工作，她陪着刘少奇去北戴河疗养了一段时间。从北戴河回来后，刘少奇的身体状况果然有了好转。

然而，当刘少奇身体状况有所好转后，他再次提出让妻子王光美去基层

胡志明主席（前排左4）到刘少奇（前排左2）家做客（历史图片）

第三章
风雨共担：刘少奇与家人

工作的要求。

这次刘少奇有了准备，他首先做身边工作人员的工作，希望自己的这个要求得到大家的支持与理解。他告诉大家："不要为我的健康担心，我自己会注意的。"同时，他还表示，一定要和身边工作人员配合好，孩子的教育及家务事他都能够承担。

为慎重地决定这件事，身边工作人员再次专门开了一个支部会。会上，王光美谈了自己的想法："我决心到基层去工作一年，因为少奇同志一直鼓励我去，我同意少奇的意见。在春藕斋的一次舞会上，我向毛主席报告了准备到河北农村参加社教运动的事，毛主席听后高兴地说'好哇'。"

由于刘少奇的提议得到了毛泽东的支持，加上王光美本人也愿意去基层，身边工作人员便积极配合王光美到基层工作，并表示照顾刘少奇同志的工作由他们来做，而且一定做好。

这年，刘少奇年届65岁，且身体多病，并时有发作。除此之外，刘少奇又因为长期超负荷的工作，造成失眠症，常常是睡觉前先服安眠药，有时效果还不明显。由于身体虚弱，刘少奇有几次夜间上厕所时还摔倒在地上。

针对这些情况，身边工作人员决定，自王光美离家去农村工作后，每天夜里都要派人在刘少奇的卧室门口值班，以防不测。

刘少奇知道后就对身边的工作人员说："你们的心意我领了。你们无非是担心我从床上摔下来，那么，我睡地铺不就解决了吗？"

果然，王光美临走的前一天，刘少奇叫工作人员拆了床架，把床垫放在地板上。从此，他每晚就睡在地铺上。

王光美下基层工作后，刘少奇担心地方上的同志会对她有特殊照顾，就特意为她改了名叫董朴，意思为懂得艰苦朴素的优良传统。这样决定后，刘少奇还不放心，他又反复嘱咐身边工作人员："你们给光美写信就不要用她的真名而要用新改的名字。"

经过简单的准备，王光美就要出发了。刘少奇送妻子时掂掂捆好的行李卷和旅行包，笑着对王光美说："好，轻装上阵，这样好哇！"

刘少奇目送王光美走出大门。这时，王光美仍放心不下刘少奇的身体，她回过头来对工作人员说："全拜托你们了，全拜托你们了！"目光中含着无限的关切和担忧。

王光美到河北省后，被安排在一个叫桃园的地方工作。三个月后，王光美给刘少奇寄来一封信，介绍了她在桃园工作的情况，同时还询问了刘少奇的身体状况和孩子们的学习情况。

看完信后，刘少奇立即给王光美回信。信中这样写道：

"我和家中大小都好，望你不必挂念。自然你在月内能回家一次，那是很好的，但是你如果工作很紧，抽不出身，推至下月回来，我也完全能够理解。一个人既然已上了前线，上了战场，那就只能顾你那一头，我过去和现在，就常常是这样的，望你珍重。"

不久，王光美又回信给刘少奇：

"本想按你说的回家看看，但工作已进入紧张阶段，难以抽身。"

刘少奇一直想念着妻子，盼着她回来，他接到信后，又回信道：

"在斗争紧张的时候，你是不能离开你的岗位的，只有高潮已过，你能抽出身来的时候，你才能回家看看。在这件事上，我完全支持你。"

在刘少奇的大力支持下，王光美全身心投入工作中去。她以一个普通工作人员的身份在工作中吃苦在先，积极肯干。和农民一道挑水、扫街、下地干活，得到大家的好评。

这次下基层后，直到1964年春，王光美才抽出时间回家一趟，看望刘少奇和孩子们。

这次回家没住多长时间，王光美又回到基层。她遵照毛泽东的指示，在全县召开了万人大会，把四清运动轰轰烈烈地开展了起来。

王光美在全身心工作的同时，自然时刻牵挂着刘少奇的身体，经常写信叮嘱他要保重身体。刘少奇则总是安慰她，让她放心地工作。

叮嘱归叮嘱，刘少奇仍照常不分白天黑夜地忘我工作着。因为身体本来就不好，加上过度劳累，刘少奇又生病了。

这次患感冒，持续的高烧，使刘少奇四肢乏力，头晕目眩。本来遇到这样的情况，就应当休息、治病，但刘少奇特殊的地位，不允许他有一个较长时间的喘息。他仍然带病坚持着工作。为了不使自己生病的消息传出去而让毛泽东主席、周恩来总理担心，不让妻子在远方分心，刘少奇警告工作人员说："任何人不能对外说我病了！"

就这样，刘少奇虽身患重病，但仍不停地工作着……

有一天，周恩来总理处送来一份文件，是关于安排刘少奇接见外宾的事。

到这时，刘少奇生病的消息就再也无法保密了。因为，患重病的刘少奇不能接见外宾，这种情况不能不报告周总理办公室。

听了秘书的汇报，周恩来知道刘少奇病了，于是便急匆匆赶来看望。

周恩来问工作人员："少奇同志的病情怎么样？"

工作人员把周恩来引到刘少奇的卧室。周恩来一看，原来刘少奇睡的是地铺。便问："这是怎么回事？"

卫士老老实实地向周恩来汇报了事情的经过。

周恩来一把握住半躺在地铺上的刘少奇滚烫的手说："这怎么行啊？"

"你这么忙，不该为我而耽误了工作。"刘少奇对周恩来说道。

"为啥不让秘书早告诉我呢？"周恩来带有几分责备地说，"这几天你在病中还坚持看了那么多文件。请你好好休息，外事方面的活动我已作了安排，你不必挂念了。"

刘少奇看到周恩来着急的样子，就说："谢谢，没有什么大的毛病，就是有点发烧，我想很快就会好的。"

告别了刘少奇，周恩来严肃地责问卫士："少奇同志病成这样，你们怎么不请王光美回来？"

"我们也提出过，但少奇同志不同意，怕干扰光美同志的工作。"卫士委屈地答道。

"还是请光美回来一趟，就说这是我说的。"

得到周恩来的支持，刘少奇身边的工作人员的底气足了。他们遵照周恩来的指示给王光美打了长途电话，告诉她："少奇同志发高烧，总理叫我们通知你，请你回来一下。"

接到电话，王光美便连夜急匆匆赶回家，帮助医生护士照料刘少奇。

第二天，周恩来又打电话询问工作人员："光美回来没有？少奇同志退烧没有？"

当周恩来知道王光美已经回来，又给她打电话，一再叮咛："少奇同志不恢复健康，你不能离开他。"

王光美告诉刘少奇："总理让我在家照顾你，可以暂时不去河北了。"

"是总理说的？"刘少奇似乎有点不相信地反问。

王光美拍拍刘少奇的肩膀，安慰道："是的，你就好好休息几天吧！别让大家担心了，好吗？"

刘少奇微笑着点点头，只好同意了。

邓小平紧紧握住王光美的手说："是好事，是胜利！"

1967年7月18日，王光美被关押，失去人身自由。1967年9月13日，她被关进监狱。这一关就是12个年头。直到1978年年底党的十一届三中全会召开，中央组织部接手专案工作后，王光美才得以结束12年的囚徒生活，回到子女身边，回到人民中间。

这天，一位副局长急匆匆找到在中南海工作过的李维信，对他说："王光美从监狱里放出来了。"

"真的？"消息来得有些突然。这位副局长沉重地叹了口气，说："都关了

第三章
风雨共担：刘少奇与家人

12年了啊！"

这位副局长又对李维信讲："她刚出来连住的地方都没有，上面决定先住在你这儿，你给安排个一般房间就可以。"

"好，这事交给我办吧！"李维信连忙答应着。

李维信向服务员交代完了有关安排王光美同志住宿的事宜后，便来到门厅守候。不一会儿，一辆吉普车开来，停在门口。一位穿着普通布鞋、深蓝色衣服，留着短发的女同志钻出车门。

李维信一眼就认出，她就是王光美同志！

李维信睁大眼睛看着走近的王光美，迎上前去，说道："你好，王光美同志。"

此时，站在王光美旁边的两名中办的干部走过来，将李维信拉到旁边，小声地说："王光美同志刚从监狱出来，她现在完全自由了，以后怎么办组织上会通知的。"

李维信听完后，高兴地连忙点头，便问道："她的行李呢？"

这时，送王光美来的两位同志中的一位答道："她刚从监狱出来，身上什么也没有。"

李维信心底一沉，一种说不出的惊讶、愤慨和同情通过他的双眼表露出来。

"王光美同志，您都需要些什么东西，我们会尽力帮忙解决。"李维信一边问王光美，一边在心里合计着该买点什么急用的东西。

没想到王光美说："请给我笔和纸，麻烦你尽快帮我借支笔，多拿些纸来。"

李维信稍稍一怔，回答："我这就拿来。"

第二天，又开来了一辆吉普车，来者是钟子山。他送来的是刘少奇的遗物——一些旧衣服、旧鞋、旧袜子……

这次一起来的还有刘少奇和王光美的四个孩子：平平、源源、亭亭、潇潇和王光美的一个小外孙。

"源源，这是你爸爸和你家里的衣物，你清点一下吧。"钟子山将衣物交给了源源。

"钟叔叔！"刘源含着眼泪用双手握住了钟子山的手。刘源知道，这位身经百战的老红军为保存这些衣物，是冒了险的。多么善良的心啊！刘源不知道该怎么感谢他，再一次说道："谢谢钟叔叔！"

钟子山心里也很激动，看着懂事的刘源，小声说了一声："你清点一下吧！"

"不清点了，谢谢叔叔。"刘源用手抚摸着那些衣物轻轻地说道。

见到李维信，孩子们迫不及待地随李维信去看望妈妈。当他们流着眼泪，扑向妈妈时，李维信也忍不住流下了眼泪……

第三天晚上，中组部来电话，通知李维信送王光美到中组部翠明庄招待所去住。

李维信调动招待所的两部车，送王光美和她的四个孩子到了翠明庄。

党的十一届五中全会为刘少奇彻底平反昭雪恢复了名誉。刘少奇终于又回到了热爱他的人民中间。

1980年5月17日，刘少奇追悼大会在北京人民大会堂隆重举行。刘少奇的很多家属、亲属都来到北京。

在刘少奇追悼大会上，在哀乐和哭泣声中，邓小平紧紧握住王光美的手说："是好事，是胜利！"

王光美紧紧握住了邓小平的手！

第三章
风雨共担：刘少奇与家人

1980年5月17日，刘少奇追悼大会在北京人民大会堂隆重举行。党和国家领导人以及首都各方面代表一万多人出席了追悼大会（历史图片）

邓小平代表中共中央在刘少奇追悼大会上致悼词（历史图片）

"好在历史是人民写的"

作为刘少奇的妻子和得力助手，夫妻之间的感情之深，是难以用语言来表达的，也许，珍藏在他们内心的那份温情才是最宝贵的。刘少奇含冤去世，对王光美无疑是最大的打击。每当她回忆起与刘少奇的感情历程，总是忘不了他们诀别时刘少奇对她说的一句话："好在历史是人民写的。"

记者张绛在《三晤王光美》一文中详细地记载了王光美讲述她与刘少奇最后分手时说这句话的经过。

1980年2月29日，中共十一届五中全会通过《关于为刘少奇同志平反的决议》。在这之前，中纪委为中央准备有关材料时，曾派人到河南调查刘少奇在开封含冤逝世的情况并寻找刘少奇的骨灰。当时，张绛正在开封市委宣传部工作，参与了相关调访活动。5月13日，由中央组织部副部长李步新、中央办公厅副主任高登榜、河南省委书记赵文甫等陪同，王光美偕子女到开封凭吊刘少奇逝世地和骨灰存放处，市委指派张绛作为向导，接待王光美，协助她在开封的活动。

下午两点多钟，在东郊火葬场那令人窒息的地方，张绛初次见到了王光美。开始他十分拘谨，但随着交谈，特别是感到王光美那悲伤而又克制、谈吐豁达而又有分寸的风度，张绛也随便多了。

当他们走近存放刘少奇骨灰的骨灰架，王光美脸色沉了下来。她情不自禁地说："就在这儿躺了10年哪！"她看到刘少奇骨灰停放的123号，上下左右都是普通老百姓的骨灰，意味深长地说："少奇同志生前置身于人民群众之中，死后还是在群众中间啊！"这些话说得是那么深刻、动情。她和孩子们的

第三章
风雨共担：刘少奇与家人

1980年5月13日，中共中央派专人专机前往河南省郑州市迎取刘少奇的骨灰。5月14日，郑州隆重举行刘少奇骨灰迎送仪式。中共河南省委常务书记、省长刘杰（左）郑重地将刘少奇的骨灰交给王光美（右）（历史图片）

眼泪再也抑制不住了。接着，王光美提议说："让我们向少奇同志和死难的开封人民群众致哀！"鞠躬之后，她和子女们在骨灰架前合了影。

在火葬场休息室里，火葬场党支部书记取出当年刘少奇遗体被秘密火化时的介绍信、申请单等有关资料，一一请王光美过目，她默默地看着，看着。突然，王光美激愤地拿着一份"火葬申请单"，几乎用颤抖的声音向孩子们说道："你们看看，你们爸爸革命一辈子，逝世的时候，身为中共中央副主席、中华人民共和国主席，这里在'职业'格里，竟写的是'无业'啊！"

随后，大家步入刘少奇病逝的那间屋内，在简陋的单人床上，王光美一眼就看见了那两个海绵枕头。她用手轻轻地打开白色外罩，喃喃地说:"就是这对枕头，这是在北京家里用的那对枕头啊！"说着，她把枕头紧紧贴在胸前，眼泪滴湿了枕头。几个孩子都走到妈妈跟前，抱着枕头痛哭起来。一会儿，王光美抹去眼泪，向在场的同志说道:"这是60年代，我陪少奇同志出访柬埔寨时，西哈努克亲王送给我们的。在北京家里，我们一直使用着。"重病中的刘少奇同志，是在家中从床上用被褥卷起来，抬上担架，于1969年10月17日，用飞机强行押解开封的。

下午5点钟，王光美等乘车返回郑州。正当王光美走出天井院，准备上汽车的时候，张绛突然看到，从北京陪同来的中央办公厅的同志轻声告诉王光美:门外大街上有很多群众，问她见不见。王光美果断地说:"见！"于是，她和子女们径直奔向大门外，张绛也急忙陪着走到大街上。只见本来就不宽敞的街道上，围了几百名群众。大家看见王光美走出来，都激动地鼓起掌来，这完全是自发的群众场面，谁也指挥不动。人群像海潮般地向王光美涌来。眼见圈子围得越来越小。张绛这个向导真担心要是被围着走不出去可怎么办。张绛转眼看看王光美，她显得十分激动。

在这种场合下，讲话或劝解群众自动离去，是完全不可能的。这时，只见王光美眼含泪花，深情地从南向北，依次向在场的开封群众鞠了三个躬。一些站在前面的群众，也流出了眼泪。说也奇怪，这一刹那，前面的群众自动地站在那里，组成一道人墙，不再拥挤，似乎在感动地说，该请王光美上车吧！张绛急忙抓住这个空间，向刘源说:"快请妈妈回去休息吧！"

王光美在回程的途中，情绪一直没有平静下来，她告诉陪同的同志们说:"1967年我和少奇最后分手的时候，他对我说'好在历史是人民写的'。今天，我看到了人民的呼唤，人民的心声！我万分感谢开封人民！"

第三章
风雨共担：刘少奇与家人

王光美在迎取刘少奇骨灰的专机上（历史图片）

迎取刘少奇骨灰的专机抵达北京（历史图片）

"他希望我从他的言行中了解他"

在刘少奇同志一百周年诞辰纪念日前夕，王光美同志在杂志上发表了用记者采访形式写成的长篇回忆文章《与君同舟，风雨无悔》。这是人们目前所看到的有关二人文字较多、内容充实全面的一篇好文章。

王光美同志在文章中怀着对丈夫深深的爱恋和不尽的思念，向人们讲述了一个个感人肺腑的故事。透过这一行行并不深奥的文字，使人们感受到了他们经受了 20 年风风雨雨的恩爱故事。

王光美说，刘少奇很少讲自己，即使对妻子也不例外。那是 1980 年 2 月 29 日晚上，他们全家屏息围坐在电视机前，急切地等待着一项重要消息的发表。当他们十几年来第一次从电视机中听到"刘少奇同志"这个熟悉的称呼时，真是百感交集，心情久久不能平静。多年来盼望的这一天终于来到了。她说：此时此刻，我只能和同志们一起，在心中深深地思念他。

王光美回想起当年参加革命前，一位地下党员给了她一本《论共产党员的修养》，她读了以后，对作者产生了崇高的敬意。以后，她作为一个满怀革命热情走进革命队伍的青年人，同刘少奇一起生活，在内心很自然产生一个强烈的愿望，就是想直接听他讲过去的革命经历。

她渴望了解他，希望多学习些，进步快些。但是，刘少奇从来不讲自己过去的光荣历史，就连讲述别的同志过去的功绩涉及他时，也很少讲自己。王光美曾多次要求刘少奇讲讲，刘少奇的回答是："不要从我的过去了解我，要从我今后的言行了解我。"话中的意思很明白：以前为党作出的贡献都已经过去了，你应该看的是我以后怎样做。王光美理解刘少奇，长期艰苦的斗争生活使他逐渐养成了谨慎缄默、稳重沉着的性格。

但偶尔，刘少奇为讲明某个道理也会说出自己的一些亲身经历。例如，

第三章
风雨共担：刘少奇与家人

一次在湖南省直机关和地方干部大会的讲话中，刘少奇回忆起在安源的工作。按现在党史记述，刘少奇22岁从苏联回国，受毛泽东委派到安源参加李立三领导的工人运动。作为全国革命低潮中"硕果仅存"的成功工会的领导者，他勇敢地承担起重担，使各方面的工作卓越而稳妥地开展起来，并把中国共产党第一个产业工人支

刘少奇、王光美和两个子女在一起（历史图片）

部、第一所党校、第一支工人武装、第一个消费合作社搞得有声有色，还发展、保护和培养了大批党员干部。那几年，安源的党员数量，最多时占到全党的三分之一。小小的安源，是我党早期革命的摇篮，在党史中占有重要地位，因此，有"小莫斯科"之称。

回忆那一时期的自己，刘少奇是这样说的："那时，我刚从莫斯科回来。在苏联住了抗大式的学校，学了点马克思主义，只学了八个月，就算从西天取经回来，经不多就是了。返回上海，又跑到长沙。那时，毛主席在这里。没有几天，就叫我去指挥粤汉铁路的罢工，粤汉路车已停了。中央来了紧急信，叫我到安源去。出了六元钱买汽车票才到株洲，爬上株萍铁路的火车，跑到安源。没几天就罢工，一罢工之后，李立三被通缉，工人把他藏起来，

所有党员都躲起来了，只剩我一个人。人也不认识，什么也不清楚，罢工中有各种问题发生，我有什么办法呢？还不就是听工人的，他们叫我怎么办就怎么办，就是他们在那里领导我，哪里是我领导他们。当然喽，他们说怎么办就怎么办，我也是经过一番考虑，有一些我也没采取，有两种意见的、三种意见的，我也综合一下。"

把自己融入群众中，从不突出自己，这就是刘少奇。

对于自己领导的工人运动，刘少奇常常从中吸取经验教训来反思。他讲过安源一段有趣的往事，提出发人深省的问题。

"我们在几万工人中，有绝对无限的信誉，工人的工作、生活大改善，社会地位大提高，人皆称工人为'万岁'。工会有最高权力，有法庭、有武器、能指挥当地警察及监狱等。即使这样，工人还是不满足，还要更前进：（一）要求增加工资，但实际情形是不能加了；（二）工人自动将每日工作减至四小时，很多工人自由旷工，这就使生产减一半；（三）工人不听管理人、工头指挥，许多地方要危害产业的前途和工程；（四）工人要扩大工会权力，审理非工人、管理工人范围的琐事。

"为了忠实于工人长期的利益，不能接受工人的要求……在工人中解释不清，无法，只得在会议通过后去阻止工人早下班。结果，工人甚至和阻止下班的纠察队冲突。李立三亲自去阻止工人下班，工人要打他，逼得他痛哭流涕离开矿山。我批评工人不要过分。工人要打我，说我被资本家收买，气得我很难受。正当我与工人发生裂痕时，敌人进攻，准备武力解散工会。我们立即与工人在一起，动员工人抵御了这种进攻，工人完全胜利。然而问题还是如此。"

一个青年革命家的矛盾、委屈、苦闷跃然纸上。这个问题伴随刘少奇，走到20世纪五六十年代，那时他已是老革命家了。

"为了辨明是非，我才听他讲述自己的光辉业绩"

王光美说："刘少奇一直不愿谈自己过去的光辉业绩。倒是在'文革'中，大量污水泼向他，为了辨明是非，我才听到他讲述了一些过去的事情。"

记得有一次，红卫兵小报上"揭发"刘少奇在武汉国民政府时期，对抗党中央，擅自勾结英帝国主义，解散工人武装，出卖革命，称为"武汉交枪事件"。王光美把报纸拿给刘少奇看，他才讲起在那如火如荼的年代中，英勇斗争的往事。

1926年10月，刘少奇到当时革命的中心武汉。经过几个月夜以继日的工作，全国工会组织取得空前的大发展。

1927年1月3日，英国水兵枪杀江汉关民众，制造了"一三惨案"。刘少奇得报，立刻赶往现场，后即带领工人纠察队到英租界巡捕房，代表各界民众提出强烈抗议。当夜，刘少奇通宵主持总工会紧急会议，决定动员、组织各界与英军斗争，提出立即收回租界等六条要求，并通电全国。第二天，向国民党政府请愿，并限英领事三日内答复。在总工会号召带领下，全市群情激愤，同仇敌忾，举行罢市、罢工、罢课。5日，人民心中被积压的反帝怒火爆发出来。通过李立三和刘少奇等人严密而有效的组织，30万人举行反英示威，冲入并完全占领英租界。

这时，国民政府表面支持群众，又担心帝国主义直接武力干涉，密令工会不要激化民情。我党中央一些领导人受陈独秀投降主义影响，再三劝阻甚至严厉批评刘少奇，要求工会避免与英帝直接对抗。可当时各界民众义愤难当，刘少奇一方面努力组织有序的斗争，避免过激行动；另一方面向中央提出，应积极引导大众，不能在革命高潮时退缩逃跑，不能也无法执行一些中央负责同志的指令。刘少奇一直站在示威队伍最前列，直接面对帝国主义者谈判。2月19日，在各方面的压力下，终于迫使英国签字，将武汉租界交还中国。在中国百年反帝斗争中，第一次收回被列强强占的土地和权利，取得空前伟大的胜利。

收回英租界，极大地震动了全国，中国人出了一口气。同时，许多中共领导人和群众也被巨大的惊喜和出乎意料的胜利冲昏头脑，认为只要民众发动起来，工人武装起来，就可夺取任何胜利，从而助长了过"左"的倾向，发生了不少不适宜的过火行动。刘少奇反复提出警告，切忌盲目和自大。

"与他共同生活，使我也成为一些重要事件的经历者"

王光美说，自从与刘少奇共同生活后，她也经历了一些重要事件，从而使她对刘少奇有了更深的了解。尽管这些事件并不全是生活小事，但的确是王光美与刘少奇共同生活经历的一个重要部分。她说，全国解放后，刘少奇除了极为关心工人和农民，也极关心民族资产阶级和小生产者。

中华人民共和国成立前，在西柏坡召开了著名的七届二中全会，决定党的工作中心由乡村转到城市，实行新民主主义制度，恢复发展经济。要打倒"三个敌人"，即帝国主义、封建主义、官僚资本主义，就必须团结依靠工人、农民、小资产阶级和民族资产阶级这"四个朋友"。为贯彻七届二中全会精神，刘少奇代表党中央和毛泽东到重要工商业城市天津工作。

刚解放的天津，百业凋敝，新政权没收了帝国主义和官僚资本主义企业，但却不会管理。在经济成分中占比例最大的民族资本家和小工商业者，虽然反对国民党，真诚欢迎解放军进城，但对我党的政策和领导能力心中无底，持怀疑和消极观望的态度，三分之二闭门以待，少数携家外逃，致使工商业瘫痪，工人生活无着落。共产党干部对此毫无经验，甚至束手无策。经过细致调查，刘少奇提出许多指导方针，对于我党在已经解放或即将解放的

第三章
风雨共担：刘少奇与家人

城市顺利开展工作，起到十分积极的作用。

其中有一次座谈，一位资本家问道："我现在开工厂，有剥削，是有罪的。我还准备多开几家，那不是罪更大了吗？要判刑，要杀头的！"

刘少奇回答："你开的厂是有剥削，你用剥削来的资本再开几家厂，将来，交给国家的不是一家，而是两三家、八家工厂，这样的剥削是有功的。因为你会管工厂，你还是经理，是国家工厂的经理，你能干好，再加八家，一共十六家交给你办，你代表国家是劳动人民中的一员。"这一段话后来被概括为"剥削有功论"，受到极大歪曲和非议。

刘少奇二十出头就到安源煤矿领导工人斗争，之后，是全国著名的工人运动领袖。可以说，他同资本家斗争了大半辈子，对工人有真挚的感情。因此，在感情上，他从未，也不可能赞成剥削和压迫。即使在共产党领导下的社会主义条件下，他都始终认为执政党的一大任务就是减少或弱化经济上的

1949年4月10日至5月7日，刘少奇到天津观察。刘少奇在天津视察期间，根据中共七届二中全会的精神发表了一系列重要讲话。图为刘少奇在天津碱厂视察（历史图片）

剥削和压迫。为了工人们更长远、更大的利益，无产阶级和资产阶级必须合作，必须联手对付大自然的灾害和外国列强。他始终极力提倡以经济建设为全党工作的中心，极力提高工农的社会地位和荣誉感，崇尚劳动。同时，把资本家视为人民。社会主义改造之后，他认为作为一个阶级，资产阶级已开始消亡，阶级矛盾属于非对抗性矛盾。刘少奇力图靠发展生产力和阶级合作来"缩短和减轻分娩的痛苦"。

1967年年初，源源问了一个尖锐的问题。他问："社会上都在批判爸爸的吃小亏占大便宜，说是市侩庸人哲学。我过去听爸爸讲过，当时认为讲得很好，很受鼓励。听现在的批判，也觉得有道理，不知道是怎么回事？感觉哪里不对头。"

刘少奇埋头吃饭，并没有看一眼孩子们。一会儿，他缓缓地说道："针对怕吃苦、怕吃亏，好占人家小便宜，我讲过几次，是为了教育孩子们，不要占小便宜吃大亏。在困难时候都不能因小失大。当然，讲这个道理时，也讲了不怕吃亏的人，最后是占便宜的。但这个便宜不是指个人名利。另外，也对干部讲过，我们党的领导不能让老实人吃亏，必须提倡讲老实话，听老实人的话，反对弄虚作假。"

"噢！我明白了。"平平高叫一声说，"这是偷换了概念。"

亭亭一直在旁傻呆呆发愣，好像没听懂，此时竟笑起来。王光美看看天真的孩子们，又看看刘少奇。他继续吃饭，仍旧那么平静、坦然。

1957年，由于各种原因，大量中小学毕业生不能升学，有很大一部分要开始工作，很多学生及家长不满意，向政府抗议，各地都为此"闹事"。在湖南，刘少奇同学生及家长代表谈话，后又给北京地质学院毕业生讲话。

刘少奇这样说："革命时期，有很大一批人打了几十年游击，打出了一个中华人民共和国。建设时期，要有人打游击。我说你们是建设时期的游击队、侦察兵。过去打游击，就是毛主席、朱总司令这些人打，别人没有打；

现在是要你们打,别人不打。为了祖国的建设,你们情愿吃一点亏,吃一点苦,打几十年游击,使6亿人民幸福,自己吃了亏,别人享了福,少数人吃苦,多数人享福。你们干不干?

"你们与工农相处时,也要帮助人家,不要占人家便宜,不要怕自己吃亏,对人家有好处,对人家有帮助,对人家有利,关系才会搞好。如果使人家吃亏,你们占便宜,开始一次两次,人家也许不感觉,小意思;一年两年,人家也不感觉怎样;十年八年,最后就会得到一个这样的结论:某某人只晓得占人家便宜,自己不吃亏,又不肯帮助别人,自私自利,那你们就是吃了大亏。现在怕吃小亏,占小便宜,将来要吃大亏。占小便宜的人,最后

1958年5月,刘少奇在中共中央政治局扩大会议上提出我国应有两种教育制度、两种劳动制度的设想。随后,在全国一些地方开展了半工半读试点工作。1964年后,这种新型制度在实践中有了迅速发展。图为1958年7月刘少奇在天津同试办半工半读的工厂的干部和教师代表座谈(历史图片)

要吃大亏；不怕吃小亏的人将来占大便宜。如果把名利当作理想，这理想是庸俗的；青年人要有高尚的理想，就是为了6亿人民的幸福，宁肯自己吃亏，当建设时期的游击队、侦察兵，做建设时期的开路先锋，不怕吃苦，准备在野外干几十年，最后人民会信任你们。"

让我们再看看刘少奇对孩子们怎样讲的：

"有人说，不能升学，要去种地，这是'吃了亏'。……中国革命胜利以前，中国共产党员和许多革命者，不怕杀头，不怕坐牢，他们离乡别井，东奔西走，不计名利，不图享受，唯一想到的是国家的存亡和人民的祸福。他们为了革命事业的胜利，英勇牺牲，艰苦奋斗，前面的人倒下去，后面的人立即跟上来；革命失败了，马上重振旗鼓，继续战斗。这些具有伟大的革命气魄和自我牺牲精神的人，在过去，曾经被反动统治者看作'大逆不道'的'叛逆'，也曾经被一些只顾个人利益、不顾人民利益和只问个人前途、不问国家前途的所谓'聪明人'看作'傻子'。但是，历史的结论是公正的。革命依靠这些'傻子'和广大人民的努力在全国胜利了，反革命被推翻了，那时的'聪明人'有的由于事实的教训后来站到人民方面来了，有的被人民抛弃了。而一切在革命中牺牲了的先烈，现在得到了全国人民的尊敬，并将千秋万代地受到人民的景仰。

"那么，在社会主义建设时期，还需要不需要这样的'傻子'呢？我们的理想是美丽的，我们的途程又是艰难的。祖国建设的各方面需要更多的这类'傻子'，需要更加发挥这样的'傻劲'。值得注意的是在我们一部分干部和一部分青年中，近来渐渐地遗忘了这种优良的传统，在他们中间出现了一些所谓新时代的'聪明人'。这些人……有的甚至发展到了争名夺利、唯利是图的地步。这些人灵魂深处的六个大字是：贪便宜，怕吃亏。

"我们要劝告一切干部和一切青年，不要向这些'聪明人'学，而要向那些'傻子'学，不要怕吃苦，不要怕自己吃了一点亏。必须懂得，光想占便宜，生怕吃亏的人，是思想上、政治上不健康的人，是不值得信任的人。而

第三章
风雨共担：刘少奇与家人

刘少奇和北京地质学院的同学们愉快交谈（历史图片）

为了国家和人民的利益不怕自己吃亏的人，才是高尚的、有道德的、脱离了低级趣味的人，才是真有理想，能够站得住脚、能够得到人民信任的人。从长远说来，前一种人在最后是要吃大亏的，而后一种人则最后将得到他所应得的待遇。必须懂得：要和群众的关系搞好，就不能占便宜，就不要怕自己吃亏。要完成任何伟大的事业，都必须有吃苦耐劳的精神，都必须有意识地把较为艰苦和困难的工作担当起来。……吃苦在前，享福在后，这是取得党和人民群众信任的基本条件。我们希望青年都能够向着这个方向锻炼自己，把自己锻炼成为具有'先天下之忧而忧，后天下之乐而乐'这种美德的人。青年人要有理想，我们希望一切青年人都有这样高尚的理想。"

刘少奇的这些话是高尚的。我们今天的党员、干部、青年是不是应当好好重温这早已被淡忘了的教诲？

刘少奇同志一向把人民的信任视为最高的荣誉，他极为珍视人民对于他的信任，从不滥用这种信任。他说："人民信任你，你就绝不能辜负人民的信任，人民给你多大的权力，你就要负多大的责任。"1962年夏，正当刘少奇与绝大多数领导人和全国人民共度国难，全力挽救已经崩溃的经济时，有位同志批评他过分着急，矫枉过正，犯了右倾错误，说："你急什么，压不住阵脚了，为什么不顶住？"刘少奇回答："人相食，要上书的！"那时，沉重的责任感使他下决心：宁肯被罢官，也要坚持继续在经济上进行调整。接着，他对当时的问题承担了全部责任，主动作检查，并同意接受抓阶级斗争的指导思想。毕竟，经济的调整坚持了下来，并且很快见了效。

1965年年底，刘少奇患了重病，未愈又继续工作，致使病情几次反复。可他总是说："我的时间不多了，更要抓紧工作，只要马克思再给我十年时间，一定和同志们、和人民一起把我们的国家建设得繁荣富强起来。"

"我心里一直敬爱他"

王光美告诉记者说：

正当刘少奇全心全意规划未来，为人民一丝不苟地工作时，一场意想不到的"文化大革命"席卷了中国大地。

处在"文化大革命"风暴的中心，刘少奇的名字竟被作为一切罪名的代名词。无数诽谤、侮辱都加在他身上，无限的信任霎时变成"刻骨仇恨"，人妖颠倒，是非混淆，真伪难辨。刘少奇的痛心难以言喻。

有一次他说："我过去常对你们讲，对一个人来说，最大的幸福是得到人民的信任。今天，我还得加一句话，就是对一个人来说，人民误解你，那是最大的痛苦啊。"说到这里,他的声音颤抖了。

一天,他似乎在自言自语:"这样下去不行,我是不是该给主席写封信呢?国家要毁了,这不是搞马列主义,这是行不通的。"

我接过他的话说:"愈是行不通,你的罪过愈大,你不能再说了。"

"可我是一名共产党员!"

这个坚定而响亮的声音,震撼着我的心。

两天以后,刘少奇直接向毛主席提出了他的两项要求:

"一、这次路线错误的责任在我,广大干部是好的,特别是许多老干部是党的宝贵财富,主要责任由我来承担,尽快把广大干部解放出来,使党少受损失;二、辞去国家主席、中央常委和《毛泽东选集》编委会主任职务,和妻子儿女去延安或老家种地,以便尽早结束'文化大革命',使国家少受损

1961年,刘少奇、王光美在牡丹江镜泊湖(历史图片)

失。"身处政治旋涡中心的他，首先想到的不是自己。

冬去春来，已是花放叶荫之季，我们家里依然像严冬。4月里的一天，他说："党内斗争从来没有这样不严肃过。我早在去年8月的会议上就讲过'五不怕'，如果这些人无所畏惧，光明正大，可以辩论嘛！在中央委员会辩论，在人民群众中辩论嘛！我还要为国家、人民，为我们党和广大干部讲几句话！"

入夏黄昏，我问少奇："为什么你我都被描绘得那么丑恶，简直成了罪犯，可彼此却没有怨言呢？"少奇说："因为相互信任。"我当时心情很激动，因为这是政治上的信任。在工作上，多年来总是他教导我该做什么和怎样去做，就像一位耐心而严厉的老师对一个小学生。我做错事时，他不留情地批评；做对时，他只表示同意，或只点点头，很少听到几句表扬的话。他早就明确规定，替他看报告或转达同志们的意见时，哪些是报告原意，哪些是自己个人的意见，必须分清。有几次他说："在工作上，老婆的话应少听，党内早有教训。"听到这话，我的自尊心真有些受不了，就说："我也是一个党员嘛。"其实，我心里一直敬爱他，从没有奢望他也给我以同样程度的信任。而在共同的苦难和战斗中，少奇同志说出了"相互信任"。我是多么珍视这句话的含义呀！

我永远不能忘记，正是对人民的爱、对人民的信任，支持他走完最后的路程。

1967年7月18日早上，平平和源源匆匆跑来，告诉我们："今天要在中南海里再次开批斗大会，批斗爸爸和妈妈。"当时，正是百万人"围攻中南海，批斗刘少奇"的高潮，成百个高音喇叭日夜喧嚣，群众已被煽动到狂热的程度。形势严峻，我们预感到分别的时刻已经来临，今后我们将要各自单独奋斗了。

一年来，种种恶毒的攻击袭向少奇，像挠我的心一样，我只有起而为他辩护。各种侮辱强加在我身上，对一个妇女来说无论如何也是难以忍受的。

但我在他面前总是强忍自若，平静泰然，不能再给他增加负担了。此时，我只对他说了一句："这回真要和你分别了！"就怎么也忍不住，眼泪流了下来……

傍晚，我完全平静下来，等着来人揪斗了。那是少奇同志生平唯一一次为我打点行李，拿出我的衣服放好，整整齐齐。在最后的几分钟，我们面对面地坐着，谁说革命战士没有温情脉脉？没有儿女情长？这时，不爱说笑的少奇同志，却说："倒像等着上花轿的样子。"我不禁想起他说过的一句话："只要我们不脱离群众，是为大多数人民谋幸福的，我们就什么都不怕。"他的无私无畏感染了我，我也跟着笑起来。

"王光美！"进来的人一声吼叫，打断了我们的笑声。我心里感到幸运：是我先走，否则，我看少奇先走会挺不住的……

少奇看着我走，他作为丈夫，看着妻子受凌辱；作为父亲，看着儿女受残害；作为领袖，看着党处在浩劫中；作为国家主席，看着人民沦落于互相残杀。对这些，他都无能为力，内心会有多么痛苦啊！

我站了起来，少奇也站起来，我们握了一下手，他又用深情的目光看着我，轻声对我说："好在历史是人民写的！"

是啊，历史是人民写的。无论人民受到多大的挫折、危难，最后终归是人民推动历史前进，而且人民要让历史恢复它的真实面貌。这一点，现在已经完全得到证明了！

"我们相互信任，相依为命"

1967年7月王光美与刘少奇分别后，就再也没能走到一起。每每回想起往事，王光美从心底里说：与君同行，风雨无悔。20世纪90年代，她告诉记者：

1958年，刘少奇与夫人王光美在成都（历史图片）

我们通过多年的寻访，特别是通过中央纪律检查委员会的正式调查，知道了少奇是怎样走完最后路程的。我们为他自豪。他在与林彪、江青一伙最险恶敌人的殊死搏斗中为国殉职。他光明磊落，至死面对敌人，保持了一个共产党员的气节，经受住了一个共产党员所能经受的最严格的考验。

过去，少奇同志和我，一直忙于工作，无暇诉说衷情。但在充满痛苦、打击、考验和战斗的日子里，我们相互信任，相依为命。此刻我回想往事，心情是复杂的，既有心如刀绞的痛苦，又为能同少奇一起经历这一切而感到欣慰。由此，我更想到我们的国家和人民，我们亲爱的党，在这场史无前例的大破坏大灾难后，不是终于胜利了吗？经受了最严峻考验的党和人民，难道不是最坚强、最可信任的吗？

今天，面临四个现代化这一历史任务，我们不能仅停留在回忆旧日伤痛和咒骂敌人的阶段。死去的人已没有悲欢离合之感，活着的人要活得更有意义，对自己、对死者、对我们的党和人民负责，继承和完成我们亲人的遗志，化悲痛为力量，为人民献出我们自己。今天，我们5000多万党员和近12亿人民，将在960万平方公里的国土上，写出前所未有的、光辉灿烂的历史。

儿女情深

在延安，一家三口的团聚与别离

刘爱琴是刘少奇的长女，生于1927年。为了革命工作，她一出世就寄养在一个工运积极分子家中。这一寄养就是11个年头，直到1938年父女才得以在延安相见。

这天，刘爱琴被人从武汉接到延安，带到延安城里的一排窑洞前。刘爱琴看到土平台的木桩上拴着两匹马。人们告诉她，马上要见到亲生父亲了。

刘爱琴虽然经过了几天的颠簸，十分疲劳，但当她一听到要见到父亲时，精神为之一振，心里在想：父亲是个什么模样？是胖还是瘦？是严厉还是慈祥？是老还是年轻？

她站在土平台边，怀着急切的心情等待着，等待着父亲的出现。只见窑洞里有人进进出出，她不知道其中是否有自己的父亲。

她听别人说，父亲就住在窑洞里。于是，她睁大眼睛死死地盯住窑洞的大门，观察着进出窑洞的每一个人。

1960年8月，好不容易合家团聚，刘少奇和家人照了一张全家福（历史图片）

第三章
风雨共担：刘少奇与家人

不一会儿，从窑洞里出来一个人。她睁大眼睛看着，出来的人和进出的人们一样穿着军装，戴着军帽，胳膊上也有"八路"的袖章，脚底下穿的是草鞋，打着绑腿。看样子，他有40多岁，高个子，大眼睛。"会不会是这个人？"刘爱琴在心里这样想着。这时带她回延安的人对刘爱琴说："他就是你爸爸！"

没等刘爱琴反应过来，他已经走到刘爱琴面前，拉住她瘦小的双手，上下仔细打量起来并很亲切地说："爱儿，你来啦！"

见刘爱琴没有反应，旁边的人捅了一下她的背，嘱咐道："快叫爸爸。"

这日夜盼望的见面，对这个经历了太多磨难的小女孩来说，显然有些突然。她多想叫一声"爸爸"，但她仰起头望了他几眼，嘴巴张了张，还是没有叫出口。刘少奇知道，孩子还小，初次见面，有些紧张和不习惯，也不说什么，就领着女儿回到自己的窑洞。

刘少奇把女儿抱在怀中。但她却一个劲地往外挣。抚摸着女儿的头，刘少奇似乎有些内疚地自言自语："太瘦了，太瘦了。"

接着，他问女儿："多大了？"

刘爱琴却回答："不知道。"周围的人笑了起来。听见女儿这样回答自己的提问，父亲也无可奈何地笑了："长这么大了，还不知自己多大岁数。"

看到窑洞里的大人都笑了，11年的思念、委屈一齐涌上心头，刘爱琴哭着扑向父亲的怀抱。

人们立刻停住了笑声，整个窑洞一下子变得安静、严肃起来。刘少奇紧紧抱着女儿深情地对她说："你受苦了，不要紧的。这回就好了，你回到

青年时代的刘爱琴（历史图片）

家里来了。以后把身体好好检查检查。"

　　刘少奇的几句话，一下子缩短了和女儿在感情上的距离。父女俩高兴极了。

　　随后，刘少奇告诉女儿，这里并不是爸爸的住所，爸爸住在城外的杨家岭。于是，刘爱琴和爸爸同骑一匹马，她抱住了爸爸的腰。一声吆喝，马儿飞驰起来。

　　不一会儿，他俩已经出城来到一座小桥边。刘少奇回过头，对女儿说："这就是延河桥。"

　　刘爱琴看着清澈见底的河水，心情格外轻松。刘少奇又对女儿说："这个地方很好，八路军就住在这里。以后你就在这里上学吧。"一听说要上学，刘爱琴更是喜上加喜。但又一想，自己都11岁了，学校还会收吗？就问父亲："我都这么大了，学校要我吗？我能跟上班吗？"刘少奇笑着说："能跟上。"

　　说话间，父女俩来到山坡下。他把女儿抱下马，说道："我们该爬山了。"他们一边爬山一边谈话，一会儿就到了家门口。

　　刘爱琴被父亲领进了一间窑洞。她仔细打量这间屋子，只见窑洞最里边是一个土炕，炕上放着铺板，在铺板的上面有一条薄被和褥子。靠近窗户光线比较好的地方是一张办公桌，上面放着很多文件和书籍，此外还有笔筒、墨盒和一盏小煤油灯，旁边是两个凳子。屋的一个角落放着脸盆和铁架，上方拉着一条绳子，搭着两块毛巾。这就是他们家的全部家当。

　　虽然这个家十分简陋，但刘爱琴觉得非常温暖。

　　在这简陋的窑洞里，父女俩开始了团聚的生活。刘少奇告诉女儿被送人的经过，刘爱琴也把自己"望不着笑脸的童年"一一讲给父亲听……

　　在奶妈家生活很困难。为了糊口，奶妈常常是一手拉着年仅5岁的爱琴，一手提着装有针线的篮子，走街串巷揽些零活度日。没有住处，奶妈便带着自己的亲生儿子和爱琴，走到哪里，就住在哪里。常常和很多沿街乞讨的人挤在一起熬过漫漫寒夜。

第三章
风雨共担：刘少奇与家人

奶妈是个心地善良的人，非常疼爱刘爱琴，但在那个是非颠倒的社会，她要照顾好两个孩子实在是无能为力。

刘爱琴告诉父亲说，有一次，我们住在一个破阁楼里。我正出麻疹，发高烧，奶妈看着我被烧得通红的小脸，不忍心再带我出去找活干，就要我留下等她。我执意要去，奶妈说："孩子，今天就不要去了，妈干活回来给你买糯米粑吃。你在这里好生待着，等着妈，哦！"我只好点点头。奶妈带着弟弟走了，我躺在草铺上冷得直发抖，等啊，盼啊，好容易等到天黑。外面掌灯了，奶妈两手空空地回来了，她脸上挂着泪珠，一看到我就赶忙过来摸我的额头，然后长嘘了一口气："老天保佑，可算好些了。"弟弟坐在地板上无力地叫着妈妈。奶妈看看我望望他，眼泪吧嗒吧嗒地掉在了我的脸上。我明白了，奶妈又是一天没有找到活干啊！我已懂事，再没问奶妈买糯米粑的事。

即使如此艰难的生活，也没能维持多久。随着生活的日益困难，奶妈只好带着全家和爱琴离开汉口回到乡下老家。

在乡下生活也十分困难。养父给人家打短工，奶妈带着爱琴和弟弟挖野菜，一家人仍是吃了上顿没下顿。这样的日子维持了一段时间，就再也无法维持下去。在万般无奈的情况下，奶妈的一个决定改变了刘爱琴的生活。

有一天，奶妈笑着对刘爱琴说："孩子，明天妈送你到城里亲戚家去。他们家能吃饱，只是你以后不能再回来了，妈有空就去看你。"刘爱琴知道，奶妈对自己比对亲生儿子还要心疼。几年来，他们相依为命，度过了艰难的时日。如今要离开奶妈到"亲戚"家，她无论如何是不愿意的。于是爱琴告诉奶妈："我哪儿也不去，我要和妈妈在一起。"奶妈擦着眼泪说："孩子，去吧，亲戚家的日子好。"但爱琴怎能知道，她是被卖给人家当童养媳。

在"亲戚"家，爱琴的日子并没有奶妈想象的那样好过。婆婆把她完全当成一个奴仆来使用，小小年纪就承担了家庭的重活。

这一大家人的用水都由爱琴来打。在院里有口一丈来深的井，没有辘轳，全靠绳子往上提。有一次年小体弱的爱琴在提水时，因用力过猛只觉得一阵头晕眼黑，便随着水桶掉进了井里。正好这天男主人在家，听见喊声才把爱琴捞了上来。

让爱琴最怕的还不是繁重的劳动，而是为婆婆看孩子。偏偏这孩子短命，一岁多时出天花夭折了。为此，婆婆常拿爱琴出气，动不动就毒打她。婆婆骂爱琴给她家带来了晦气，扬言"不打死这个晦气鬼难出我心中这口气"。每次打爱琴，她一手揪住爱琴的辫子，一手拿着竹鞭子，劈头盖脸猛抽。爱琴的身上常常是旧痕未退又添新伤。

经常性的挨打受骂再加上卧室阴暗潮湿，使爱琴得了遗尿病。婆婆不仅不给她治病，还野蛮毒打与惩罚爱琴。每当婆婆发现爱琴尿床，她就逼爱琴双腿跪在地上，把尿湿了的褥子蒙在爱琴头上，让她一跪就是好几个小时。严冬里，爱琴睡觉的屋子不给生火，凛冽的寒风吹透她的破衣烂衫，她的双脚和双腿被冻出一块块的硬疙瘩，化脓后脓液流淌不止，一走路就像针扎一样疼。

十来岁的年龄正是花一样的季节，是充满幻想的时候。可是，这种非人的生活，使年幼的爱琴过早地体验到了生活的艰辛，她想到了死。

正在这十分艰难的时刻，有一天奶妈和一个穿戴整齐的人突然来找爱琴。爱琴一看到奶妈，便失声痛哭。奶妈紧紧地搂着她，安慰道："孩子，别哭了，妈这次就接你回家。"

奶妈和同来的人领着爱琴进了一家照相馆，为爱琴照了相。之后，又领她洗澡、剪发，回来后又给她换上一套学生装，把爱琴打扮得像个小学生一样。爱琴不明白这是怎么回事，就问奶妈。奶妈高兴地说："孩子，这回你可要真的回到自己的家了，以后再也不会挨打受气了。"与奶妈同来的那个人指着奶妈说："她是你的奶妈。你还有亲生父亲，他在很远的地方，以后我们送你去找他。"

刘爱琴第一次听到这样的话，真有些不相信。她问道："这是真的吗？妈妈，是不是又要把我卖到什么地方去？"

奶妈冲着刘爱琴笑着说:"是真的,孩子。妈让你吃苦了,这次绝不会再卖你了。他们是好人,这是专门来领你去找亲爹的。"

和奶妈住了几天后,刘爱琴告别了奶妈,和别的几个命运相同的孩子被送上一列开往西北的货车。负责照顾这几个孩子的人说,要送他们去找亲人,地点是延安。

来到延安,刘爱琴开始了全新的生活。

在延安的家里,她第一次感受到父爱的温暖。

在和女儿相聚的第一天,刘少奇给女儿讲了很多她不曾知道的东西。

刘少奇告诉女儿:"你的母亲牺牲了,她是为革命牺牲的,就是蒋介石、国民党把她杀害的。你还有一个哥哥,一个弟弟,哥哥很快就要回来了。找你们都很费劲,弟弟到现在还没有找到。当时为什么把你们送出去?我们没办法长期在那儿住,革命嘛,今天住在这里,明天住在那里,带着小孩不方便,就把你们寄养给人家了。现在你回来了,不是挺好吗?"

有一次,刘少奇写了一个繁体的"劉"字,问女儿:"你认识这个字吗?"爱琴听到父亲问自己,就想起在来延安的路上和延安的墙上到处写的"打倒日本帝国主义"的大标语,虽然不会写却能够念出来,于是一想这不就是"倒"字吗,随口笑道:"是'倒'字。"刘少奇说:"噢,你还认识'倒'字。"接着又写了一个"倒"字问:"这个念什么?"爱琴一看两个字都有"刂"旁,就显得茫然,只好笑道:"不认识。"刘少奇指着刚写的字说:"这个字念'倒'。前面写的字是'刘',你就姓刘。以后送你上学,学校里有很多孩子,老师会教你们。"

这天,天刚刚亮,刘少奇带着女儿出去散步。他把女儿带到一片园子边,指着里面那绿油油的秧苗问女儿:"这是什么,知道吗?"爱琴摇摇头。刘少奇说:"这是西红柿,我自己种的。"说着就走进园子里给西红柿掰杈子。一边掰着,一边告诉女儿种西红柿的常识。并且还说,等结了果,长大成熟后红艳艳的,既好看又好吃。惹得爱琴直流口水。散完步后,刘少奇和女儿一同吃早饭,他端过来一碗小米粥问女儿:"你喝过吗?"女儿摇摇头。他介绍说:"小米很好哇,营养多,又好吃,八路军就靠吃小米啊!"听了父亲的话,爱琴端起碗,先是闻闻,接着就大口地喝了起来。啊!延安的小米可真香啊!

刘爱琴回忆说:"短短的一天,父亲给我讲了许多以前从没听到过的道理,我的眼前豁然变明亮了,宽广了,我的命运开始紧紧地与革命、抗日、延安联系在一起了。"

令刘爱琴更高兴的是,这年的夏天,哥哥刘允斌也由湖南老家送到了延安。一个三口之家正式组成。

哥哥的命运和爱琴也差不了多少。自从1岁多送回老家后,几个伯伯对允斌十分刻薄。等他稍一懂事,就开始了繁重的劳动,吃不饱也穿不暖,完全像个小长工一样。在老家唯一能够疼允斌的是六伯,他经常偷偷给允斌送点吃的,暗中照顾他。更可贵的是,在六伯的努力下,允斌还断断续续地上了两年学。

出生十多年后兄妹才得以团聚,真是高兴极了。爱琴和哥哥一起聆听父亲的教诲。他们遵照父亲的嘱咐,走访了和妈妈一起蹲过监狱的老妈妈。老前辈的言传身教、延安的所见所闻,使这两个在苦水中泡大的孩子迅速成长起来。

到延安不久,为了能够使两个孩子学到文化知识,父亲送他们进了延安保育小学。爱琴读一年级,允斌因原先稍有基础就上了三年级。

这所学校是比较正规的小学,管理严格,教育质量高。在学校里,师生吃住都在一起,彼此亲密无间。同学中有中央领导的子女,也有一般干部和职工的子女,大家在一起没有高低贵贱之分,享受着同样的待遇。为了一个共同的革命目标,他们努力地学习着。

在学校上了一段时间的课后,因为敌机轰炸,无法正常上课,学校临时

第三章
风雨共担：刘少奇与家人

搬到城外的一个村里。爱琴和哥哥要暂时离开父亲。临走前，他俩来向父亲告别。父亲为他俩各做了一套小八路军装，他们穿着高高兴兴地离开父亲，去学校上课。

刘少奇对孩子的学习十分关心，孩子偶尔回家时，他总要问这问那。兄妹俩争相汇报，以表现自己的进步。每当这时，刘少奇总是鼓励他们，希望他们在学校尊重老师，好好学习。

时间过得可真快，转眼间就到了1939年夏天。新的学期又要开始了。这天下午，刘少奇把两个孩子叫到他的窑洞里，让允斌坐在凳子上，把爱琴搂在怀里。刘少奇望着孩子们说："明天就要开学了，你们两个就不要回学校了。"兄妹俩一听这话就愣住了。刘少奇看见孩子充满疑惑的眼神，接着说：

由于战争和白色恐怖环境，刘少奇先后将两个儿子和一个女儿托付给他人抚养。1938年，党组织将他失踪多年的大女儿刘爱琴找了回来，大儿子刘允斌也由刘少奇的哥哥刘云庭送到延安。这是刘少奇在延安接回儿子、女儿时的合影。左起：刘允斌、刘云庭、刘少奇、刘爱琴、刘云庭的儿子（历史图片）

"你们知道我们国家北边是什么国家？对，是苏联。那儿是个社会主义国家，是列宁、斯大林领导的。那儿没有地主、资本家，没有剥削，人民生活得很幸福，将来我们也要建成那样的国家。"停了一下，刘少奇又问他俩："这样的国家好不好？你们想不想到那儿去呀？"兄妹俩抢着回答："当然好呀！我们想去。可到那儿去干什么呀？"刘少奇笑着说："去学习！那边的学习条件要好些，到那儿去会学得更好些。"允斌和爱琴一听要去苏联学习就高兴地说："爸爸，我去，我去。"刘少奇说："好，你们到了那儿，最大的任务就是要好好学习，掌握更多的知识，学到更多的本领。另外要把身体搞好，把身体锻炼健壮，回来建设我们的国家。"允斌问父亲："什么时候走？"刘少奇告诉他："明天就走，周恩来伯伯要去苏联治臂伤，带你们去。现在快准备一下吧。"

允斌和爱琴高兴得要发狂似的，他们跑出父亲的窑洞，边跑边喊："我们要去苏联了，我们要去莫斯科了！"

第二天清晨，刘少奇来为允斌和爱琴送行。广场上停着一辆卡车，车上车下都有很多人，兄妹俩爬上汽车。

在谈到此时的心情时，刘爱琴说："我注视着父亲那消瘦的面容，心中又不禁难过起来。虽然我们兄妹要去一个光明的国家，可这一走不知道何时才能回来，与父亲何时才能相见。我和哥哥来到父亲身边一年的时间，刚使父亲的生活有了点家庭气氛，我们这一走，又剩下了父亲单身一人！"

是的，一家人刚刚团聚又要别离，这无论对刘少奇还是对孩子来说都有些难舍难分。尤其是妻子的牺牲给刘少奇以巨大的创伤，而孩子的到来给了他许多欢乐。而今，又要和亲骨肉分别，怎能不有些伤感？

汽车在人们的祝福声中徐徐开动。刘少奇向孩子们挥着手，还在嘱咐着他俩。

载着允斌和爱琴的汽车终于走远了，它带走了刘少奇对孩子们的祝福，也带走了他对孩子们的无限期望！

在莫斯科，父女重逢

远离祖国，远离亲人，允斌、爱琴和许多中国孩子们一起在异国他乡努力地学习着、生活着。虽然，对祖国和亲人的思念常常会使他们长夜难寐。但这些逐渐长大成熟起来的孩子们都深知远离祖国求学是为了将来更好地为祖国建设贡献力量，所以他们学习起来格外勤奋。

历经 10 年的学习，允斌和爱琴已经成为有技术特长的青年。

1949 年 7 月的一天，有位同学突然来到爱琴的宿舍，不容爱琴多问就把她推上车，好像有什么大事一样。刘爱琴搞不清楚发生了什么事，就问他："到底什么事，你把我往哪儿拉？"那位同学回答："你别管了，先找你哥哥去。"

他们驱车先来到莫斯科大学宿舍，允斌不在。于是，又驱车来到城外列宁山学校新址工地上。只见允斌一身泥灰，满头大汗地在干活。这位同学又不容允斌细问，将他拉进车里。爱琴看到，那位同学在允斌耳边悄悄说了几句话，只听见哥哥大声问："是真的吗？你撒谎！"

他俩故意不告诉爱琴是什么事，越发引起爱琴的怀疑。她在心里想着：看样子肯定是喜事。那么，是什么喜事呢？凭着直觉，她估计是父亲来了。

果然，爱琴的猜想很快得到证实。真的是父亲率代表团到了莫斯科，现在他们就是要去见父亲。

汽车在距列宁图书馆不远的地方驶进了一条街，刘少奇就临时住在那里。他们到那里时，刘少奇忙于会谈还没有回来。

过一会儿，刘少奇回来了。兄妹俩一下子拥到父亲跟前不知道说什么好。刘少奇抚摸着兄妹俩的头，高兴地说："都长大了。"爱琴毕竟是女孩子，心要细些。她看到分别 10 年的父亲已经增添了不少白发，虽然清瘦但精

1949年8月刘少奇访苏,同在苏联学习的刘允斌(左四)、刘爱琴(左一)及朱德的女儿朱敏(左三)合影(历史图片)

神挺好。趁父亲不在现场,她悄悄告诉哥哥:"爸爸没怎么变样子,只是白发多了。"允斌告诉妹妹:"上岁数的人,变化当然不会像小孩子那么大。"

在莫斯科期间,刘少奇的公务非常繁忙,和孩子见过面后,很少有时间在一起交谈。通常只是在吃饭前后了解一下他们的学习情况。刘少奇知道女儿已经中专毕业,还准备考大学时,就说:"还是回国去上好。"当了解到允斌正在莫斯科大学学习,还要几年才能毕业时,刘少奇就鼓励他继续学业。

在莫斯科相聚期间,有两件小事让爱琴难以忘怀。

一件是由洗衣服引发的小故事。住所的苏联服务员发现,在繁忙的公务之余,刘少奇一直是自己洗衣服。苏联服务员就告诉刘爱琴说,以后不要再让他自己洗衣服了。爱琴把这话转告父亲时,得到的回答却是:"不行,这点东西还用别人帮助?"

"那,我给你洗。"刘爱琴说。

第三章
风雨共担：刘少奇与家人

1949年，刘少奇在访问苏联期间在莫斯科宾馆的办公室里（历史图片）

"这倒可以，可你会洗吗？"显然刘少奇对女儿不太相信。

"试试看，你看行不行！"

父女俩达成协议。可偏偏在这时又出了漏子。有次，当爱琴刚把父亲换下来的衣服泡在盆子里，准备去洗，谁知被服务员发现，硬是从爱琴手中夺过去洗了。当刘少奇知道这件事后，就对女儿说："这是叫你洗的，你怎么让人家做了呢？人家工作挺忙的，不能让人家太忙了。自己的事自己做，你现在又没什么事情。"

爱琴挨了父亲的批评，很不高兴地对服务员说："你看看，都怪你把衣服夺走了……"服务员笑着安慰爱琴说："不要紧的，以后咱们偷偷地给他洗。"从那以后，刘少奇还是坚持内衣、袜子由自己来洗。苏联服务员们对此看在眼里，都说刘少奇待人亲切。

另一个是由吃饭引发的故事。有次，刘少奇和大家一起坐在餐桌旁等待开饭。服务员从厨房端饭菜出来时，不小心撞到门框上，只听稀里哗啦一声响，全摔到地上了，吃饭延误了。重新做好后，是大师傅送出来的。细心的刘少奇在吃完饭后，问那位服务员哪里去了。走过去一看，她正在哭鼻子。刘少奇对她说："不要紧的，一个人工作总有不慎的地方。不要难受了，以后注意就行了。"这位服务员深受感动。

转眼间，刘少奇已在莫斯科紧张地工作了40多天，圆满地完成了党中央交给他的任务，准备起程回国。

1949年8月16日，刘爱琴跟随父亲返回祖国。火车在广阔无垠的原野上飞驰，刘爱琴看着窗外一片片迅速消失在视野中的森林，想着很快就要回到祖国，回到家中，开始新的生活，心里甭提有多高兴了。

到了，这就是祖国的热土！

到了，这就是北京！

哎哟，有那么多人在车站迎接。你看，那不是周伯伯吗？他亲切地说："爱琴也回来了，长大了！"

"这就是王光美妈妈。""这就是允若弟弟。"

一家人天南地北又聚到一起。

女儿眼里的小事，在父亲眼里是大事

刘爱琴回到国内后，首先面临的问题是要找个合适的工作。凭刘少奇的地位和权力，他为留学归来的女儿找个舒适的工作并非难事。然而，刘少奇不是那样的父亲。他压根儿就没有想到利用自己的影响为女儿谋利。考虑到爱琴刚从国外回来，中文基础差、俄文水平好的实际，经过反复思考，认为让她去中学教书合适。这样，一边可以发挥特长教俄语，一边可以学好中文，为将来工作打下坚实的基础。

商量好后，由王光美和北京师范大学附属女子中学联系，让爱琴去那里学习和锻炼。

爱琴上班的这天，刘少奇和王光美送女儿去女附中报到。爱琴穿着由王光美妈妈做成的"列宁服"，扎着布腰带，显得朴素又精神。

到学校的办公室，刘少奇对校长和老师们首先声明："你们一定要从严要求她。"当校长讲到，学校很缺俄文教师，欢迎爱琴来女附中工作时，刘少奇一脸严肃地说："她来这儿有两个任务：教俄语和学习中文。上语文课，按学生一样要求；教不好课，当老师要求。不要因为是我的女儿，而对她迁就。"

要上班了，自然涉及工资的事。按当时的计算办法是论多少斤小米。那么，爱琴的工资应该定为多少呢？刘少奇说："可以给她点吃饭的钱。"老师们一听哈哈大笑。有位老师说："我们请来的那位俄语老师每月是800斤小米，爱琴的工资不能低于那位老师的水平。"刘少奇听完后还是说："不行，给她够吃饭的就行了。"按说，爱琴的工资以800斤小米计算是合情合理的，由于刘少奇的一再强调，学校最后用折中的办法，每月发给爱琴400斤小米的工资。

开始在女附中上班，刘少奇要求女儿搬进教师宿舍院里去住，以便学习和工作。此后，即使星期天回家，刘少奇也让王光美找些书给爱琴读，让她通过读书来了解中国的历史尤其是中国革命史。为此，刘少奇给女儿指定必读的书籍。在这些书籍中有不少是毛泽东的著作。如《中国社会各阶级的分析》《湖南农民运动考察报告》等。他还叮嘱女儿，先把这些书当课本念。要在读书时多做笔记，多写心得体会。若有感觉写得不错的心得，给他看看。

刘爱琴遵照父亲的嘱托开始了艰难的攻关学习。学习中文，对这位长期在国外受教育的青年人来说，不是一件容易的事情。为了完成父亲交给自己的任务，使中文水平突飞猛进，爱琴除了自己认真地一字一句地学习，还专门给自己请了语文老师时时指点。过了一段时间，爱琴认真地学完了《中国社会各阶级的分析》一文，并尽自己的能力写下了读书心得。她感觉这篇心得还不错，就交给父亲批阅。

稿子交给父亲后，爱琴在一旁观察父亲的反应。当父亲看完第一小段时，笑了。爱琴心里挺高兴，等父亲把全文都看完，便问他："是不是挺好？"父亲说："嗯，还可以。"接着便指点着笔记本问爱琴："毛主席说中国社会有五个阶级，你看看这里是几个！"爱琴忙过去看自己究竟是怎样写的。一看，果然怎么数都是四个，而不是五个。这时的爱琴知道自己写错了，但还不知错在哪里。刘少奇对女儿笑着说："不虚心，不仔细，丢三落四。丢了哪个？是半无产阶级吧！"同时，刘少奇还对女儿指出："写字要一笔一画的，要写得工整，让人家看懂，不能这样，外国字不像外国字，中国字不像中国字的。"

从此以后，刘少奇便不定期地检查女儿的学习情况。在父亲的督促下，刘爱琴的中文水平有了较大提高，说话写字的能力也都显著提高。学校老师也对爱琴的进步给予充分肯定。有次爱琴的语文老师告诉爱琴："你的中文有进步，作文虽语句上差些，但有思想内容。比初一程度稍高些了，可以到初二听语文课去了。"听了老师这些鼓励的话，爱琴心里可真高兴。她明白，这里面包含着多少父亲对女儿的关心和照顾啊！

刘少奇是新中国的主要领导人，日理万机，工作十分繁忙。但是，这并没有妨碍他对子女的教育。与普通家长教育孩子的方法所不同的是，他不可能抽出大量的时间专门培养孩子，而只能利用工作之余的空闲时间给孩子以引导，从一些日常往往会被人们疏忽的小事抓起，却往往能够抓住要害。下面几件小事，是刘爱琴在自己的回忆录中向我们披露的发生在刘少奇家里的真实故事。虽然这些都是小事，但透过它们，我们可以了解到刘少奇对孩子的关心与爱护。由此，我们可以感受到父爱的伟大力量。

刘爱琴在北师大女附中工作了一段时间后，中文水平有了很大提高。1950年夏天，她顺利地考取了中国人民大学计划系。

刘爱琴天生是一个活泼爱动的女孩。进入人民大学后，虽然功课的压力很大，考试的成绩也不很理想，但她毕竟还是一个充满活力尚不成熟的青年。她喜欢玩，喜欢和自己年龄相仿的年轻人交朋友。据刘爱琴回忆，她和一位男生很谈得来，经常在一起玩。但这位同学的社会关系比较复杂。不知是什么原因，这件事后来被刘少奇知道了。他严肃地批评了女儿。告诉她：人民大学有很多党员、团员，有许多老师、同学，应该多和他们接触，向他们学习。交朋友要有选择，学习他们的长处才是。但年轻的刘爱琴并没有完全领会父亲的意思，为了便于和那位同学联系，还把家里工作人员值班室的电话号码告诉了那位同学。在刘爱琴看来，这是件小事，并没有什么大不了的。因为，从心里讲，她只是愿意和性情活跃、志趣相投的同学在一起，至于别的方面则很少考虑。但刘少奇则语重心长地告诉女儿："你这个人，人家说什么就是什么，现在还不会独立思考。身旁要经常有人引路才行。"

刘爱琴毕竟是年轻人，她当时体会不到父亲这些话的真正含义，于是在思想上会产生一些抵触情绪。等时间一长，她就慢慢地有了感受。在回忆起这些往事时，她承认："谈起话来，我可以嘴硬；可是自己办的一些事情，思量起来却使我难堪。"

乘坐公车办私事，不顾家庭经济承受能力而一味要求吃好、穿好，有些领导干部对孩子的关心教育绝不会渗透到这些不起眼的小事方面。刘少奇对孩子的教育就是从这些小事入手的。

爱琴讲述了这样两件事：在人民大学就读时，有几次星期六要回家，她就给中南海汽车库打电话,要车来接。这事被刘少奇知道了,他严肃地告诉爱琴:"你不能再要车了。"但过了一段时间,她回家时又要了车来接。这次刘少奇可真生气了:"你知道这车是做什么用的?我坐车是工作需要,所以给我用。你给汽车库打电话,就要出别的车,是不是耽误别人的事?回家可以坐电车、公共汽车,路远不能走,坐电车和公共汽车不一样吗?"

"电车站人太多。"刘爱琴这样回答。

"人家能够等,你回家也不是急事,为什么不可以等?"停了一下,他接着说明,"以后顺便跟我出去,可以搭我的车,你单独要车是不对的。"

在爱琴看来是小事,在刘少奇眼里可成了大事。

如果说坐公车的确是不好的行为,那么穿件新衣服就不是什么大事了。但刘少奇也不容许女儿这样做。

有年冬天,刘少奇离京去外地开会。王光美妈妈给了爱琴一斤毛线,织了件毛衣,但没有毛裤。爱琴偏又爱玩,滑冰需

1950年7月,刘少奇同女儿刘爱琴(左)、朱德的女儿朱敏在游览颐和园时合影(历史图片)

要穿毛裤。于是，她想了个办法，悄悄告诉刘少奇身边的工作人员："给我买一身绒衣绒裤吧。"

工作人员很快就把衣服买了回来。

衣服是买回来了，但问题出现了。刘少奇回来后知道了这件事，就把爱琴叫去。

爱琴知道父亲要问啥，就来个主动交代："爸爸，我买了一身绒衣绒裤。"

"为什么买啊？"刘少奇问道。

"我要穿啊！"

"为什么买了一身？你不是有毛衣吗？"

刘少奇接着批评女儿又犯了错。但爱琴心想：不就是买了一身绒衣绒裤吗，有啥大不了？

刘少奇给她讲道理，为什么不能随便买衣服穿。"你花的不是我的钱，是人民的钱。你知道我并没有钱，我花的钱都是人民给的。自己已经有了的，尽量不去花人民的钱。现在人民还很穷。你趁我不在的时候，让人家去买……"

刘爱琴知道，当时是实行供给制，家中所需都由国家配给，这样做是有些过头。但她嘴上还是说："不，我可没那么想，我只是想买，就买了回来。"

事隔几十年后，当刘爱琴怀念父亲的时候，颇有感慨地说："想想那时候，我是多么不懂事啊，让父亲为教育这个不争气的女儿，花去多少宝贵的心血。可是当时我怎么一点儿也没有感到身上存在的缺点毛病，倒总觉得自己蛮不错呢？"

刘少奇的几个孩子能够成为有一技之长的建设人才，无疑与他们的这种家庭教育有着密不可分的关系。

听父亲的话，到内蒙古大草原去锻炼

1958年对中国人民来说是不平凡的一年。"大跃进"和"人民公社化"在全国范围内迅速掀起，把中国带进了一个力争上游多快好省建设社会主义的年代。我们在此暂且不论"大跃进"和"人民公社化"的功过，单就在总路线指引下，掀起的社会主义建设的热潮，就足以证明中国人民热爱祖国，向往美好未来的良好愿望。那个年代，全中国各族人民所表现出来的建设社会主义的热情与凝聚力，无疑十分感人。有很多的干部离开生活舒适的大中城市，响应党的号召，奔赴祖国的四面八方，支援边疆建设。刘爱琴就是其中的一个。

1958年，爱琴所在的国家计委机关，根据党中央、国务院的统一要求，进行了干部精简下放动员。其目的是支援边疆建设和充实教育事业。同志们都为祖国建设飞速发展和大跃进形势所感召，积极报名，场面十分热烈。

爱琴回家时把这些情况告诉了父亲。刘少奇听后说："你们那边也动员了？好。搞社会主义建设，要全盘考虑；边疆生活比较艰苦，那里缺干部，需要人，所以我们要把那些思想好、身体好、有工作能力的同志派下去，把边疆建设好。"

爱琴还没有认真考虑过下去的问题。刘少奇就启发道："你是怎么考虑的？"

"我怎么考虑？我考虑，下放挺好呗。"爱琴随便回答。

"那么，你看你能不能下去？"刘少奇说明了自己的观点。

因为没有充分的思想准备，爱琴没有马上回答父亲的提问。回到机关，她看见同志们在争着报名，就再也坐不住了。心想：别人能下去，我为什么不能下去？我也是新时代的青年，怎么能比别人落后？父亲不是总说我不了

第三章
风雨共担：刘少奇与家人

大炼钢铁风潮盛行一时，土炉群遍地开花（历史图片）

解中国的事情,应该下去锻炼吗?想好后,爱琴也报了名。

爱琴兴冲冲地回家把这个消息告诉了父亲。当刘少奇知道女儿也主动要求下去锻炼时,很高兴。便对女儿说:"你下去,我支持。你嘛,就该下去锻炼锻炼。过去你出去过几次,也跟我谈了很多,浮光掠影,实质性的问题了解得很少。现在下去也不过是换个机关。慢慢来吧!"

爱琴听完父亲的这段话,她感到父亲对自己下去后能否经得起考验,能否取得较大的进步,还是不太放心。这倒更加坚定了爱琴非下去不可的信心。

过了几天,单位领导把爱琴找去谈话,大意是要她充分预料到各种困难,不要一时冲动。爱琴却连想都没想,就坚定地说:"组织上能批准我就下去,我很高兴。我基本上有了独立工作和生活的能力,请领导放心,到下边我一定好好工作。"

领导对爱琴的答复很满意,经过研究,同意了爱琴的要求,决定把她下放到内蒙古大草原去。

刘爱琴很快就接到下放的通知,并开始忙碌地准备着。爱琴要下去的消息被一些熟人知道了,先是试探性地问,是否真的要下去。当得到肯定的回答后,有些原先不愿意下去的人颇感惊讶,说:"哎呀,像你这样的都能下去,我们就更应该了。"爱琴听出了人们话中的意思,感到自己的这一步总算走对了,没给父亲丢脸。

1958年7月的一天,爱琴告别了敬爱的父亲,告别了繁华的首都,带着自己一家人来到内蒙古落户。

广袤的内蒙古大草原和生活在这里的人民以博大的胸怀和少有的热情接待了这位北京来客。然而,爱琴在心底里告诉自己:这是多么美丽的热土啊!我不是客人,我要在这里把根留下,为建设草原作出应有贡献!

从此,爱琴在内蒙古草原开始了新的生活。

到内蒙古后,爱琴被分配到自治区计委工业处工作。单位给她分了两

第三章
风雨共担：刘少奇与家人

间土房。爱琴和爱人一起动手把它收拾得干干净净，定居下来。为了工作的方便，他们一家不在家开伙，而是到单位的集体食堂吃饭。由于到内蒙古之前，有充分的思想准备，爱琴很快就适应了这里的环境，工作和生活都不错。

起初，因为爱琴生了孩子，领导照顾她坐机关，很少去基层。要去，也就是呼和浩特、包头等一些大城市。渐渐地，爱琴感到这样平平静静地过日子，并没有达到锻炼的目的，开始为自己这种安逸的日子感到不安起来。她找到领导，要求安排到基层去走走，经受一些实际锻炼和考验。

机会终于来了。1960年7月，爱琴参加了一个由十几人组成的调查组，到基层去搞经济调查。

调查组逆黄河而上，穿过河套平原，来到巴彦高勒。爱琴看到，这个本来盛产大米的地区，因为盐碱闹得厉害，庄稼长得特别差。黄河岸边，许多水井里的水含碱量高，连头发都不能洗，而滔滔不绝的黄河水，除被人们一瓢一桶澄清后食用外，绝大部分白白向东流去。看到这些，她的心里开始沉重起来。离开巴彦高勒，他们又来到乌达。这里是煤炭产区，可当调查组下到煤窑里参观时，看到的却是这样的情景：巷道曲折狭窄，设备简单落后，工人们手提矿灯，弯腰曲背，把藏在深处的乌金一块块、一筐筐背出来，浑身上下都是混着煤粉的汗水。这样的劳动，强度大、效率低。

这次调查的最后一站是吉兰泰盐场。在去盐场的路上，调查组的成员首先经受了坐车的考验。本来能够有车坐就是很不错的了，但在那条布满卵石的公路上，汽车颠来倒去，很多人不能适应。和煤矿的情况差不多，盐场的工作和生活条件十分艰苦。那里没有机械化，全是手工操作。吃的也很简单，要想吃点菜得从很远的地方运来……

这次调查活动，爱琴看到了不少此前未曾看到的也不敢想象的现实情况，也受到了在书本上和大城市机关难以接受到的教育。刘爱琴在谈到当时的感受时说："多么富饶的后套，多么勤劳的人民，多么落后的生产啊！一个多月的调查结束了,我从中得到的启发、教育和激励究竟有多少,自己未去衡量,也无法衡量;心里像潮水一般翻腾着:是醒悟,是惭愧,还是振奋?我搞不清楚,也无法搞清楚。我只觉得有许许多多的话要说,这时候,特别盼望能够见到父亲。"

调查结束后放了短期的假,爱琴迫不及待地回到北京,她要对父亲说说心里话。

刘少奇见到女儿后,关切地问她:"在内蒙古生活怎么样?内蒙古的建设搞得咋样?"爱琴把在内蒙古的所见所闻所感滔滔不绝地讲给父亲听。说完她又满怀期望地对这位共和国主席发出邀请:"爸爸,你什么时候有空到我们内蒙古去看看,内蒙古是个好地方,但是现在还很穷啊!"

这位主席爸爸耐心地听完了来自内蒙古草原的一位普通工作人员的汇报后,似乎不相信女儿能讲出这样的话。他抿嘴点头,若有所思。"你呀,还是应该多到下边去看看,了解人民群众的生活啊!"这句话,也许是他为女儿的进步而高兴,也许是感到身为共和国主席责任重大。

这次回家,还有件事令爱琴难以忘怀。1960年是困难时期,不仅全国人民生活极度紧张,即使国家主席的生活也同样艰苦。爱琴从内蒙古回来,有机会和父亲一起吃饭。有一天中午,卫士端来了一小碗胡萝卜炖牛肉,刘少奇让女儿尝尝。在内蒙古很少吃到肉的爱琴没有想很多,吃起来香得放不下筷子。外婆看见,连忙给她使眼色。见爱琴没反应,就伸手捅她:"你爸爸也有好长时间没有吃肉了。"这时爱琴才明白,那份珍贵的小碗牛肉是专门做给父亲的。父亲让她尝尝,没想到被自己尝得只剩下一个菜底,心里一阵羞愧。

通过这顿饭,爱琴了解到困难时期,不论是主席还是平民都要咬紧牙关,肉、蛋等都是十分稀少的东西。爱琴由父亲想到后套人民,由后套人民想到父亲,从中学到不少东西。

回内蒙古后,爱琴牢记父亲的教诲,一有机会就争取到基层去调查。通

第三章
风雨共担：刘少奇与家人

1960年夏，刘少奇同家人和工作人员合影（历史图片）

过多次调查，接触的面也广了，她对生活的认识逐步加深。有时她遇到一些不顺心的事，也闹点情绪，但一想到内蒙古人民，一想到父亲，问题便迎刃而解了。

"党员是人家捧给你的称号，还是自己干出来的？"

1963年夏天，爱琴再次回到北京的家。一个偶然的机会，她和弟弟妹妹们一起随同父亲到北戴河住了一段时间。故事就发生在北戴河。

有天，爱琴带着弟弟、妹妹、阿姨、外婆和自己的孩子，一起来到一处小冷饮店吃冰激凌。在去之前，爱琴给冷饮店打了电话，告诉服务员去的时间。到店里一看，一位顾客也没有，就觉得有些纳闷。但弟弟妹妹和爱琴的孩子们考虑不了那么多，便围坐在餐桌前，期待着冰激凌的到来。

考虑到家庭经济不富裕，孩子们手头几乎没有零花钱，难得吃上一回冰激凌，钱又是自己挣的，爱琴就拿出了十几元钱买了冰激凌。大家边吃、边笑，非常开心。在一旁的爱琴，认为这是第一次为弟弟妹妹们做了一点好事，看着大家高兴，心情也特别愉快。

没过几天，刘少奇从北京开会返回到北戴河，吃冰激凌的事很快就传进他的耳朵里。

"听说你们去冷饮店吃冰激凌了？"刘少奇问爱琴几个孩子。

看着几个孩子都低着头，一言不发。刘少奇接着说："你们打着我的旗号，叫人家专门给你们弄东西吃，伺候你们，把别人赶走，应该吗？"

"我这是头一次请弟弟妹妹们，只是为了高兴，没想那么多。"爱琴答道。

"好像你有多少钱！那么大的排场！以后就是有钱，也不能这么做！"

挨了一顿批评的爱琴及弟弟妹妹们，都无话可说，因为父亲批评得对，是他们做错了事。

这次回家，因为生病，爱琴住了一个多月。临回内蒙古前，刘少奇把爱琴叫去。爱琴预感到又要挨父亲的批评。她忐忑不安地走进父亲的办公室，准备挨批评。

刘少奇叫女儿坐下来，说："你要回去这很好。你有病，休息一段时间是应该的；假期满了，就要回去工作。"开始的谈话还算是心平气和。

爱琴一边听着，一边点头。

"你看你，到现在还没有入党；你打算不打算入党呢？"刘少奇问女儿。

"打算呀！"

"党员是人家捧给你的称号，还是自己干出来的？"

第三章
风雨共担：刘少奇与家人

"我也没犯错误。"

"没犯错误？这个要求太低了。"

谈着谈着，刘少奇有些生气了。他说："你工作时间不短了，回国时间也挺长了，你为人民做出了一些什么事情？你好好想想。"

"我就像一般人那样工作，没想到做什么轰轰烈烈的事。"

"你这个说法不好。你是有条件把工作干好的，只要你把主要精力放在工作上。"

"我就是搜集数字，填表。"

"你应该更高地要求自己。"刘少奇大声地告诉爱琴，显然是生气了。

"你什么也做不了，没有指望！你看允斌才回来几年，他就做出了一些成绩，带动一部分人搞些研究工作。你呢？"

"学历不同嘛。"

"你不也一样吗？不是也培养你大学毕业了吗？主要是你自己要求不高，完成了人家布置的任务就够了。要争取为党为人民多做些工作，你就没有争取。我看你也就是这个样子了！"

父亲的话使爱琴感到很伤心。她觉得委屈，父亲的要求也过于严格。

这次离开北京，爱琴吸取教训再也不敢向中南海要车，自己掏钱雇了出租车。这一举动又惹得父亲不高兴，又批评她讲排场，摆阔气。认为群众能坐公共汽车，你为什么不能坐呢？爱琴心里想着：过去私自向中南海车库要汽车不对，现在我自己花钱，这也不对。

就这样，带着满腹牢骚，爱琴回到了内蒙古。奇怪的是，虽然爱琴对父亲的批评有些不解，但这次回到工作岗位她从行动上自觉主动起来。比如：原先她对政治和业务学习不大重视，现在开始注意认真学习；原先喜欢在休息时打球、散步、聊天，现在把这些时间用来给机关干杂活；原先是个又说又笑、敏感好动的人，现在能够静下来埋头做好自己的工作。单位的领导和同志们看在眼里，都说：爱琴回来后身体好了，工作态度也变了。

爱琴的进步与成熟主要表现在由最初的因赌气而去做工作转变为因思想进步而用心去工作。她开始去找同事们谈心，找领导汇报思想，大家给了爱琴热情的帮助，使她不断进步。不久，爱琴怀着一颗火热的心，向党组织重新递交了入党申请书。1965年2月12日，机关党支部大会一致通过接受刘爱琴为中国共产党预备党员。

此时此刻，爱琴的心多么不平静！她又想起了1951年被取消预备党员资格那段往事……

爱琴在北师大女附中工作期间，她交了入党申请书。没费什么力气，就成为一名预备党员。但当她考入人民大学后，在转正问题上遇到了意想不到的麻烦。

那时的爱琴对自己要求还不是很严格。刘少奇也多次指出，女儿的思想作风并不那么艰苦朴素，遇事还不能从人民的利益出发，只看到自己的小天地，思想上天真，政治上幼稚，脱离了国内长期革命斗争环境的锻炼，没有经过风雨。结果，学校党支部在讨论爱琴转正问题征求刘少奇的意见时，他明确地表态："严格要求。"

支部大会经过认真而热烈的讨论，最后通过决议：不得转正，取消预备党员资格。为这件事，爱琴哭了好几天。15年过去了，爱琴入党的愿望终于实现。

爱琴在自己的笔记本上这样写着："我有这一天，完全是由于党长期耐心的教育、领导以及同志们的帮助和父亲的关怀……我真从内心感谢我们伟大的党对我的培养和教育，我也绝不能辜负党对我的期望，坚决跟着党，永远革命，永不变质。"

刘少奇对女儿爱琴有过很多次的教诲，每次教诲都使她有不小的进步。然而，在爱琴的记忆中最难忘的一次要算是1965年9月4日，父亲对她和哥哥、弟弟的一次谈话。

1965年8月中旬，爱琴随单位领导到唐山参加化工部召开的会议，途经北京，回家看望父亲。

这天，她来到家中，只有平平妹妹在家。姐妹俩已经有两年没见面了，一见到姐姐，妹妹十分高兴，一个劲地和姐姐说话，问这问那，好不亲热。

"姐姐你入党了？"妹妹突然问姐姐。

见姐姐没有回答，妹妹缠着问："你说不说？我数一、二、三……"

"你不要跟爸爸讲。"爱琴总算开口了。

"为什么？"

"本来应该嘛，姐姐都这么大了。"

姐妹谈得正高兴，父亲及弟妹们都回来了。这时平平对着大家喊起来："听着，姐姐入党了！"

"是吗？"刘少奇问女儿爱琴。

"是。"爱琴很平静地答道。

"是认真工作，还是马马虎虎？"

"认真工作。"

听了女儿"认真工作"的回答后，刘少奇脸上有了笑容，显然他很高兴。

吃完饭，爱琴要动身，哥哥允斌说："不要走了，等礼拜六允若回来，咱们团圆一下。"

听哥哥说弟弟要回来，爱琴就决定在家住几天，等允若回来团聚。她想起和哥哥、弟弟只在1951年团圆过一次，此后有15年没碰到一起。这次见面说说话也好。

9月4日是星期六，允若从七机部回来了。刘少奇觉得机会难得，于是就把三个孩子叫到一起，作了四个钟头的长谈。

晚上8点钟，他们三个来到父亲的书房，谈话开始了。

刘少奇首先对爱琴说："你入党了，还是要走这个方向的，只有这个方向才是对的，别无他路可走，虽然你是走了弯路。你是不是走了弯路？"

"弯子太大了。"爱琴点头回答。

"不论要多长时间总是要回头的；是啊，弯子大，到底还是走回来了，还是好的。还没有转正吧？"

"没有。"

"这次会不会又不能转正？"

"绝对不会了。"

"是啊，走了弯路，犯了错误是坏事，但坏事在一定的条件下可以走向它的反面，可以变成好事，你的进步可以比较巩固。你过去走的方向是错误的，现在转变过来了。方向对头了，走了弯路不要紧。"

说到这里，刘少奇点了支烟，轻轻吸了一口，又满怀深情地对几个孩子说："你们经过一段弯路，进步了，入了党，是经过了一场斗争，但更艰苦的斗争还在等着你们，你还会碰钉子的，碰了钉子也可能比过去回头得快一些，因为有了过去的教训。但不要怕碰钉子，不要怕艰苦，不要逃避和掩盖矛盾。矛盾是客观存在的，是掩盖不住的。你们要了解群众。要为群众办事，办好事，就要了解群众，即要了解工人、农民、知识分子和士兵，只有了解了他们才能更好地为他们服务，才能真正为他们办点事。"

讲到这里，刘少奇似乎不是仅仅对自己的儿女讲话，他更像是跟全国的青年一代在交谈；他不仅仅是以一个父亲的身份，更像是以共和国主席的身份在谈话。谈话的内容也远远超出了正确对待错误的范围，涉及世界观的改造，也涉及国家的前途和命运的大问题。

刘少奇接着说："工作要认真做，并要从实际出发，只有从实际出发才能把工作做好。毛主席有一篇《人的正确思想是从哪里来的》的文章，就是说人的正确思想是从实践中来。一切事物只有经得起实践的考验，才是最正确的东西，所以你们要从实际出发。书本上的东西，脱离了实践是没有用的。"

在谈到思想改造问题时，刘少奇说："毛主席说，事物是'一分为二'的。碰钉子、犯错误是坏事，但坏事在一定的条件下可以变成好事。人的思想是可以改造的，我们的实践证实了这一点：我们把封建皇帝、日本战犯都

第三章
风雨共担：刘少奇与家人

改造过来了，这是历史上没有的事。但是，思想改造是长期的，并且是艰苦的，必须要有决心和毅力。"

作为共和国的主席，刘少奇时刻不忘国家的前途与命运。针对20世纪60年代中期的国际国内形势，他讲道："现在无产阶级有了夺取政权的经验，但是还没有巩固政权和建设社会主义、共产主义的经验。这个经验就需要我们来创造。现在想出了三个办法：一个是社会主义教育，一个是半工半读，一个是干部参加生产劳动。除了这三个办法是否还有别的办法呢？这三个办法能否将我们引入共产主义呢？这要看实践。"

谈话的最后，刘少奇特别强调了认识为人民谋利益，必须要超越自我，超越家庭亲情。他举例说："阶级斗争是六亲不认的，它超过了家庭范围，不讲情面的。我比你们早觉悟，但我受到家庭的阻拦，家里人都骂我；等我当了主席，他们又来捧功，我也没有对他们有过什么好处，土地该没收还是没收，从我这里得到特殊照顾是不行的……我那时参加革命不单家里反对，社会统治阶级也反对。革命是非常艰苦的，在革命最困难的时候，你们的母亲牺牲了，把你们三个给了人家，几乎是丢了。这样做主要是为了革命，当时如果要了家就不能革命。"

不知不觉，时间过去了四个小时，子夜已经来临。忙碌了一天的人们此时大概已进入梦乡。空气中透出阵阵清香，那是秋的季节奉献给人们的礼物，对人们辛勤劳动的一种回报。

在刘少奇的书房里，一家两代四人还在不知疲倦地热烈交谈着。看到时间已经很晚了，刘少奇在谈话结束时勉励几个孩子说："好吧，总之你们不要满足现有成绩，还要继续不断地前进，使成绩得到巩固和发扬！"

谈话之后，爱琴感慨万千，她再也坐不住了。第二天和哥哥一起离开北京返回单位。她在心里暗暗告诫自己：一定要听父亲的话，多为党和人民做些工作。虽然以前也曾经努力过，但离父亲的期望还很远，离人民的要求那就更远了。爱琴在后来的著作中对这次谈话是这样认识的："人生在世，真正能使自己激动,并由此而引起思想转变的时刻并不多。对于我来说,1965年9月4日,正是这么一个日子。"

"祖国和人民等待着你的归来"

1967年11月21日。

史无前例的"文化大革命"正在掀起一浪又一浪的高潮,席卷着中国大地,震惊着五湖四海……

太阳酣睡在地平线下,严寒覆盖着神州大地,乌云笼罩着万里天空,四周死一般的寂静,黄河上游某国防工厂的大楼被淹没在黎明前的黑暗之中……

突然,京包线上一列火车奔驰而来,穿过工厂生活区又哀鸣着向东开去。天亮后,一个被碾碎了的人体暴露在人们面前,鲜血染红了大片的土地。

他,不是别人,正是刘少奇的长子刘允斌。他是一位为祖国尖端科学事业作出了重要贡献的年轻专家;是新中国培养的原子能专家。他的成长,倾注了刘少奇多少的心血,寄托了多少希望!

1925年,一个幼小的生命降生到苦难的中国大地上。父亲为革命东奔西忙,远走他乡,母亲为革命英勇就义,还不谙世事的刘允斌被送回到湖南老家寄养。在苦难的煎熬中他度过了自己的童年。直到1938年,党组织把他找到后送回到延安的父亲身边。1939年,他和妹妹一起被送到苏联学习。

来到莫斯科,在那里学习了一个多学期后,他搬到伊万诺夫市,进入国际儿童院读书。

当时,苏联的生活条件非常艰苦。儿童院的孩子们每天早餐仅有半片面包,一碗玉米粥,午餐和晚餐也只是一片面包和几颗盐土豆。但这对饱受了人间苦难的刘允斌来说,实在算不了什么。他整天乐呵呵的,除了认真学

第三章
风雨共担：刘少奇与家人

习，还积极踊跃地参加学校组织的开荒种菜、森林伐木等活动，与其他中国孩子一起分担着战争给人民带来的痛苦。有一次，苏联为前线受伤将士征集血浆，有关部门明确规定不在国际儿童院征收。刘允斌听到这个消息后，悄悄跑到医院，软缠硬磨，感动了医生和护士，终于让他献了血。

由于允斌各方面表现突出，进校不久，他就被推选为国际儿童院学生会负责人之一，并加入了共青团，成为团组织的负责人。1945年，他又光荣地加入了中国共产党，成为该校中国学生中第一批党员。

允斌天资聪明又刻苦认真，所以学业一直很好。1945年中学毕业时获得了金质奖章，并以优异成绩考入莫斯科钢铁学院。两年后，改上莫斯科大学化学系。1951年，他被录取为研究生，经四年的努力，获得副博士学位。为发展祖国的原子能事业，1956年，允斌听从党的召唤，毅然舍弃化学方面的研究，转到苏联地理化学和分析化学研究所，开始向原子能尖端科学领域进军。

允斌不会忘记，在苏联学习时父亲曾多次写信鼓励他。允斌曾对刘少奇的秘书刘振德说："我在苏联学习时，爸爸多次写信教育我'一定要珍惜这来之不易的学习机会'，而我自己也发奋读书，恨不得一下子把所有的知识都学到手。就这样，废寝忘食、夜以继日地刻苦攻读，几乎把身体搞垮。爸爸得知这一情况后，写信严肃地批评我说：'要知道，如果一个人失去了健康，就意味着失去了一切。必须马上改变那种摧残身心的学习方法。'"听取了父亲的意见，允斌在学习中开始注意科学的方法，既保证了身体的健康，又提高了学习的效率。

事业的极大成功也促进了允斌爱情的收获。在莫斯科中山大学化学系学习期间，刘允斌认识了本系一位名叫玛拉的苏联姑娘。婚后生有一男一女，家庭生活也很幸福。然而，允斌万万没有想到，这种幸福的家庭生活才刚刚开始，就立即陷入了进退两难的困难境地。赫鲁晓夫做了反斯大林的秘密报告之后，允斌意识到自己处在政治上的严寒地带。他想起父亲"祖国和人

1949年刘少奇访苏,在莫斯科与在苏联学习的儿子刘允斌、女儿刘爱琴相见(历史图片)

民等待着你的归来"的嘱托,强烈的爱国心使他果断地作出抉择,那就是回国。同时,允斌还动员相爱的妻子和他一道回来。然而,在爱情上忠贞的玛拉,在政治上与允斌难以达成共识,说什么也不让丈夫离开苏联。为了留住丈夫的心,她有意引导丈夫去他们热恋时到过的林荫大道、公园、校园……她希望勾起丈夫对甜蜜往事的回忆。是的,允斌的学业、爱情、家庭等,都与眼前这块土地有着密切的关系。这里的一草一木对允斌来说都是那么亲切……然而,这一切都无法减弱他对祖国的热爱与向往。他想:从小不远万里来到异国他乡求学,不就是为了学到更多的知识,将来为祖国的强大而贡献自己的力量吗?现在,祖国和人民需要我回到祖国,有什么理由不回去呢?为了祖国的繁荣强大,为了祖国的尊严和荣誉,允斌于1957年10月,背着简单的行装,在玛拉和孩子的哭叫声中,毅然登上了东去的列车,回到祖国。

第三章
风雨共担：刘少奇与家人

"人非草木，岂能无情。"允斌离开妻儿的选择也是非常艰难的。回国后，允斌在一次和刘少奇的秘书刘振德交谈中，对自己当时的心情有过这样的描述："……后来，我的年纪越来越大了，而且又不能马上回国，所以就和追求我很长时间的苏联姑娘结了婚。那时中苏关系是很好的。我的学业即将结束时，爸爸写信对我说：'祖国和人民等待着你的归来。在个人利益和党的利益发生冲突的时候，我相信你一定能无条件地牺牲个人的利益而服从党和国家利益。'说实话，接到爸爸的信，我的思想上斗争了好几天。我多么希望能早日回到生我养我的祖国，能回到父辈们抛头颅洒热血才解放的这片古老而神圣的热土呀，我知道国家花了那么多钱送我们出来留学是为的什么，但是我已不是独身一人了，我已有妻子和孩子，我们夫妻感情很深，我怎么舍得离开他们？我一直动员爱人跟我到中国来，但她因不懂汉语，而且两个国家的文化传统、生活习惯和生活水平又有很大差别，她也曾来过中国两次，试了试，怎么也无法适应我们这里的生活。我试图动员她同我一起回来的希望破灭了。我爱我妻子，也爱我的孩子，可我更爱我的祖国。我下决心非回来不可，而她却坚决不跟我来。这样，我们只好过起两地分居的生活，拖了几年才离了婚。我愧对他们母子呀，在我们许多人的想象中，好像苏联人结

1950年，刘允斌与同班同学玛拉·费德托娃结婚。1952年5月，他们生女索尼娅（中文名苏苏），1955年生子阿廖沙（中文名辽辽）（历史图片）

婚、离婚都很随便,其实各有各的规矩,特别是有了两个孩子的妇女再想找到理想的伴侣绝不是件轻而易举的事。我真为他们的未来担忧……"

允斌的苏联夫人最后一次来中国是 1958 年。她在刘少奇家只住了十天左右就再也住不下去了。因为大家的工作都很紧张,而允斌又是个视工作如生命的人,所以,谁也难以抽出时间来陪她。语言不通,生活习惯差距较大,她实在是难以耐得住整天待在家的寂寞。如果允斌在家当翻译,情况还好点。如果允斌不在家,即使家里有人也很难相互沟通。这次回国后,他们两人下了决心,最后不得不离婚,结束了他们原本幸福的生活。

据刘振德回忆,允斌在跟他谈这些话时,"这个刚毅汉子的眼中已噙满了泪水"。我们可以想象得到,允斌的心情有多么复杂、沉重!

允斌回到祖国,受到理所当然的欢迎。

刘少奇告诉儿子说:"你长期不在国内,不了解中国的情况。你应该下到群众中去了解情况,才能把学到的知识更好地服务于中国人民。"遵照父亲的指示,凭着对祖国诚挚的爱和对未来的无限向往,刘允斌在祖国尖端科学事业的发展道路上扬起了奋进的风帆。

允斌先是在中国科学院搞了一年多原子能研究,接着参加原子能研究所的创建工作,并担任了该所党委委员、研究室代主任等职务。允斌还不顾苏联专家的阻拦,带领同志们搞起了放射性流程实验,开始了新的课题攻关。

1962 年,上级决定从允斌所在的所里借调一名骨干去黄河上游筹建新的研究机构。听到这一消息,允斌暗自高兴。他主动报名,坚决要求领导批准自己去担此重任。知道允斌主动要求去西北,有不少人劝他不要去那个风沙弥漫的偏僻地方;也有人劝他:"你结婚才两个月,刚刚组织起小家庭,不为自己,也该为爱人想想,还是不去为好。"允斌知道爱人会支持自己的行动。果然不出他所料,当允斌把去西北的事告诉爱人时,这位事业心极强的工程师不但支持,还表示愿意跟他一起去西北工作。

1962 年 5 月,允斌来到了新建单位的建设工地,感到技术力量严重不

第三章
风雨共担：刘少奇与家人

足。同年10月，他把爱人也调了来。当初，组织上决定他们在这里只工作两年，因此办的是借调手续。为扎根边疆，同年12月，允斌把他和爱人的户口从北京迁来。

这是一个多么偏僻、多么艰苦的地方啊！新的研究机构刚刚启动建设，没有像样的住房，没有蔬菜、没有电影院，城市所具备的一切工作和生活条件，这里都没有。而就在这个艰苦的地方，刘允斌又一次踏上了通往理想的大道。身为国防工厂党委委员、研究室主任和室党支部委员的他，以忘我的劳动建设着新的研究基地。允斌和同志们夜以继日地研究制订方案，设计实验大楼和图书馆，合理调配科研人员；在实验大楼未建成时，他就带领大家

1951年8月，刘少奇同大儿子刘允斌在北京西郊农田里观察花生生长情况（历史图片）

刘允斌（右一）和妻子李妙秀（右二）与家人合影。左起：刘涛、董洁如（王光美母亲）、刘平平、王光美（历史图片）

到工厂生产线上去搞实验。在那些日子里，允斌好像不知道什么是劳累，只感到浑身有使不完的劲，只感到这种忘我的劳动就是幸福与希望。1965年，允斌有了第二个儿子，爱人被任命为车间副主任。甜蜜的事业，美满的生活，浸润着他付出无数心血而盛开的尖端科技之花，激发了刘允斌攀登科学高峰的壮志豪情，他决心要为祖国的原子能事业作出更大的贡献。

然而，允斌哪里知道一场拔地而起的飓风将摧毁他对科学事业的向往和追求。

"文化大革命"的初期，刘允斌怀着美好的愿望和巨大的政治热情投入了这场运动。随着运动的深入，允斌看到了与他理解和想象相距甚远的情

第三章
风雨共担：刘少奇与家人

景：工厂仪器设备被砸碎、厂房被捣毁、领导干部被揪斗、群众之间相互残杀……他困惑了，这是怎么了？

还没等允斌反应过来，一个惊人的消息传来，父亲被打倒，继母王光美身陷囹圄，妹妹爱琴被审查，弟弟允若被捕入狱，家中其他几个弟妹受到围攻……这一连串的突发事变，真把刘允斌搞糊涂了。爸爸犯了什么错误？弟妹们又犯了什么王法？

更没有想到的是，正当允斌为爸爸、妈妈和弟妹们的命运担忧时，灾难已降到自己的头上。在这场风暴中已经失去理智的那些所谓造反派及其领导人物表态："他父亲是走资派，难道他能没有问题吗？"于是，阴谋开始策划，纸帽、木牌正在制作。有天早晨，刘允斌发现针对自己的大字报铺天盖地而来。他成为一个引人注目的中心人物。

1967年9月，刘允斌开始成为"专政"对象。他不仅要承受各种恶毒语言的攻击，还要经受皮鞭与棍棒的考验。在那段日子里，允斌不光被拉去游街示众，挨批受斗，在众目睽睽之下承认自己是父亲的"孝子贤孙""黑修养培养的黑样板"，还常常被专政队拉进锅炉房和地道里去受拷打，逼他交代、揭发父亲及其他中央领导同志的所谓问题。他并未满足那些人的欲望，因而所受的迫害就愈加残酷。一次，他和一位副厂长被拉进战备地道里。一伙暴徒扑上去把副厂长按倒，压上杠子。一个暴徒指着昏死在地的副厂长，对允斌威胁说："看见了吧，你拒不交代材料，也这个样！他就是你的下场，想想吧！"望着浑身是血、奄奄一息的副厂长，刘允斌无法相信，这种事在昔日曾共同为祖国科学事业的兴旺发达而并肩战斗的同志之间发生了！每天，允斌受完拷打回来，便要没完没了地写"认罪"材料。在漫漫黑夜，他在阴暗潮湿的房间，谛听附近铁道线上火车的轰鸣声，不由得联想起十年前，他怀着赤子报国之心，告别自己的爱妻和孩子，踏上归国列车的情景。在异地他乡学习的岁月里，曾多少次憧憬过祖国科学事业美好的未来，并为之呕心沥血地昼夜奋战啊！而如今，眼睁睁地看着浸渗着自己和同志们汗水的科技

129

之果被践踏、被破坏，自己也蒙受不白之冤，惨遭鞭笞与折磨。想到这里，刘允斌忍不住流下了悲痛的眼泪。他感到失望，由失望而到绝望。

允斌的妻子看到那伙人对丈夫的威逼一次比一次厉害，发现丈夫的身体愈来愈虚弱，心里像灌了铅一般的沉重。后来，当她听说有人要想置丈夫于死地时，她的心情由沉重变为焦虑和不安。她曾要求那伙人尊重事实，好让他将来能为祖国科学事业做更多的工作。可是，她良好的愿望终于还是落空了。

1967年11月下旬的一天清晨，人们在生活区不远的铁轨上，发现了被列车碾碎了的刘允斌的尸体。

人们来到出事地点，哭泣着瞩目这位原子能专家的遗体。这位昔日为祖国科学事业做出了贡献并且还在继续做着贡献的年仅42岁的专家，他历经千辛万苦，没有被西伯利亚冷酷的冰雪摧毁的青春，却被极左路线的政治寒霜无情地摧毁了。

令人痛心的是，那个年代极左的错误不仅扼杀了一个有才华的年轻生命，而且由极左错误派生出来的血统论、株连法的吃人魔网还掠夺了允斌爱人及孩子的自由、欢乐与幸福，甚至连他们为死者流泪的自由都被剥夺。允斌死后，他的爱人穿了件深色的衣服，专政队据此硬说她是为丈夫戴孝，把她揪去，勒令检查，逼她与丈夫划清"界线"。她的工作也被停止，干起了打扫厕所的活儿。

冬去春来，大地换上新装。随着"四人帮"的粉碎，十年动乱的历史宣告结束。刘允斌的冤案也终于得到平反。1979年2月，在北京八宝山革命公墓为他举行了骨灰安放仪式。在安葬仪式上，时任二机部部长给死者作出了公正的评价。他说："刘允斌同志在政治上是成熟的，业务上是精通的，在发展我国尖端科学事业中是作出了重要贡献的。"允斌的爱人也重新安排了工作，新的生活开始了。

虽然这并不是一个令人欣喜的结局，但毕竟洗雪了这位青年原子能专家的屈辱。祖国对他的期望、父亲对他的期望虽然在他的手中未能变成现实，但允斌所从事的事业在他的孩子，在更多的年青一代手中得到延续。这，毕竟是刘少奇、刘允斌和无数个热爱祖国、热爱人民的"孺子牛"所期望的，能不高兴吗？

"最好不要转学"

刘允若是刘少奇的第二个儿子，聪明好学，追求进步，但性格倔强。他曾在学习和生活上走过一段弯路。刘少奇为引导和帮助他，倾注了极大的心血。对刘允若的教导集中反映了刘少奇作为父亲的严格、耐心与慈爱。

事情还得从头说起。

刘少奇的几个大孩子的童年都很不幸，相比而言，允若受的苦楚要比哥哥允斌和姐姐爱琴更多。

在他很小的时候，父亲刘少奇去中央苏区工作，妈妈何宝珍因叛徒出卖被捕入狱，后来被敌人惨杀在南京雨花台。年幼的允若失去了母亲，又与父亲联系不上，他只好流落在上海街头，当过人家的养子、报童、学徒、乞丐，受尽了苦难。一直到1946年，当党的地下组织派人找到他时，他还在大街上卖报纸，衣服破烂不堪，瘦得皮包骨头。

因为允若童年的苦难，刘少奇更加疼爱这个孩子，对他的要求也更高。

1949年，允若跟随父亲来到首都北京，后通过考试进入北京师范大学第一附属中学。由于中华人民共和国成立不久，各项建设急需大量的人才，为此，党和国家先后挑选了大批优秀青年，去苏联留学，刘允若就是其中的一个。

1954年，他凭着自己的考试成绩，进了莫斯科航空学院学习无线电仪表专业。开始时，他的学习热情很高，学习也十分刻苦，因而成绩一直很好。

可没过多久，他对自己的专业渐渐不满意，学习的热情大减。就个人兴趣而言，允若倒是喜欢文学、新闻，现在组织要他学无线电仪表专业，觉得与自己的兴趣、志向很不一致。于是，他开始闹情绪。由于情绪不稳定，在和同学相处时关系也搞得不够融洽。

在这种十分被动的情况下，刘允若经过思考，便向组织提出转系的要求。其目的是离开无线电仪表专业和那些关系不好的同学。

我国驻苏大使馆留学生管理处的同志接到申请后，进行了认真研究。大家一致认为，刘允若年轻，想问题比较简单，思想志趣尚未定型，有缺点和思想问题也是难免的，可以通过做细致的思想工作，用教育的方式，来帮助允若转变认识。同时，使馆工作人员还决定允若的事情先不跟家长打招呼。因为，考虑到刘少奇身为党和国家领导人，国事繁忙，不该因为孩子的事而打扰他的工作。

如何去做刘允若思想工作的方式确定后，使馆党组织多次找允若谈心，帮助他转变观念。可惜，对允若的思想工作并不像此前大家想象的那样简单。结果是，工作倒是做了不少，但收效甚微。允若一方面仍然坚持个人的意见，要求转学转系，改学新闻或文学；一方面他又给父亲写信，阐明他要求转学转系的理由，希望得到一贯疼爱他的父亲的支持和关照。大概在允若看来，在几个兄弟姐妹中，自己遭的罪最多，回到父亲身边也最晚，因此，在这件事情上，父亲应该能够同情自己。允若心想：只要父亲表态支持，那使馆的工作人员就没有什么可说的了。到那时，自己刻苦学习喜爱的专业，将来照样可以为祖国的建设作出贡献。

应当说，允若的要求是一个尚不成熟的青年人的真实思想反映，它并不违反什么原则。若是在今天，这种要求也许会被考虑，但在那个特殊的年代，组织的安排就是个人的志愿。

刘少奇十分疼爱自己的孩子，关心他们每个人的成长，尤其是对允若这个从小吃苦最多的倔强儿子，更是倍加爱护，时刻关心着他的进步。接到

第三章
风雨共担：刘少奇与家人

1950年7月，刘少奇同儿子刘允若在颐和园（历史图片）

允若要求转学转系的信后，刘少奇考虑了很长时间。他既没有同意允若的要求，也没有对允若进行粗暴、简单的训斥和责备。他想，允若还是个孩子，有个人的爱好和志向，是一种很正常的现象。如果对他采用粗暴的办法，可能适得其反。于是，刘少奇在百忙中抽出时间，给儿子写了封长长的回信。刘少奇要用和风细雨般的方式，通过交谈来帮助儿子转变观念，正确对待个人爱好和祖国需要之间的关系。

在信中，刘少奇谈了对转学和与同学搞不好关系的看法，并就允若产生这些想法的原因进行了剖析。他告诉允若，"最好不要请求转学"，并对允若与同学搞不好关系提出了批评，认为允若"一贯的错误"，就是不肯"俯首甘为孺子牛""不谦虚，怕吃亏"，所以"常常和别人关系搞不好"。"你总以为，你自己是对的，别人都是错的；人家都对不起你，你却没有对不起别人；你没有替别人着想，却要别人替你着想；你不肯为别人而有所牺牲，却要别人为你有所牺牲；你不去理别人，却要别人来理你。这是一种什么态度呢？……就是一种个人主义。"

允若读了父亲的信后，表示愿意接受父亲的批评，但并没有从根本上解决思想问题，他继续坚持转系或留级的观点。为此，允若采取了一种消极的态度，产生了不惜把身体在一年半到两年内搞垮，然后就能被送回国的念头。因为刘允若的思想包袱十分沉重，他的身体状况真的日渐变差，以致后来真的大病一场，这样就不得不停止学业去休养。在此期间，允若觉得父亲还没有全面了解自己的想法与要求。他相信，只要跟父亲谈清楚了自己的要求，父亲是能够支持的。于是，允若又写信告诉父亲，希望他支持自己转系。并告诉父亲说，自己对无线电仪表专业的学习已感到很吃力，成绩不断下降，明显跟不上教学进度，如不转系，身体都可能会彻底垮掉。

刘少奇接到信后，感到允若的问题，不仅是学习中遇到了困难，更重要的是反映了允若思想中有不正确的东西。刘少奇又给儿子写了回信，谈道："不能过分重视学校中学得的知识，更不能过分重视所得分数的多少。"目前

第三章
风雨共担：刘少奇与家人

的学习不过是为将来从事实际工作打基础，不是为了拿 5 分。在这封信中，刘少奇还表示："如果这次信仍不能对你有所帮助的话"，将把父子之间上述通信都交给大使馆党组织，"请他们根据这些材料"，就近做允若的工作。

但是允若在接到父亲的信后，思想仍没有转过弯来。1956 年新年刚过，他又给父亲写了一封信，反映了大使馆既不准转系又不准转学校的情况。并且还表示，对此决定，他在组织上是服从了，但思想上怎么也服从不了。"从心底里厌恶自己所学的专业，越来越厌恶，兴趣怎么也培养不起来，别人越给我解释专业的重要性，我越感到烦得很。我这样想：让我学，我也没有办法，我就学（因为不学不行，组织力量的约束），反正我将来不干这一行，我去做个小学教员，我也不干什么'飞机装备'！……寄出这封信后，我等着两件事：一件是也许在不久以后会在大使馆看到我这封信；第二件就是等着一顿骂。说实话，'骂'我已经习惯领受。"

接到这封信后，刘少奇感到允若思想问题很严重。虽然信中没有太过分的言论，但要求转学的态度是很坚决的。这使刘少奇感到压力很大。他又给儿子写了一封长信，对其进行引导。

刘少奇在信中这样写道："关于你学什么的问题，在你出国以前，我曾经同你讨论过。我说，不管你将来干什么，我劝你学一门专业，因为学一门专业知识，对于你将来干什么工作都有好处，如果别的工作不能干，可以干自己的专业，而如果没有一门专业知识，则可能不论什么工作都难于干好。你现在学完（只要 5 年）你的专业，不仅不会妨害你将来干别的工作，相反，只会有帮助。例如，孙中山原来是学医的，并不妨害他后来成为伟大的政治家；鲁迅原来也是学医的，并不妨害他后来成为伟大的文学家；毛主席原来是学教育的，并不妨害他成为我们党的领袖。其他这样的例子还很多。如果你是有创造才能的，你现在学完你的专业，难道会妨害你将来去干别的什么吗？不会的，只会有帮助，不会有妨害。正如孙中山、鲁迅学医，毛主席学教育，不会有妨害，只会帮助他们后来成为政治家、文学家和党的领袖。作为一个政治家或文学家，不只是需要一门专业知识，而且要有各方面的知识，要有创造性的天才。对于一切有天才的人，不管他学的是什么专业，谁也不会禁止他将来成为大文学家、政治家，或者成为党和国家的领袖，而如果没有这样的天才，如果不能取得党和人民的拥护，那是任何人也不能强求的。你说你将来去当教员，那么，学好你的专业，不会妨害你去当教员，只会使你当一个更好的教员。"

针对允若不能正确对待组织和同学们的批评，刘少奇在回信中也有分析批评与劝导："不能把诚恳地恰如其分地指出你某种错误的批评同骂人混淆起来。骂人是对人的一种恶意的攻击，也不怎样讲究实事求是……同志式的善意的批评，则是对人的一种最好的帮助。所谓良药苦口利于病，忠言逆耳利于行，就是讲的这种批评。这是必须欢迎，而不应当拒绝的。接受这种批评，改正错误，也并不丧失什么'面子'，相反，凡是自爱的有自尊心的人，都应当欢迎这种批评。不要把正当的自尊心同保存一种虚假面子混淆起来，以为接受同志们的批评，改正错误，就丧失了自尊心。你说你已经习惯于接受这种批评，这很好。每一个人都应该习惯于虚心领受同志们的批评，这就是中国古人所说的'闻过则喜'的态度，是很好的。但不要厚着面皮，表示一种沉默的拒绝态度或者丧失自己正当的自尊心……你必须了解，每一个人都不应当躲避党和人民的监督，而应当主动地把自己的思想、言论和行动放在党和人民的监督之下。"

刘允若的转学愿望未能实现，一度为此而非常苦闷。刘少奇了解后及时指出："在你的来信中还表现了一种悲观的情绪，表现了一种错误的悲观的人生观。这是很不好的。青年人不应该有这种情绪……你所表现的这种情绪，必须力求转变，必须对一切抱乐观的态度，否则，对于你是危险的。"

同时，刘少奇也给当时外交部主管国外使馆党务工作的部长助理刘英写了信，嘱托她把自己和刘允若的通信转交给驻苏大使馆党组织。在信中，对刘允若的特点进行了介绍，说明"为了教育有严重毛病的孩子，我和党组织密切合作，是完全必要的"。对刘允若转学问题的态度是："如果他转学不可能，或者没有必要，而他又不愿继续学习他现在学的专业，那就请大使馆党的组织考虑是否令其退学回国的问题。"

在父亲、使馆党组织的帮助下，刘允若认识到自己的错误，安心于专业的学习。学成回国后，允若又去农村、工厂和部队熟悉工农兵的生活，思想觉悟有了更大的提高。刘允若的成长与进步，倾注了多少父亲的心血！

可惜的是，正当允若年富力强，为祖国的建设做贡献的时候，"文化大革命"狂潮席卷中国大地，允若被捕入狱，一关就是 8 年。由于生活条件恶劣，允若先后患上了脊椎结核和植物神经紊乱等疾病。出狱后，又突患急性肝炎，不治而逝。时年还不到 50 岁，终生未婚。

"要和贫下中农同吃同住同劳动"

刘少奇一贯认为，去基层锻炼是让青年人了解中国的实际情况，不断提高自己的有效途径。刘允若回国后，刘少奇感到他的思想还不成熟，对中国的情况还不了解，需要到基层去锻炼。

1964 年，在一次谈话中，刘少奇对允若说："你到部队上去锻炼锻炼吧，不是去当干部，而是去当一名普通的士兵，和战士们一起生活。"

遵照父亲的指示，刘允若很愉快地去部队基层当了一年兵。这件事不仅得到父亲的称赞，后来当毛主席知道后也表扬了允若，允若那个高兴劲儿就甭提啦！

允若去部队锻炼后，刘少奇认为允若接触面仍不广，了解的情况还不多。他认为，要真正了解中国的情况，就必须去农村锻炼。1965 年，当他的秘书刘振德要去农村搞四清时，刘少奇要他把允若带去。

据刘振德回忆，当刘少奇跟他打过招呼后，过了几天，他就打电话把允若叫来，一块去见刘少奇。

"爸爸好！"允若进门后问候了一声。正在看文件的刘少奇抬起头看看他们两人说："噢，毛毛回来了。"

"我们一两天就准备到农村去，你不是要同我们谈谈吗？"刘振德说明了来由。

"那你们就坐下吧！"刘少奇说道。

刘少奇点了支烟接着说："你们先到河北省徐水县集训10天，编队后再去定兴县周家庄公社。你们长期在机关工作，对农村的事，特别是对社会主义教育的事，还没有过实践，虽然看过一些材料，但那是别人的东西。我不能给你们画什么框框，各地情况不同，希望你们一切都要从实际出发。"

停了一下，刘少奇又转向坐在刘振德旁边的允若说："你们要放下架子，扎下去，要和贫下中农同吃同住同劳动。不要怕艰苦，不要怕丢面子，更不要搞特殊。要积极帮助贫下中农做些事，做贫下中农的贴心人，这样人家才愿意同你说真心话。毛毛下去后，主要是向别人学习、锻炼自己，在工作队里不要当什么头头。"

"我啥也不懂，当什么头头？"允若说。

"你对农村的事陌生，发言权不多，要多看多听多思考。到了农村，生活上可能会遇到一些困难，要正确对待，不要指望人家有什么特殊照顾。"

说完，刘少奇又对刘振德说："你不要对别人说毛毛是我的孩子，光美不也改名叫董朴了嘛。"

刘少奇似乎对允若以前和同学搞不好关系的弱点有些担心，他嘱咐允若："你不论和工作队的人在一起，还是和社员们在一起，都要同人家搞好关系。你有这个弱点，要把它克服掉。"

"我一定克服！"

"你在苏联学习时，去过农村吧？"

"去过，但只是走马观花，玩一玩。"

刘少奇听完儿子的回答后，抽了口烟，若有所思的样子，慢慢地讲道："现在苏联农村的生活水平比我们高得多。他们十月革命胜利后也经历了一段相当困难的时期。1921年我去苏联时，从海参崴经赤塔到莫斯科整整走了三个月，因为火车没有燃料，乘客们都得下车去搬木材，以供火车作动力燃料用，抽烟连火柴也买不到，还经常饿肚子。我们农民现在的生活，比解放前是好多了，但还是很贫穷。我们搞四清的目的，除了解决走社会主义道路的问题，就是要解决一下生产力和生产关系的问题。干部多吃多占，社员们的生产积极性就不高。毛主席说，有些干部就是懒、馋、占、贪、变。懒馋是占、贪的开始，占贪是懒、馋的继续，蜕化变质是占、贪的结果。"

刘少奇对中国农村的情况的确很熟悉，他对党内有些干部的不良作风也很了解。为了指导刘振德、刘允若下去后工作得更好，他又在这次谈话结束时特别强调了两点：第一，要掌握政策界限，严禁打人、骂人、侮辱人、搞逼供信，不要气势汹汹，拍桌子瞪眼睛。应当在调查研究的基础上，严格区分两类不同性质的矛盾，不要搞扩大化；要强调实事求是，发现有过火行为要敢于纠正，发现错误，要敢于翻案、敢于平反。第二，检验工作队工作成绩的一个重要标准就是要看粮食产量增产了没有。他特别指出，去农村后，首先要把粮食产量搞清楚，不能只听汇报。有的人工作干得很好，但不会汇报，有的人工作做得并不好，但却汇报得头头是道。你们要注意掌握这一现象。

这次谈话结束后，第二天允若就跟着刘振德去了河北。

虽然事前有刘少奇的嘱托，允若和刘振德也有吃苦的思想准备，可当他们来到徐水县后，首先就遇到意想不到的"苦"。

到达目的地的当天晚上，他俩被带到四清工作队集训的地方，安排了住宿。一踏进住地，俩人有些惊奇。原来他们下榻的地方是一个像篮球场那样大的粮食仓库，里面要住200多人。晚上摊开行李后，允若叹着气对刘振德说："这场面别说没见过，我还没听说过。"

"你爸爸不是要我们搞好三同吗?"刘振德有些调皮地安慰允若。

难熬的还在夜间。这里睡着足足200人,睡觉时各有特色:有的不停地在打呼噜,有的在说梦话还夹杂着笑声,有的把牙咬得很响,有的人看来也不习惯这种环境正在低声交谈着,晚上上厕所的人更是络绎不绝……这热闹非凡的场面的确让允若大开眼界,他躺在刘振德身边不停地"天呀,天呀"地低声叫嚷着。过了一会儿,允若实在有些忍不住了,他跑到外面去观察了一圈,回来后对刘振德说:"哎,我发现外面有个空地方,咱们把行李搬出去,哪怕坐着不睡觉,空气也比这里强多了。快走吧!"于是,他俩在外面坐了一整夜。

好不容易熬到天亮,正当他俩无精打采地开会时,有人在证实了他们是中央办公厅的工作人员后,就把他俩带到四清工作团团部。一位领导说:"现在请你们到县机关去住。"

"谢天谢地,同吃同住也不能是这样的住法啊。"允若听说要给他们另外安排住处,心里感到轻松了许多。

10天的集训结束后,允若和刘振德来到了周家庄。他们同住在一间屋子的通炕上。从此,开始了他们新的工作。

日子一天天地过着,他们的工作还算顺利。可有一天,允若悄悄对刘振德说:"干农活虽然累点我倒不发怵。可到吃饭时,我就怵头了。"

"为什么?"

"这里老百姓的卫生条件太差了。一块破抹布简直就是万能的,既擦桌子、凳子、锅盖、锅台,又擦手和碗筷,擦成漆黑一团了,也不洗洗,还是照擦不误。成群结队的苍蝇乱飞也不采取点措施。碗里流出来的玉米粥,用指头抹起来又刮到碗里继续吃……"

"你听着,谁知盘中餐,粒粒皆辛苦。他们这是珍惜劳动成果,俗话说,不干不净,吃到肚里没病。你看老百姓每天出大力流大汗,粗粮淡饭他们不仅吃得香、睡得甜,而且适应力和免疫力都很强,照样身强体壮能活大年纪。"

"照你这么说，不讲卫生倒成优点了？"刘允若笑眯眯地问刘振德。

"我当然知道讲卫生好，不讲卫生不好。门口的猪粪、鸡屎，我们可以一下子扫掉，但老百姓的卫生意识却不是我们一下子能帮助他们提高的。这里面有个传统习惯的问题，更有文化素质的问题。人民的文化水平提高了，卫生意识也就会提高的。"

看到允若听完回答后还是瞪着迷惑不解的眼睛看着自己，刘振德知道允若对他这种弯弯绕的回答方式不甚满意，就进一步解释说："这里不是吃西餐的地方。现在我们是黄鼠狼吃鸡毛，先填饱肚子再说。到什么山头唱什么歌，叫花子不要窝窝头，那才叫穷别扭。卫生条件再差，我们也得吃、住、干活、开会，一顿两顿饿肚子可以忍受，时间长了那可就不行了。而且我们在吃饭的时候，无论社员家里的卫生条件多差，都不能皱着眉头，要表现出吃得很香的样子，这样才对得起盛情招待的主人。你看，不论轮到谁家管我们的饭，人家都尽了最大努力，拿出最好的东西给我们吃。要理解人家的一片好意！"

"这倒是。"允若点点头。

但是，由于允若长期生活在国外，在观念和思维方式上有一定的差异，看问题总会出现一些分歧，往往会提出一些在刘振德看来是不成问题的问题。有一次，允若突然问刘振德："为什么解放已十多年了，这里农民还是一天喝三顿玉米面粥和吃玉米面饼子？"刘振德感到无言以对，想了好长时间回答说："这里还不是最苦的地方，你到太行山区我的老家看看，那里农民连窝头贴饼子都没保证。"允若好像似懂非懂。还有一次，允若突然提问："只凭别人揭发说人家多吃多占、贪污盗窃，又拿不出别的证据，他不承认怎么办？处理这些问题有什么法律依据？"刘振德答："我也回答不清楚。"允若非常失望地摇了摇头。由此观之，允若虽然对中国的情况尤其是历史不是很了解，但他还是动脑筋思考过现实中一些问题。

允若书生气比较浓，往往会引出一些故事。有一次，生产队开社员大会时，一位干部在会上讲话说："咱们要按照工作队说的，对犯错误的干部就是要风前雨后（惩前毖后）治病救人，就是要实里求实（实事求是），不能扩大也不能扩小（缩小）。"开会的社员们并没有什么反应，这样的讲话，出现这样的错误，是常有的事，谁都不会在意，而且也听不出错来。学生出身的允若却被这样一些错误逗得低头发笑。开完会，允若忍不住对讲话的这位干部说："你讲的话不准确"，并认真地告诉人家正确的是什么。然而，书生气十足的允若怎么也想不到，这样的纠错，引起了这位干部的极大不快："是呀，你们是在学堂里喝墨水长大的，俺们是在庄稼地里喝汗水长大的，你们是从书本上学的，俺们大老粗是用耳朵听来的。俺们村的社员，有几个能写会算？把扁担放在地上都不认识是个'一'字，谁还会讲话？"洋学生在农民老大哥面前讨个没趣。所幸的是，允若并不计较这些。

一天，在田间劳动时，刘振德对允若说，你挑人家的毛病，你可知道人家也在挑我们的毛病，还编了顺口溜，很形象的。允若一听很有兴趣，问道："对我怎么说的？"刘振德说："人家说你开会不发言，只往本子上记。"

允若笑着说："我是没有发过言，但记得不少，四个月的时间，我已记了两大本。将来我要写一本书，把这里的一切都写进去。"

"你在苏联学习时，要求转系说是想学文学和新闻，现在还不死心？"

"不能当专业的，就作为业余爱好吧！"显然，允若为不能搞自己喜爱的专业仍在惋惜。接着刘允若又颇有感触地说："农村可真是个广阔天地，我感觉很有意思，这一期搞完，我还想继续下去，可以多积累点材料。"

允若说的是真话。他在农村期间最感兴趣的是收集一些民间流传的谚语、故事等，并一一将它们整理出来。比如，在秋收时，有个社员无意间说了句"季节不饶人"的话，允若很感兴趣，就一个劲地追问人家"什么叫季节不饶人"。那个社员看允若很诚恳并带有点孩子的稚气，就耐心地给他讲了一年 24 个节气，并告诉了允若农村流传的谚语，"白露不出头，砍倒喂老牛（玉米）""白露早寒露迟，秋分种麦正当时""立夏麦出芒，夏至麦当干""八月十五云遮月，正月十五雪打灯""田里没有粪，就是瞎胡混"等。这回允若被那些连"实事求是"都说不准确的社员们的农业知识和记忆力感动了，他像发现新大陆似的对刘振德说："真没想到不识字的社员竟能懂得这么多知识。"

通过在农村的实践，允若开始了解农民的生活、感情，由原来的不理解他们到尊重他们。允若感到，中国的农民虽然文化程度还比较低，但他们的确有着丰富的农业知识，青年人需要去学习，尤其是他们艰苦朴素、吃苦耐劳的精神，更应发扬光大。

允若正走向成熟。

"不要因为是我的孩子，就迁就他们，照顾他们"

刘少奇的工作的确很忙，但无论有多忙他都会抽出时间了解几个孩子的学习和工作情况，发现问题及时纠正。为了能够帮助孩子健康成长，他尽可能地和老师们取得联系，以便将学校教育、家庭教育和社会教育结合起来。他认为学校教育十分重要，教师的工作非常辛苦，应当受到社会的尊重。

1959年8月的一天，刘少奇家来了几位客人，他们不是别人，正是刘少奇请来的平平和源源的几位老师。

刘少奇对老师的到来表示欢迎。等老师们入座后，他首先不是谈孩子们的学习情况，而是认真询问了老师们的生活和工作情况。了解他们住房怎样，孩子都多大了，爱人在哪里工作，学校的工作是否顺心。当从老师们的回答中，得知他们生活和工作条件不错时，他高兴地笑了。然后，刘少奇才和老师谈起孩子的学习情况。他说："平平和源源是我的孩子、你们的学生，有句老话说'养不教父之过，教不严师之惰'。今天请你们来，就是想告诉大家，希望能够严格要求他们，你们不严，我就不高兴。"

看到几位老师有点紧张的样子，刘少奇便笑着对他们说："光美去参加过你们召集的家长会议，我们的意见是一致的，就是希望你们把我的孩子当作你们自己的孩子去严格管教，不要因为是我的孩子，就迁就他们，照顾他们，那样对他们是不会有什么好处的。"

谈着谈着刘少奇的话题涉及一般意义上的教育问题。从客观的角度刘少奇跟老师们谈了自己对青少年的教育。他对几位老师说道："教育孩子有个配合问题，家庭、学校和社会要共同承担起教育的责任，要互相紧密配合起来，只有这样，孩子才能沿着正确的方向努力，也才能成为对社会有用的人。如果我们配合不好，一方严格，一方溺爱，孩子的教育就会出现问题。"

谈到这里，刘少奇自然而然地想起了人民教师这一职业的崇高、重要与现实中作为教师的辛苦、清贫之间的差距。也许是作为共和国主席，他感到这一现状的存在与自己有关，他感慨地告诉几位老师："做教育工作、当老师不容易啊，你们很辛苦，但也很光荣，为人师表嘛。现在教师的待遇还很低，生活很清苦，教学条件也较差，但你们还是那样兢兢业业、任劳任怨地培育着社会的下一代，党感谢你们，人民感谢你们，我敬佩你们。"

老师们认真地聆听着刘少奇的谈话。作为共和国主席，能够如此了解和关心教育事业，使他们既惊讶又感动。

停了一下，刘少奇问老师："平平和源源在学校表现怎样？"大概是老师们还在体会他刚才的谈话，对刘少奇的提问没能马上回答。刘少奇似乎发现了这一情况，就进一步解释："请你们说实话，他们好就是好，差就是差，或者哪方面好，哪方面差。我虽然是他们的家长，可是没你们接触得多，了解得多。"

这时老师们的脑子转过弯来了，他们知道刘少奇要了解孩子们的全面情况。一位兼班主任的老师想了想，便认真地说："平平和源源在学校里学习都很努力，他们生活很俭朴，对老师们也很尊重，也能团结同学，积极参加各

第三章
风雨共担：刘少奇与家人

项活动。我们知道您对孩子们要求很严格，他们有缺点错误时，我们也敢批评，没有顾虑，从不护短。"

听了老师们的介绍，在一旁的王光美高兴地说："这样就好，这样就好，

1956年5月，刘少奇同子女平平、源源、亭亭在北京（历史图片）

做父母的没有不爱自己的孩子的,但溺爱和娇惯,实际上是害他们,是对他们不负责任的表现。你们能严格管理平平和源源,我们非常感谢。"

大家越谈越高兴,气氛也越来越活跃。这时,另一位老师补充说:"两个孩子的勤俭和朴实在全校是出了名的。"

刘少奇接着高兴地说:"勤俭是一种美德。不要说现在我们的国家还很穷,就是将来我们的日子好过了,也还要提倡勤俭节约,学校和家庭要从小培养他们的劳动观念和集体主义思想。"

三岁的亭亭抱住父亲的肩膀撒娇(历史图片)

有一位老师接着刘少奇的话说:"刚才我们去看了孩子们的住处,真没想到国家主席的孩子的居住环境是那么俭朴,简直和我们的孩子没有什么两样。听阿姨讲,凡是孩子们能做的事,都让他们自己动手去做,这样可以锻炼他们自理生活的能力。"

王光美笑笑,实事求是地讲:"源源有一段时间从学校回来就把脏衣服扔给赵阿姨,自己不愿意洗,少奇同志知道后,还专门找他谈话进行了严厉的批评,给他讲了许多从小养成热爱劳动的习惯,劳动光荣、不爱劳动可耻的道理。从此以后,再没有发现他的这种坏毛病了。"

刘振德回忆,当他听了以上家长和老师的谈话内容时,思想开了小差。发生在国家主席家中教育孩子的一些往事一幕幕从他脑际闪过。当然,这些都是老师们并不了解的。他在自己的著述中这样写道:

"那几年,少奇同志的几个孩子,上的是寄宿制学校,吃住都在学校里。少奇同志工作很忙,难得和孩子们见上一面。学校开家长会,也是光美同志骑自行车去参加。她常常是利用吃饭的时间,向少奇同志汇报家长会的情况。

"少奇同志虽然不经常和孩子们在一起,但他时刻不忘作为父亲的职责,他对孩子们无论是年幼的还是成年的要求都非常严格,按他女儿爱琴的话说:'我爸爸有时严厉得使人难以接受。'但少奇同志严厉并不粗暴,在做人的思想工作时他是非常耐心细致的,他能将大道理化为涓涓细流无声无息地滋润着你的心田。

"他的一个儿子小名叫丁丁,少奇同志发现丁丁平时学习、做事有些松松垮垮、漫不经心,不刻苦也不认真。有一天,他把丁丁叫去,除了指出丁丁的弱点和缺点,还给丁丁起了个名字'允真',希望丁丁今后能改正自己的缺点,无论干什么事都要认真,都要刻苦。允真牢记父亲的良苦用心,从此一改旧貌,简直像换了个人似的。

"在三年困难时期,国家粮食紧张,城市人口的定量都很低,副食品更缺乏。不论是机关、工厂，还是学校，大家的生活都非常困难。少奇同志家也不例外。

"他的几个在寄宿学校上学的孩子，每次回来，我们都发现又瘦了一些。一问，他们都说：'在学校吃不饱，回家又不敢说。'我们多次向光美同志建议，应该让孩子们多回家改善改善生活。家里虽然也在节衣缩食，但总比在学校要好一点吧。光美同志总是摇摇头表示：'我不同意，少奇同志更不同意。'

"少奇同志得知此事后，对光美同志说：'叔叔阿姨们都是好心肠，为孩子们吃不饱说话。但是现在全国人民都处在困难时期，许多地方的孩子还有被活活饿死的，我们的孩子怎么就不能和大家同甘共苦呢？尝尝饿肚子的滋味也好。现在的困难除了天灾，还有一个更严重的原因就是我们的工作没有做好。等将来他们为人民办事的时候，就会更多地关心人民的生活。'

"少奇同志从不允许自己的子女有高干子弟的优越感。他的一个儿子考高中时落榜了，情绪低落，无精打采的。有人想用少奇同志的名义去学校讲情。少奇同志知道后专门为此事召开了家庭会议。

"他有些生气地说：'我的孩子们无论是上学还是工作，都不让填写父母的真实姓名，为的就是怕人家不好管理，搞特殊照顾。现在考不上学校，想打我的旗号，好像高干子女上了初中就一定要上高中，上了高中就一定要上大学，而不管考得上考不上。参加工作就一定要当干部，而不管有没有那个能力，这是什么道理？为什么高干子弟就不能当工人、当农民、当解放军战士？我再次声明，我的子女绝不能搞特殊！'

"后来，这个孩子考进了北京郊区的一所半工半读的农技学校。

临走时，他来向父亲告别。少奇同志高兴地说：'我支持你学点技术，但一定要刻苦努力，否则将一事无成，到时可谁也帮不了你啰！'"

第三章
风雨共担：刘少奇与家人

"孩子们不能什么都依靠大人"

"管"与"放"是刘少奇教育子女的一个重要方法。何为"管"，"管"什么？何为"放"，"放"什么？中央电视台在采访刘少奇的儿子刘源时，他告诉记者：管就是在大的方面管。比如说，对理想的树立、道德的培养等各方面，父亲对我们管得比较严。但在小的方面实行放，就是要我们自己去锻炼，在锻炼中成长。每个孩子长到17岁就是成年了。按父亲的规定，每人都要独立办一件事，如果完成就标志着成为一个大人，以后自己的事要自己办。刘源还给记者讲了这样一个故事：

1965年夏天，母亲王光美在河北定兴县搞四清。有一天，父亲给母亲写了封信，很短，只有几句话。写完信后，他把秘书刘振德叫去并告诉他说，让平平把这封信送给母亲，特别嘱咐："谁也不要帮她买火车票，也不要用车去送，更不要通知光美或工作队的人去车站接她，让她自己买票自己上车自己去。总之，完全由她自己办。"

可能是刘秘书担心平平还小的缘故，他刚想说什么，刘少奇又说，正因为她还没有出过远门，我才让她这样做。孩子们不能什么都依靠大人，要他们自己去闯。靠大人帮助，他们倒是舒服也省心，可得不到锻炼，将来能会做事情吗？

刘振德把信交给平平，并将父亲的原话向她作了转达。他怕平平不会办事，就把如何买火车票，在哪里上车，在哪里下车，下车后如何转汽车等事宜仔细地告诉平平。

平平说："刘叔叔，请你放心，我爸爸已经给我说过了，我能做到的。"

平平自己一边打听路一边走，终于顺利地买到了火车票，踏上了去河北的路。

1953年，刘少奇与女儿平平在一起（历史图片）

等平平风尘仆仆赶到母亲身边时,母亲感到惊奇,在场的人们也感到惊奇。大家抢着问:"平平你是怎么来的呀!"平平很自豪地告诉大家:"是我自己来的,谁也没有送,我爸爸让我这样做的。"母亲看着站在面前的女儿高兴地说:"平平长大成人了,妈妈好高兴啊!"

"我们希望你能有决心做个进步的革命的青年"

1963年平平已满14周岁。这年4月,刘少奇一行出访东南亚四国。他们在途经昆明时,王光美突然想起平平生日快要到了,就对刘少奇说:"平平14岁的生日就要到了,等我们出国回来她的生日早已过了,你看怎么办?"

刘少奇说:"那我们就给她写封生日贺信吧!"

"好,我赞成。现在全国青少年都在学雷锋,我们写封信让她好好学雷锋吧。"王光美接着说道。

在托秘书寄信的时候,刘少奇和王光美讲道,写这封信倒不是重视孩子们的生日,只是想利用这个机会对他们进行教育。趁生日的机会给孩子买好吃的东西、买好衣服、给钱,都是不妥的方式,我们可千万不要那样做。

这封生日贺信,充满了父母对孩子的爱,更充满了父母对孩子的期望。

在信中,刘少奇夫妇写道:"祝贺你就要满14岁了。希望你的14岁生日过得有意义。"同时,他俩在信中给女儿提出了一个十分重要的问题,"我们希望你在满14岁以后,认真思考一下:你到底要做一名怎么样的青年?"

作为父母,他们对女儿将来的成长提出了自己的看法,让女儿在思考这个问题时作为一种参考。信中说:"在我们的社会主义新中国里,大多数青年都是有一定的社会主义觉悟的,但是,仍有先进的、一般的和落后的青年之分。做个落后青年,整天想不费力气、不费脑筋,而又能吃得好些、穿得好些、玩得多些,看来,似乎是最讨便宜、最'享福'的;实际上,这样的人，是最苦恼的。他们没有远大理想，不关心别人，只计较吃、穿、玩，计较个人得失，不仅当前不会心情舒畅，将来，也是没有前途，没有用处，经常要处在苦闷和困难中。在困难的、复杂的阶级斗争环境中，在某些关键的时刻，这样的人就很可能变为反对共产党、反对人民、反对共产主义的坏分子。你应当力争上游，不要安于中游，不要做落后分子和自私分子。"

根据女儿的实际情况，他们在信中又进一步分析道："我们认为，根据你的健康状况、智力条件和你自幼所受的党的教育，你不应当只安于中游，不应当马马虎虎地度过你的青春时期。我们希望你能决心做个进步的、革命的青年，具有远大的共产主义理想，具有雷锋式的平凡而伟大的共产主义精神，能够真正继续承担起革命前辈的革命事业。现在学习要认真、刻苦，热爱劳动，虚心学习别人的优点，关心集体，关心国内外大事，为了人民和集体，可以有所牺牲，并且注意锻炼身体。将来，党和人民需要你做什么，你就可以做好什么工作。当然，要这样做是会有许多困难，要吃苦，要吃一些亏，要受委屈，甚至要牺牲的；但是，只要你真正决心献身于伟大的共产主义事业，决心把我们的国家建设成为富强的社会主义国家，真正关心全世界人民的解放事业，任何困难都是能够克服的，虽然吃了苦，吃了亏，你反而会心情愉快，心情舒畅的。希望你认真地考虑。只要你真正决心做个进步的、革命的青年，永远听党的话，并严格地要求自己、管束自己，依靠老师、同学和家里的帮助，你一定能够给党和人民做出更多的工作，党和人民一定会更喜爱你的。"

从字面上看，这封信似乎少了些家庭温情。但我们仔细品味，字里行间充满着父母对儿女的爱。是的，现实生活中，有很多家长教育孩子时不会谈及祖国与人民，他们更多的是关心儿女的日常生活、学习和工作的一些枝节问题。即使谈及儿女的前途、理想等问题，也只是就个人而言。与这些人相比，刘少奇的心中装的绝不仅仅是自己的儿女，也绝不是自己儿女将来的工作如何，前途如何。他分明是在对青年一代提出自己的希望；他分明是在时刻关心着祖国的前途与命运。试想，如果我们的父母都能像刘少奇那样教育自己的儿女，情况该是如何？相信祖国的千千万万个家庭，会从中受到启迪的。

请秘书给孩子们讲讲苦难的家史

刘少奇的秘书刘振德，家庭出身贫寒，童年时像千万个苦孩子一样吃尽了人间苦。参加革命后，他学习和工作都非常努力，进步很快。组织安排他到刘少奇身边工作后，他给刘少奇的印象很好。因此，刘少奇产生了一个想法，希望刘振德能够以自己的亲身经历，给孩子们讲讲苦难的家史，以此来教育孩子们树立正确的世界观和人生观，在艰苦的环境中锻炼成长。

有一天，在刘少奇的会客室里，刘振德给孩子们讲了自己童年和少年时代的苦难经历。

说起童年，穷苦家庭出身的刘振德有诉不完的辛酸泪。吃不饱、穿不暖、无钱上学……真是字字血、声声泪。是党把他从一个不识字、不懂事、饱经苦难的孩子培养成为一个能够为人民服务的工作人员。

这节课没有黑板、没有讲台，也听不到上下课的铃声，一点也不正规。但是，这节课对孩子们的吸引力的确很大。他们一个个瞪大眼睛静静地听着，听得是那么专注，生怕漏掉其中的一句话、一个字。孩子们时而沉默，时而叹气，时而流泪……

刘振德讲完后，屋里沉默了好一阵，谁都不想说话。显然他们的心情都是沉重的。过了一阵，孩子们对不明白的事开始发问了。

"叔叔，杨树、柳树、榆树、柿子树的叶子也能吃？"

孩子们哪里知道，这是在旧社会穷人的孩子为了活命想出的办法，是万不得已的办法。

"真没想到旧社会穷人的日子那么苦。"

"杨树、柳树、榆树、槐树,中南海有的是,但我们不知道它们的叶子、树皮还能充饥。"

天真小孩说着天真话!

这时,有个孩子说:"我吃过榆树上开的花。"

刘振德告诉他:"我家乡叫它榆钱儿,那可是比较好吃的了。"

"和刘叔叔的童年相比,我们的生活太好了,我们可要珍惜啊!"一个大点的孩子若有所思地说。

孩子说的是心里话。这堂不起眼的课、不正规的课,对孩子们的教育不算小。这样的课,对这些生活在新社会,不知道什么是苦的孩子们来说真是太必要了。即使在改革开放的今天,这种忆苦思甜教育仍然有着重要的意义。

"我不给你们讲不该你们知道的东西"

由于刘少奇地位和工作的特殊性,每天要接触大量的党和国家的核心机密。因此,他十分重视保守机密的问题,尤其是对家中还不懂事的孩子们,要求更是严格。

有一次,毛泽东的秘书通知刘少奇的秘书,要召开政治局常委会。秘书接到电话后立即来到饭厅,向正在吃饭的刘少奇报告了开常委会的时间、地点、内容。

当时在场的有刘少奇、王光美和他们的一个孩子。秘书进屋时虽然看见孩子在场,但并没有在意,当着孩子的面向刘少奇报告。

刘少奇听着秘书的报告,面容越来越严肃,但当着孩子的面,他没有说话,只是"嗯"了一声。

秘书回到办公室不久,王光美就来了。她先同秘书闲聊几句,接着转入

第三章
风雨共担：刘少奇与家人

1962年，毛泽东看望刘少奇一家（历史图片）

正题："以后有'小耳朵'（指小孩）在场，我们就不要谈工作上的事情了。"

虽然王光美的语调很平和，但秘书立即想起刚才刘少奇的表情，这是以前没有碰到过的现象。经王光美一提醒，他又想起了刘少奇一贯强调的保密要求，感到自己刚才犯了一个错误。想到这儿，秘书的神情紧张起来。

王光美又进一步解释说："少奇同志对家庭成员的保密要求是很严的，他从不向我讲不该我知道的事情。"为了让秘书领会自己的意思，她举例说："比如中央领导人之间的来往信件和文件，他都是亲启亲拆的，他阅后随手放到抽屉里。他从不准孩子进入他的办公室，更不准他们接触文件。有时孩子有事，也只能把我们叫出去说。类似主席那里开会的事，是绝对不让他们知道的。"

"有时我们离京开会，或去什么地方干什么事，也不告诉他们，只留个'爸妈不在家'的条子就行了。"王光美耐心地讲着。

然后，她严肃地说："这不只是关系到少奇同志一个人的问题，而是还涉及中央其他领导人的行动问题。"

王光美看了看秘书，继续说道："敌特情报机关对我们中央领导人的行动踪迹都非常关注，而且不惜采用一切手段想得到这些。并不是说孩子们会有意泄密，而是说他们年龄小，没有保密观念，又不负这个责任，一旦失密，后果将不堪设想。"

利用这个机会，王光美又给秘书讲了发生在家里的一件事。

有年春节，刘少奇全家在一起吃年夜饭。平时很难得在一起吃饭的孩子

1966年秋，刘少奇、王光美和他们的小女儿潇潇在中南海住所（历史图片）

们很高兴,在餐桌上,他们无拘无束,海阔天空地和父母谈着话。其中一个孩子向大家讲了一些从同学那里听来的"小道消息",有些内容显然是不该孩子们知道的。

刘少奇立即问:"这是谁说的?"

说话的孩子看了父亲一眼,略带不满地说:"反正从你们这里什么也听不到,什么也看不到。我们有的同学消息就特灵通。"

孩子的话使刘少奇很生气。在饭桌上,刘少奇就狠狠地批评了孩子一顿。

随后,刘少奇当着全家人的面重申:"由于我所做的工作每天都接触大量的党和国家的核心机密,但我首先要保密。"

他告诉孩子们说:"我不给你们讲不该你们知道的东西,是完全正确的,这不但不是我的缺点,还应该算是我的优点。反过来说,别人给你们讲这些东西,不仅仅不是优点,而且毫无疑问这是他的缺点。"

刘少奇语重心长地教导孩子们说:"你们要把精力全部集中到学习功课上,有空余时间就多读点书,多看点报,千万不要在这些小道消息上浪费精力。脑子里装满这些东西,不仅要影响学习,而且一旦说出去,轻者是泄密,重者甚至会给党和国家造成不可估量的损失。"

说完这些话,刘少奇还不放心,他用不容置疑的口气说:"你们以后要抵制,绝不能跟着去传播,更不要去打听搜集。"

本来就在父亲面前小心翼翼的孩子们,从此以后更加小心谨慎,从不听父母亲跟别人的谈话,也从不问不该知道的事情。当看到有人来向父亲汇报工作时,都自觉地离开了。

"爸爸是个无产者,你们也一定要做个无产者"

人固有一死,亲人也总是要永别的,这是谁也无法抗拒的自然规律。但刘少奇与孩子们的永别并不是自然规律的缘故，而是因"文化大革命"的政治风暴过早地夺走了他的生命。

1966年，一场突如其来的风暴席卷了中国大地，当刘少奇尚未弄清楚是怎么一回事，怎样去进行"无产阶级文化大革命"时，就已经宣布他犯了什么"路线错误"，被迫"靠边站"了。

有一次，在饭桌上，刘少奇的孩子平平和源源议论着晚上要跟着同学们去抄家，刘少奇立即劝止说："不要去了。"饭后，他拿出一本《中华人民共和国宪法》，把身边的孩子们叫到一起，严肃而又语重心长地说："你们破'四旧'，我不反对，但不能去抄家、打人。我是国家主席，必须对宪法负责。许多民主人士，跟我们合作了几十年，是我们多年统战工作的重要成果，来之不易呀！不能使之毁于一旦。现在，由于我的处境，不能拦阻你们，你们也拦不住别人。但是我要对你们讲清楚，要对你们负责。"对"文化大革命"不甚理解，但热情极为高涨的孩子们，听了父亲的话后，就不再去用抄家的方式来表示对这场史无前例的革命运动的支持。

大概是9月到11月，刘少奇的孩子们跟着别的同学去外地串联。没想到在外地时，他们看到了批判父亲的大字报。这使他们感到十分震惊！孩子们更没有想到，此后又在全国掀起了对父亲的"批判"高潮。

有一天，刘少奇像往常一样在中南海看大字报。有一张大字报使他感到吃惊，这张大字报以恶毒的语言攻击蔡畅、康克清。不久，在中南海大院内，有人贴出诬蔑朱德的大字报，说他是"大军阀""黑司令"。身为国家主席的刘少奇被激怒了。但他已经"靠边站"了，对这种现象也是无能为力。他找到周恩来总理说，为了尽早结束这场运动，使广大干部免受这么大的打击，宁愿辞去国家主席的职务。周恩来心情沉重地说："这不行，这不行啊。还有个全国人民代表大会的问题。"

随着运动的深入，早已"靠边站"的刘少奇心情越来越沉重。一天晚饭后，他对几个孩子们说："我过去常对你们讲，对一个人来说，最大的幸福是得到人民的信任。取得人民的信任是不容易的。人民信任你，你就绝不能辜负人民。今天，我还得加上一句话，就是对一个人来说，人民误解你，那是最大的痛苦……"说到这里，他嘴唇颤抖得再也说不下去了。

运动没有像刘少奇希望的那样结束，疯狂的程度在不断地升级，他本人的处境也越来越艰险。

到 1967 年春，"全面夺权"的风暴横扫全国。那些造反派觉得仅仅批判刘少奇不解恨，于是开始既批又斗。不久，造反派又撤走了刘少奇家的电话。

身为国家主席的刘少奇与外界的联系完全中断了。他每天只能从孩子们的口中获取有关"文化大革命"的消息。孩子们很懂事，每天清晨就骑上自行车上街，排队买小报、从墙上揭传单、挤在人群中抄大字报、侧耳听人们的各种议论，回家后把所见所闻转告给父母亲，供他们了解政治形势的发展情况。

到了 4 月 1 日，戚本禹的那篇臭名昭著的文章登报后，把国家主席定为"中国的赫鲁晓夫""党内头号走资本主义道路的当权派"。刘少奇的发言权也被剥夺了。

升级，运动还在不断地升级。

4 月 9 日，平平说，他在外面听到清华大学要组织 30 万人的大会批斗妈妈。刘少奇一听再次被震怒了："我有错误我承担，工作组是中央派的，光美没有责任。为什么让她代我受过？要作检查，要挨斗，我去！我去见群众！我是一个共产党员，死都不怕，还怕群众？

"我绝没有反过党，没有反过毛主席。别人反对过毛主席，林彪反过，江青反过，我一直是拥护主席的。在我主持中央工作的几十年里，违反毛泽东思想的错误有！但没反过。工作错误有！但都是严格遵守党的原则的。我没有搞过阴谋诡计。工作是大家一起做的，要我承担责任，可以！但错误得自己去改！"

孩子们被父亲这少有的愤怒惊呆了，他们一个个凝神静听。刘少奇望着几个天真的孩子,用缓慢而平稳的声调告诉他们:"将来,我死了以后,你们要把我的骨灰撒在大海里,像恩格斯一样。大海连着五大洋,我要看着全世界实现共产主义。你们要记住,这就是我给你们的遗嘱!"

王光美哭了,她泣不成声地说:"还不知道孩子们能不能看到你的骨灰呢!"

刘少奇对儿女们说:"会把骨灰给你们的。你们是我的儿子、女儿嘛!这一点无论什么人还是能做到的。你们放心,我不会自杀的,除非把我枪毙或斗死。你们,也一定要活下去,一定要在群众中活下去,要在各种锻炼中成长。你们要记住:爸爸是个无产者,你们也一定要做个无产者。爸爸是人民的儿子,你们也一定要做人民的好儿女。永远跟着党,永远为人民。"孩子们瞪大眼睛,流泪看着爸爸,不知说什么才好……

春去夏来,批斗刘少奇的高潮又一次掀起。

7月18日,孩子们去中南海职工食堂吃饭,他们看到大字报上写着,今晚要开揪斗刘少奇的大会。回到家,他们把这一消息告诉了父亲。刘少奇感到生死搏斗已迫在眉睫。中午,刘少奇从自己的衣服口袋里拿出两份文件给孩子们看。一是毛泽东肯定刘少奇检查的批语全文,一是毛泽东赞扬和推广"桃园经验"的批示全文。这是刘少奇第一次让孩子们看中央文件,也是唯一的一次。过去,他连办公桌都不让孩子们接近。如今到了最后关头,他认为不能给孩子们心头留下阴影。刘少奇以期待的目光望着孩子们说:"你们都看了,这证明爸爸、妈妈从来没有骗过你们啊。"

当天晚上,有几十万群众围在中南海。造反派把刘少奇、王光美分别揪到中南海的两个食堂进行批斗,同时抄了刘少奇的家。在斗争会上,造反派不许刘少奇说话。他们强按着刘少奇的头,让他弯腰站了两个小时。年近七旬的刘少奇,难以忍受这种折磨。他掏出自己的手绢想擦汗,立刻被旁边的造反派狠狠击了一掌。手绢被打落在地上,汗水从他那花白的头发里渗出,顺着瘦弱的面颊滴在地上……

第三章
风雨共担：刘少奇与家人

8月5日，造反派又在中南海策划了一场批斗刘、邓、陶的大会，分别在各家院内举行。那天，刘少奇的几个孩子被迫也参加了批斗大会：每个人的身后故意安排了几个战士看守。造反派的意图是让他们亲眼看着父母被批斗的情景，以此来痛刺他们已经被伤害的幼小心灵，只有这样造反派们才感到过瘾。几个孩子站在围斗的人群后面，眼看着父母被几个彪形大汉架进会场。几个打手狠毒地按头扭手，强迫刘少奇和王光美做出各种卑躬屈膝的姿势，叫人拍照。

几个孩子的幼小心灵又刻下了深深的刀痕，他们的心在流血……

在长达两个多小时的批斗大会上，刘少奇和王光美不断遭到野蛮的谩骂和扭打。孩子们看到，父亲的每次答辩，都被口号声无情地打断，随之被人用小红书劈头抽打，无法讲下去。会场上，一些人喊出了打倒十几个老干部的口号，那些人见刘少奇没跟着喊，就揪着他的头发质问，为什么不喊？刘少奇回答："我负主要责任，要打倒，就打倒我一个人。"

随后，他们又把刘少奇和王光美押到会场一角，在离孩子们很近的地方，硬是按下他俩的头向两幅巨型漫画上的红卫兵鞠躬。此时的刘少奇已经被打得鼻青脸肿，伤痕累累。大概王光美意识到这是最后的一面了，突然，她挣脱打手们的束缚一把紧紧抓住了丈夫的手，刘少奇也不顾拳打脚踢，紧紧地拉着妻子的手不放。夫妻俩挣扎着身子，手拉手互相对视着。

这是为中国革命和建设作出了重大贡献、身为中华人民共和国主席的刘少奇与妻子的永别！

站在一旁目睹了父母最后握手告别的孩子们，在当时也许只能是感到恐惧。因为，他们还小，有很多事他们并不懂得。13年后，他们在回忆当时的悲惨情景时说："从他们颤抖的双手，从他们深情的目光中，我们看到这两个坚强的共产党员在互相鼓励，我们看到了无限深厚的情谊。在短短的一瞬间，他们传递了自己内心的信念。在近20年的革命斗争中，他们忙于工作，无暇叙说。但他们彼此理解，心心相印，一往情深。有什么语言能表达他们对祖国和人民的热爱，又有什么力量能使他们分开？他们风雨同舟，患难与共，就在这短短的几个月中，我们多少次看见他们一起去看大字报，但从来没有听到他们彼此间有一句怨言。而今，在这耻辱的'刑场'上，他们要诀别了，永远诀别了。有哪个儿女眼见父母在这样狂暴的蹂躏下握手告别，能不肝肠寸断呢？！几个坏人狠狠地掰开他们的手，妈妈又奋力挣脱，扑过去抓住爸爸的衣角，死死不放……然而，暴力终于把他们分开了。那些人把一幅画着绞索、红卫兵的笔尖和拳头的漫画套在爸爸的头上。在这一片谩骂和围攻之中，谁能想到漫画的绞索套中的竟是我们8亿人民合法选出的国家主席！"

这字字血、声声泪的回忆，是控诉、揭露，还是一种理智的反思？

经过这场非人的摧残，刘少奇连路也无法走了。可坚强的刘少奇怕孩子们看见他几近爬行的艰难移动，给孩子们带来太多的伤害，每当老远望到孩子们时，就强伸起腰，想以此给年幼的孩子们一种安慰。可是，无情的伤痛使他难以做出正常人行走的样子，剧烈的疼痛使他汗流不止，孩子们还是看到了。他们看到了父亲的用心，看到了父亲的坚强，看到了父亲的痛苦……

批斗大会后，刘少奇的处境更加艰险。首先是夫妻的永远别离。王光美被关在后院，带伤被强迫劳动；随后是撤走刘少奇身边的工作人员；不久，就是与孩子们的诀别。

1967年9月13日，刘少奇的几个孩子被迫回各自的学校接受审查批判。他们这一走意味着连隔着老远看看父母亲的机会也永远地失去了。

此一别，孩子们不知道父母沦落何处。他们一直在寻找着自己的父母。若干年后，他们又回到了母亲的身边，但永远地失去了父亲，失去了父爱。

父亲失去孩子，孩子失去父亲，这在跳梁小丑横行的年代里可能变为现实，而且已经变成了现实。但是，父亲对孩子的思念，孩子对父亲的思念与热爱，是任何人用任何手段也无法斩断的。

刘爱琴在得知父亲去世后有这样一段感人肺腑的话：

第三章
风雨共担：刘少奇与家人

我被这猝不及防的噩耗惊呆了，吓傻了，什么也没有说，掉头往自己那间小屋走去。坐在床上，我感到自己好像失去了知觉一样，满脑子只有一句使人凄凉和发抖的话：

父亲死了……

眼泪像泉水一般，不受任何控制地往外涌，往外流；没有擦泪的动作，没有抽泣的声音，好像一切都停止不动了。

眼泪啊，你尽情地流吧，流到任何时间，流到任何地方，你就是我给父亲的悼词，你就是我给父亲奏的哀乐；绵绵无尽的悲思啊，将随着你流进历史，流进世界。

父亲教育我，要有崇高的生活目标；我要说，敬爱的父亲正是这样的模范。20岁出头，他就冲破家庭和社会的种种羁绊，投身于中国人民的解放事业；直到"文化大革命"开始，他仍在为中国的社会主义革命和世界共产主义运动操心。正因为他有宽广的胸怀和远大的目标，所以在革命中，不管遇到多大的困难，多艰苦的处境，多复杂的局面，也不管个人和家庭吃多少苦，受多少难，作多大的牺牲，他都能坚定不移，任劳任怨。

父亲教育我，要做好工作，争取成绩；我要说，敬爱的父亲正是这样的模范。他每天都要工作十几个小时，聚精会神，不知疲倦。他有一只"上海"牌手表，但这只手表戴在他手上好像不起什么作用，到吃饭时间，他也不去看一看。工作人员第一次喊他，他不理会；第二次来喊，他点了一下头，可是一看表，还不到时间呢，原来他经常忘记上发条。等把饭菜端到桌上来，他才放下手里工作，一边吃，一边想，吃完了又去工作。他很少参加娱乐活动，不打球，不玩牌，不下棋；工作之余唯一经常的活动，是深夜或清晨作半小时散步。

父亲教育我，要刻苦学习文化科学知识；我要说，敬爱的父亲正是这样的模范。他从来爱学习，肯钻研，能够活到老，学到老。有一次给他安排到海南岛休假，他到那里的第二天，就邀请北京的两位经济学家去组织读书会，和工作人员一起学习《政治经济学》。在"文化大革命"初期一片"打倒"声中，他还潜心阅读几本马列主义理论著作。

父亲教育我，要有实事求是精神；我要说，敬爱的父亲正是这样的模范。他反对一切弄虚作假和主观盲动，对待任何事物，都是那样严肃，认真，一丝不苟。他每到一地去视察，总是有人要事先通知地方，但当他发现这样做往往看不到真实情况时，便改变了方法，走到一个地方，把车往岔道上一停，就下去了。他亲自到农村去蹲点，搞调查研究，而且把自己身边工作人员减少到最低限度，让妈妈和秘书、卫士们到实际中去锻炼和学习。

父亲教育我，要艰苦朴素；我要说，敬爱的父亲正是这样的模范。他身为党和国家的主要领导人，衣、食、住、行，普普通通。他有两套布制服和几双布鞋，除出国访问、开大会和接待外宾外，他就穿这些；衣服和袜子，大部分都有补丁。他习惯于夜间工作，但多少年中，他都是把中餐和晚餐的剩菜倒在一只铝锅里，午夜时分让卫士放在炉子上热一热，有时再让妈妈下点挂面，就算一顿夜餐。后来工作人员怕影响他的健康，瞒着他申请了一些夜餐费，四年后这事偶然被他发觉，立即责令妈妈查清，然后每月拿出100元工资退还。

父亲教育我，要大公无私；我要说，敬爱的父亲正是这样的模范。他公私分明，从不假公济私。他的稿费，都作为党费交给了组织，自己没有任何存款。父亲常常在家和其他领导同志开会，公家供应招待客人的烟、茶、水果，他自己一点不动，也不许家里人动。外国朋友赠送他的礼品，他通通都叫工作人员交公。他不请客

第三章
风雨共担：刘少奇与家人

送礼，也不许别人请客送礼。有一年在湖南，省委送来一筐橘子，他知道了，立即让工作人员送回去。

父亲还教育我，要和人民在一起；我要说，敬爱的父亲正是这样的模范。解放前，他经常生活在工人、农民与士兵中间；解放

遵照刘少奇生前的遗言，他的骨灰将撒在大海里。1980年5月19日上午，运送刘少奇骨灰的专机即将飞离北京，王光美含悲肃立，刘源手捧骨灰盒，向前来送行的首都群众告别（历史图片）

后，虽然工作那么忙，他仍然创造条件到人民群众中去。记得有人曾问父亲的一位卫士："你能讲一件使刘少奇同志高兴的事吗？"卫士想了想说："有。有一次少奇同志走进简易木工车间，问了工人生产情况，便拿起刨子刨木头，很利索，引得周围人笑起来；少奇同志也非常高兴，开怀大笑了。"1961年，他回到阔别多年的故乡，看到老家房子已改为旧居纪念馆，他不高兴，亲自将房子分给了村里住房紧的社员。

……

啊，父亲死了；

父亲死了，女儿才真正认识了他。

知道天地间容不得我的悲声，因而我让眼泪默默地流淌；

1969年，刘少奇逝世后，在开封火葬场火化。这是当时由专案组填写的火葬申请单，刘少奇的姓名填为"刘卫黄"。火化后骨灰秘密存放在河南省开封市（历史图片）

第三章
风雨共担：刘少奇与家人

在二十一响礼炮声中，刘少奇的亲人们将他的骨灰撒向浩瀚的大海（历史图片）

无声的悼念更有力量！

透过潸潸眼泪，我看到，父亲仍然屹立在延安宝塔山下，北京中南海边。频频挥动着他的大手，送我走上遥远的旅途。

悼念啊，永恒的悼念，父亲是活着的，人民不会忘记他。任寒流滚滚，妖氛漫漫，人民拥护真理，是非但问民意。内蒙古的工人姐妹悄悄给我送来了舍命珍藏的礼物，那是一张父亲和安源工人在一起的油画。这不寻常的礼物告诉我，人民的心和父亲的心，息息相通，在人民的心目中，父亲是永垂不朽的。

刘少奇的孩子们这样写道：

我们和亲爱的爸爸分别至今，已经13年了。这是什么样的13年呀？我们这个幸福的家庭再也不能团圆了，四位骨肉先后惨死，六个亲人坐过监狱。在我们一家人的遭遇之上，是亿万人民的苦难，是我们祖国的满目疮痍。党的十一届五中全会为爸爸平反，不仅是为爸爸个人，而且是为了使党和人民永远记取这个沉痛的教训，用一切努力来维护、巩固、完善社会主义民主和社会主义法制，使类似爸爸和其他许多党内外同志的冤案永远不致重演，使我们党和国家永不变色。我们的祖国受够了难，人民吃够了苦，再也不要人为地制造动乱，只需要安定团结、一心一意搞好祖国的社会主义现代化啊！

自从妈妈去年回到了我们身边，我们多么幸福，多么亲昵。就在这幸福的笑声中，我们看见爸爸就在我们面前，他正在奋力挣扎，去挣脱那无情的血网，多么想回到人民的中间，多么想回到妻子儿女身边。爸爸，十年了，您的灵魂一直在这样斗争着，一直在我们心中呼喊。爸爸，您安息吧，我们就在您身边。爸爸，您看看，党和人民终于打破了这血网，洗清了您身上的污渍；您看看，这是全国人民写来的千万封信，大家有这么多话要说给您听！您看呐，成千上万的青年抱着鲜花向您拥来；您看哪，大地回春，冰雪融化了。祖国的千山万岭回响着人民呼唤您的声音，您忍辱含愤的英灵终可得到安慰了吧！

爸爸呀，您那不安的灵魂快快回到您雪白的骨灰里来吧！让我们按照您在任国家主席时的托付，按照您在最艰难时的遗嘱，把您的骨灰撒到祖国的大海里，撒到世界的大洋上，融化在解冻的春水之中，您一生的奋斗和心血已变成世界最为宝贵的财富，永存在世间。

爸爸呀，亲爱的爸爸，您曾为中国人民的解放，出生入死，鞠躬尽瘁；人民并没有忘记您，也为了您的解放而英勇奋斗，付出了巨大的牺牲。爸爸呀，您曾为了我们党而抛弃个人的一切；党没有遗弃您，为了您的昭雪，奋力呐喊，不惜一切代价。今天党和人民又把应得的光荣还给了您，对于您来说，至高无上的光荣称号是——一个优秀的共产党员，中国人民的好儿子。

/第四章/

情系湖湘：伟人的故乡情结

◎ 1961年4月1日，一列火车从广州开出，急速驶向终点长沙。一位身材高大、满头鹤发、神采奕奕的老人倚窗而坐。他时而注视着窗外，时而闭目沉思。这位老人就是中共中央副主席、中华人民共和国主席刘少奇。这次，刘少奇到湖南不是回家乡探亲，而是回家乡专门搞调查研究。

1961年4月1日，一列火车从广州开出，急速驶向终点长沙。

一位身材高大、满头鹤发、神采奕奕的老人倚窗而坐。他时而注视着窗外，时而闭目沉思。这位老人就是中共中央副主席、中华人民共和国主席刘少奇。

这次，刘少奇到湖南不是回家乡探亲，而是回家乡专门搞调查研究。

3月14日至23日，党中央在广州召开了中央工作会议，重点是研究解决当时农村亟待解决的一系列问题。在这次会议上，有两种意见争论激烈。一种意见认为，农村"左"倾错误已得到纠正，广大群众的生活已大有好转，形势喜人；另一种意见认为，农村存在的问题还相当严重，困难时期尚未过去。刘少奇在会上说：1958年以来，在执行三面红旗的过程中，犯了不少大大小小的错误，受了相当大的损失；中央有些政策，决定前缺乏很好的调查研究，决定之后又没有检查执行情况，发现问题，及时纠正。他提出，调查研究是今后改进工作的最根本的方法。会后，中央领导同志分别深入基层，进行调查研究。刘少奇要通过对湖南农村的调查，来了解全国农村存在

1961年1月，中共八届九中全会通过了对国民经济实行"调整、巩固、充实、提高"的八字方针。这是毛泽东、刘少奇、周恩来、朱德、陈云、邓小平在会议上（历史图片）

第四章
情系湖湘：伟人的故乡情结

的问题，并进行有的放矢的全面整顿。

经过十多个小时的运行，列车抵达长沙车站。第二天，刘少奇就开始了长达44天的农村调查研究。这次调查，刘少奇走乡串户，对宁乡、长沙县的农村进行了全面了解，掌握了第一手资料，发现了许多问题。调查带来的直接收益是：中央下决心执行《农业六十条》，使农村出现新的面貌。不仅如此，1961年我国的国民经济调整工作有了进展。钢、煤产量和基本建设都有较大压缩，关、停、并、转的全民所有制企业达2.5万个，回笼了几十亿元货币，使城市和乡村、工业和农业的关系得到初步调整。全国出现了实事求是搞经济建设的新局面。

44天的调查，既是刘少奇对故乡情感的反映，又是共和国主席与人民心连心的真实写照。有许多发人深省的故事，至今还在湖南人民中传诵着。

"我们今天就住这里"

到达长沙后，湖南省委对刘少奇来调查研究一事非常重视。为了推动全省调查工作的全面展开，决定组成省委工作队，由省委书记李瑞山任总队长，并陪同下乡。同时，省委还对刘少奇的衣食住行，也作出了周到细致的安排。他们在宁乡县花明楼公社机关准备了住处，从长沙运去了沙发、办公桌和一些家具，并就刘少奇的保卫工作进行了部署。4月2日上午，由省委第一书记张平化向刘少奇做了汇报。刘少奇听后说，这次来蹲点搞调查，不要影响省委的正常工作，李瑞山书记不要陪同去。调查研究的方式是，先秘密，后公开；先个别找人谈话，然后开各种小型座谈会。要深入实际，既是公访，又是私访。这次调查，不住招待所，采取过去老苏区的办法，直接到

刘少奇走在回乡调查的路途中（历史图片）

老乡家食宿。一切轻装简从，一定要以普通老百姓的身份出现。

1961年4月2日下午，刘少奇要省委配了一辆吉普车和一名助手匆匆离开长沙，向宁乡方向直奔而去。

4月的湖南，按理应该是青山绿水、鸟语花香、春意盎然的季节。但是，刘少奇看到车窗外闪过的沿途景象却使他感到震惊。他神情专注地关注着路旁的一切：昔日郁郁葱葱的山峦现在变成了光山秃岭；昔日沃野千里、阡陌纵横的湘江之畔如今庄稼稀疏、荒地连成一片；再看村庄，住房拆得七零八落，剩下许多断壁残垣……刘少奇的眉头越皱越紧，目光越来越冷峻，他只能以不断抽烟的方式，缓解自己沉重的心情。

吉普车载着刘少奇一行，在坑洼不平的沙石公路上颠颠簸簸地行进着。

当车行至宁乡县东湖塘公社王家湾生产队时，天下起了大雨。刘少奇叫汽车停下，他换上雨鞋，手撑雨伞，带着工作人员，踏着泥泞的公路，开始

第四章
情系湖湘：伟人的故乡情结

了对这个生产队的调查。

当他们路过一个大院子时，门口挂着的一块旧木牌"宁乡县东湖塘人民公社万头猪场"吸引了刘少奇。

"噢，这里是万头猪场？走，咱们进去看看吧。"说着，他迈开大步跨进了大门。

刘少奇在"万头猪场"的院子里转了一圈，只看见几头半死不活的瘦猪，朝着他们不停地哼哼，那猪圈又脏又臭。原来这堂堂的"万头猪场"不过如此而已。

刘少奇没有说话，认真地察看着所有猪栏。当他走进一间曾是存放饲料的空房子时，环顾四周，沉思片刻后，对随行人员说："我们今天就住在这里。"

"怎么，就住这里？"随行人员有些不理解。

刘少奇在长沙县召开农村干部座谈会（历史图片）

大家起初并没有注意看这间房是什么样，当听到刘少奇说"就住在这里"时，才一个个认真起来。看着这间破旧不堪的房子，大家都愣住了。这房子哪里能住人？房里阴暗潮湿，地上扔着一些杂物，墙角处和房顶上挂满了密密麻麻的蜘蛛网，墙壁上斑驳脱落坑洼不平，门窗早已废弃。这样的房子连动物都不愿意待，别说是人在这里住宿了。

湖南省公安厅厅长李强，听到刘少奇要住这里，心情十分紧张，他连忙说："怎么能叫刘主席住在这里呢？还是另找个地方吧！"

"就住这里！"刘少奇的口气很坚决，根本不容商量。

听刘少奇这么一说，大家都不敢再劝说。因为从广州出发时，刘少奇就对这次下乡调查研究时的食宿等事有过具体的安排。原本就没有想住得舒适点，吃得好一点的打算。现在，当刘少奇作出这个决定后，大家的确不能再说什么了。

决定下榻猪饲料库房后，大家一起动手，开始打扫和整理这间破房。

他们把两张破旧的方桌对在一起，把三条旧长条板凳围摆在方桌四周，还找来一盏煤油灯放在桌子上，这就是刘少奇的临时办公室。然后，支起一张旧木板，作为刘少奇的床。

"床上铺点稻草不就行了吗？"刘少奇走过来用手按了按床板说道。

床板上要铺些稻草，可是在王家湾村里怎么也找不到干的稻草，大家很着急。

当知道连稻草都找不到时，刘少奇深感意外："过去，这里可是有名的鱼米之乡啊，怎么现在连稻草都找不到了呢？"

后来，铺床用的几捆稻草，还是李强让司机驾驶着吉普车从很远的地方找来的。

刘少奇这次回家乡搞调查研究，除省委和县委的主要领导同志知道外，为了不影响他们的正常工作，对其余同志一律没有公开。在王家湾猪饲料库里安顿好后，刘少奇立即投入了紧张的工作。

第四章
情系湖湘：伟人的故乡情结

白天，他走村串户，深入社员家里和田间地头，了解情况，体察民情，足迹踏遍王家湾附近的山岭田垄；夜间，他就请来社队干部、社员代表，或召开小型座谈会，或促膝谈心。

有一次，刘少奇在自己临时办公室召开座谈会。到会的人员都不愿意讲话，刘少奇就耐心地对大家说："请大家能够讲真话，讲心里话。好就说好，不好就说不好，即使讲错了也不要紧的。"

"咱们这里前两年受过什么灾害？"刘少奇见还是没有人愿意讲话，就笑着问身边的一个社员。

这位社员不知道怎样回答刘少奇的提问，生怕说错了话。考虑了一会儿才结结巴巴地回答："没有过大的天灾……"刘少奇看看其他人，他们也开始附和着说："对，没有什么天灾。"

"没有天灾，那么造成目前这种困难的原因是什么呢？"刘少奇接着问道。

沉默，还是沉默……

"请大家打消顾虑，不要怕，是啥原因就说啥原因，是天灾就说天灾，是人祸就说是人祸，还是别的什么原因，大家可以都讲出来嘛。不要害怕，讲真话是没有错的。"刘少奇引导着大家。

回答刘少奇的仍是沉默。从这沉默中，刘少奇已经感受到问题的严重性，感受到这些吃了苦头的社员们不是没有话说，而是有话不敢说。老百姓不敢说真话，这意味着什么？想到这里，刘少奇采取抛砖引玉的办法，先讲了讲自己对这个问题的一些尚不成熟的看法，以打消大家的顾虑：

"从我了解到的情况看，咱们这里恐怕主要是人祸，而不是天灾。这里过去上报的粮食产量是假的，老百姓没有打出那么多，可上面一压，下面就不得不虚报。我在一个材料上看到这样的情况：花明楼公社龙仙大队，1959年的收入，估高40％，把不能出栏的猪崽和池塘里的小鱼也都算成收入了。我看这个材料说的是真话。至于这个万头猪场是怎么回事，大家心里就更清楚了……"

听刘少奇这么一说，大家打消了顾虑。深受浮夸、吹牛之害的社员们，开始争相谈自己的心里话了。

一位社员说："那时的口号，真是太不着边际了，什么肥山积万担，粮食翻几番；什么粪海造无边，亩产突破万斤关。为了显示人民公社的威力，就连我们社员家里养的猪、鸡和自己耕种的自留地，都被当成资本主义的尾巴割掉了，好像这样做就能把大家的心拢在一起，可结果又怎样呢？"

刘少奇点着头说："现在就是要把那些吹牛的口号清理一下。前几年有些口号提得很不科学、很不严肃，脱离了现实生活，把一些神话般的所谓豪言壮语，当作敢想、敢干、敢说、敢做的行动指南；把一些不切实际的幻想当作现行政策来大力宣传、强制执行……这是浮夸风、吹牛风大肆泛滥的主要原因。比如，所谓割资本主义尾巴的一些口号，显然是脱离实际的口号，这不是割资本主义尾巴，而是割社会主义的肉啊。我们坚持走社会主义道路，就是要使大家的日子越来越好，国家越来越富强。如果国家和广大人民的日子越过越穷，人民甚至连饭都吃不饱，谁还愿意走社会主义道路，谁还愿意干社会主义事业？浮夸、吹牛、瞎指挥真是害死人呀。如果我们不把这些口号彻底清除掉，不从指导思想上彻底纠正'左'的错误，那么，我们的国家将会遭到更严重的损失，我们的人民将会遭受更大的困难，我们的党将会失掉民心啊！"刘少奇说着说着，有些激动了。

"上面不让我们种自留地，大家挺有意见，但又没有办法。"一位社员说。

"对社员卡得这么死，大家能没有意见？社员们在不影响集体生产的情况下，种点自留地、养几头猪、几只鸡，解决生活中的一点实际困难有什么不好？当然这个问题涉及政策问题，我们会逐步进行调整的。"刘少奇插话。

"收购农副产品的价格太低，农民经常吃亏，影响大家的积极性。"又有一位社员说。

"收购社员的农副产品，不搞等价交换，靠强迫命令，这怎么行？如果社

第四章
情系湖湘：伟人的故乡情结

刘少奇同家乡的农民座谈（历史图片）

员们老是感到吃亏，付出的劳动得不到应有的报酬，他们怎么会有发展农副业生产的积极性？他养鸡，却吃不到鸡蛋，也挣不到钱，他就会把鸡吃掉，这不是很省事嘛，大家说对不对？"

"对，是这样。"大家异口同声表示赞同刘少奇的观点。

当有的社员谈到部分社员想单干，多次受到批评时，刘少奇说："对这个问题要作具体分析。我们提倡走集体主义道路，可有的社员要单干，你非要给他戴上资本主义的帽子，这样问题就能解决？我看并不一定。有的地方集体干有优越性，有的地方单干有优越性，我们要因地制宜，区别对待。"

有一位社员谈到社员中有人想致富，但怕受到批判时，刘少奇说："我看发展几个富农也没有什么了不起的，有人搞剥削，我们可以限制他嘛，横竖主动权在我们手里。但人家靠劳动致富，不但应该允许，而且还应该鼓励。据说有的地方实行了包产到户，很快就收到效果。但是人们心有余悸，怕担当'破坏集体经济'的罪名，我看不必害怕。我们搞社会主义没有现成的经验可以借鉴，搞人民公社是一种实验，搞包产到户也可以是一种实验嘛，客观实际本来就是多种多样的。政权在我们共产党手里，土地还是集体所有的，发展集体经济也好，包产到户也好，无非看看哪种经济形式更切合当地实际情况，哪种形式更能充分发挥社员的劳动积极性，哪种形式更能多收粮食，使经济发展再快点。这几年搞平均主义大锅饭，干多干少，干好干坏都一个样，结果搞得大家没了积极性。"

刘少奇住在猪场饲料库里，自然对这个名不副实的猪场特别关心。有一次，当他调查到这个所谓万头猪场的一些具体情况时，东湖塘公社的一位领导回答说："1958年，公社决定把这所宅院改为养猪场。在浮夸风盛行时，经过层层上报，层层吹牛，就把这个本不出名、规模不大的养猪场吹成了名扬

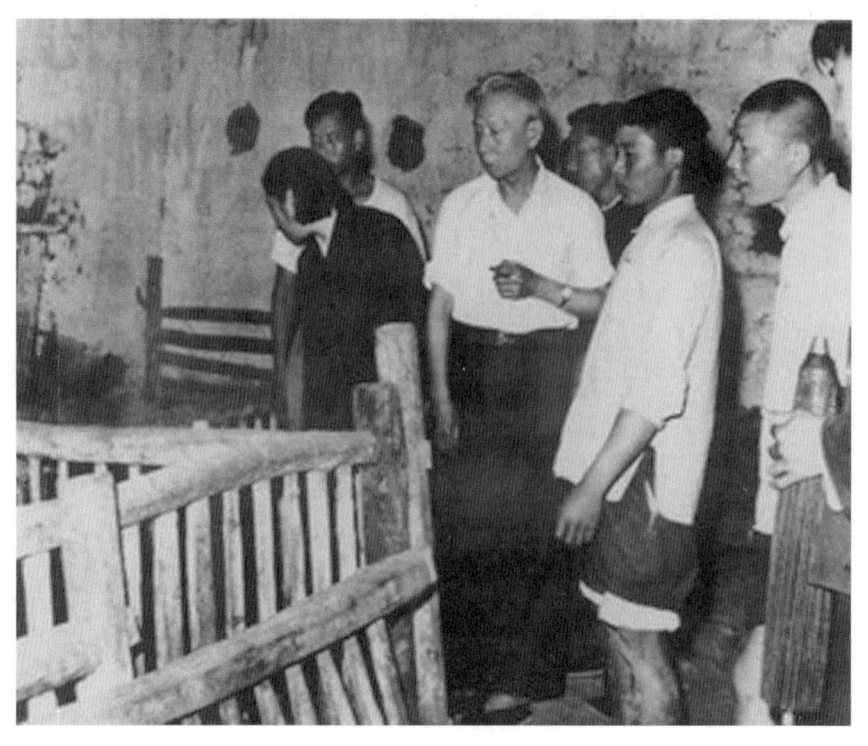

刘少奇了解炭子冲大队猪场实际情况（历史图片）

四方的万头猪场。实际上生猪存栏数最多时也只有几百头。盛名之下,其实难副。为此,我们可没少受罪啊。"对这位干部的坦率和内疚,刘少奇点头表示同意。接着他又语重心长地对大家说:"1958年,我就叫人查过山东省的一个号称有20万头猪的养猪场。其实也是在吹牛,也是靠吹牛吹出来的。大家可以试想一下,别说20万头大猪,就是把20万头猪崽集中在一起,将会有多大的一片啊,可有些同志竟然不顾一切,无限地吹牛、浮夸,真是害死人呀。这几年,我们的一些报纸,报喜不报忧,宣传了许多高指标,放了许多大卫星,使我们的工作陷入了被动局面。在宣传生产建设成就方面刮了浮夸风,在推广经济方面助长了瞎指挥,给我国的国民经济造成了严重的损失。这个教训,我们一定要深深吸取啊!"

在这间破旧的猪场饲料库里,在这盏昏暗的煤油灯下,刘少奇就这样不知疲劳地和农民交谈着。他把党的温暖送给了人民,又把人民群众的呼声、喜怒哀乐传给了中南海。在这间小屋,看不出领袖和老百姓的区别,他们穿着同样打满补丁的衣服,用家乡的方言谈论着大家关心的同一话题,渐渐地,家乡的父老乡亲们看到了希望……

他在地上捡了一根树枝撩开人粪,仔细观察

这次在宁乡县东湖塘公社王家湾生产队蹲点调查期间,刘少奇深入细致的工作方式和实事求是的作风使父老乡亲们感到了共和国主席对人民的关心和爱护。而刘少奇在王家湾通过观察人粪了解民情的事件,让广大群众久久无法忘怀。

在王家湾搞调查研究时,有一天刘少奇经过一个山坡准备找一老农聊

聊公社食堂的情况。走着走着,他突然发现路边有一堆已被风干的人粪。这时,他的头脑猛地闪过了王家湾的绝大部分群众揭不开锅的情景。他想,社员们吃些什么,在大粪中不就可以了解个清楚吗。想到这里,他就在地上捡了一根干树枝撩开人粪,仔细观察。原来粪便中尽是些粗纤维,再用棍夹起来一闻,根本就没有一丝臭味。

刘少奇略思片刻对身边的随行人员分析道:"你们看,里面全部是纤维,这是由于吃野菜过多而吃粮食太少的缘故。说明农民的吃饭已经成大问题了。"

他这一撩,撩开了刚来王家湾时的种种疑惑,也撩起了他的重重心事。

刘少奇来到彭家冲彭满阿婆家里了解情况。

阿婆正在炒菜,听到有人敲门,以为是禁止小锅小灶的人又来了,吓得不得了,她老人家连忙解释,在食堂里吃不饱,回来再煮点野菜吃。

刘少奇心情沉重地走过去揭开锅盖一看,里面不见半点油星子,顺手夹起几片菜叶子一尝,又涩又苦,实在难以下咽。再打开橱柜里的油盐坛子,除了还有半坛子盐外,别无他物了。刘少奇心里涌出了阵阵苦楚。

从一堆人粪、一个油盐坛子,刘少奇看到了问题的严重性。他告诉随行人员,调查工作要做好很不容易。要善于看出群众的意向是什么,要观察群众的情绪,是笑脸还是哭脸,是昂着头还是低着头。经过察言观色,群众的实际情况还是可以捉摸到的。切忌粗枝大叶式的工作方法。

改"故"字为"旧"字更好些

在王家湾调查了几天后,刘少奇对农村的情况已经有了初步的了解。他

第四章
情系湖湘：伟人的故乡情结

决定换个地方再进行调查研究。临行前，刘少奇提出要去韶山毛泽东主席故居看看。

临行前，他再三嘱咐湖南省公安厅厅长李强，不要通知韶山做任何准备，更不准招待。因为"招待必有浪费，也有贪污，招待费这笔账，是一笔贪污浪费账"。这是刘少奇的一贯看法。对贪污浪费，他从来都十分痛恨。

4月9日，是一个明净清新的早晨。车到韶山冲，当刘少奇大步跨进毛泽东的故居后，那里的工作人员才惊奇地发现，今天第一位参观者竟是刘少奇。于是大家异口同声地喊道："刘主席来啦！刘主席来啦！"

刘少奇对毛泽东故居陈列的每件什物看得很仔细。他有时用手摸一摸，有时问解说员："这件是原有的，还是复制品？"刘少奇从客厅转到厨房，他似乎对毛泽东家的大锅台发生了兴趣。他深情地端详着大锅盖，然后伸出右手，将大锅盖揭了起来，神情专注地看着那口既大又深的铁锅。"毛主席家当年可是个人丁兴旺的大家庭啊！"他自言自语地说道。

从厨房跨过高门槛，刘少奇又仔细地看了毛泽东父母的卧室，毛泽东和杨开慧及岸英、岸青当年的卧室，还顺便看了毛泽东、毛泽覃、毛泽建等人的卧室。

当刘少奇来到舂米房，看到杵臼时，他的眼睛为之一亮。也许对这些家什他太熟悉了，也许是他想起了离韶山不远的炭子冲自家的舂米房。他边看边向随行记者解释，这时他倒像是一位解说员了："这东西现在看来很简单，但过去在我们湖南农民家里，它却是穷或富的一个重要标志。很穷困的人家是没有舂米用的杵臼的，有的家里有一个，有的有两个甚至三个。大家看，毛主席家里有两个杵臼，说明当年他的家比较富裕，比较殷实。"

刘少奇说到这里，回头问刚刚赶来的当地干部："土改时给毛主席家划的什么成分？"

"富农。"

"差不多，不是富农，也该是富裕中农。"

从故居参观出来,有人提议:"刘主席,你难得来一次,同大家照张相吧!"

"那好哇。"刘少奇满足了大家的要求。在挂有"毛泽东同志故居"匾额的那间正房的门口,排了一大片韶山的乡亲们。高矮不一,穿戴各异的韶山人紧紧地拥在共和国主席身旁,张张脸上洋溢着由衷的微笑。

照完相后,人们才恋恋不舍地渐渐散去。

刘少奇又回过头来,指着那块红底黄字的"毛泽东同志故居"的匾额,对身旁的王光美说道:"匾额应该改一个字,将'故居'改为'旧居',因为毛泽东还健在,还很健康,所以用'故居'不大确切,在这里把'故'字改为'旧'字更好一些,也更贴近人们的心理。"

故居管理部门采纳了刘少奇的意见。后来,这块匾额就由郭沫若手书成"毛泽东同志旧居"了。

毛泽东故居——湖南省湘潭县韶山冲上屋场。1893年12月26日(清光绪十九年十一月十九日),毛泽东诞生在这里(历史图片)

第四章
情系湖湘：伟人的故乡情结

"不办食堂还是社会主义"

结束了在王家湾的调查，刘少奇决定去长沙县有名的先进单位——广福公社天华大队王家塘生产队——进行调查研究。

在去往王家塘的途中，刘少奇决定在湘潭郊区许家埫了解一下情况。下车后，他走进一家社员的堂屋，看到一位中年汉子正在忙着做木匠活，便亲切地问道："请问，你是这里的人吗？多大年纪啦？"

那位木匠不知是什么原因，没有回答刘少奇的提问。

"身体怎么样？家里几口人？"刘少奇还是和颜悦色地问他，并在木匠旁边的木凳上坐下。可那木匠还是没有回答刘少奇。

但当木匠抬起头看到坐在木凳上的刘少奇时，感到来者很面熟。他下意识地朝墙上看去，那里挂着毛泽东、刘少奇的画像，他再回头看看刘少奇，终于认出来了。原来这位身材高大、头发稀疏、面带微笑的老人就是刘少奇主席。这位中年汉子被这突如其来的情景搞得不知所措，他突然放下手中的工具，连声大喊："刘主席！刘主席！"

顷刻间，刘少奇身边就围了十多个人。刘少奇亲切地询问大家的身体、生活和生产情况。随后，他站起身来，对这个村的农家逐户进行访问。刘少奇来到一间小房前，听到屋里有病人呻吟，便进去看望。当时天色已晚，小屋内光线很暗，王光美就打着手电筒陪他来到病人身边询问病情。病人根本就没抬头看一眼是谁来看他，便有气无力地说自己腿上生了个恶疮。刘少奇低头仔细观察了疮口后，当即嘱咐随同的医生马上治疗。

4月12日，刘少奇到了天华大队王家塘生产队。

刘少奇在王家塘的居住条件和王家湾相差无几。在一间长约5米、宽约3米的阴暗潮湿的破土砖房里，两条长板凳上搭了两块门板，上面也是铺些稻草，算是一张床。一个破旧的三屉桌周围放了三条长木板凳，桌上仍然是一盏煤油灯。刘少奇就在这间卧室兼办公室里夜以继日地工作，一住就是18天。

刘少奇的调查以王家塘为中心，范围逐渐扩大到四面八方。白天，他还是照样不辞劳苦地走村串户搞调查研究；夜间，回到这间屋子里听取工作组的汇报，或者自己整理白天调查的资料，或者开小型座谈会，或找干部群众谈话。那盏煤油灯几乎每个夜晚都要陪伴刘少奇亮到午夜之后。

新华社记者孟庆彪到这里，看到刘少奇每晚都要在那盏光线很暗的煤油灯下戴着老花镜工作到深夜，经过苦思冥想，终于想出了一个办法：他用随身携带的照相机的电瓶改装成电瓶灯，不仅比煤油灯明亮了许多，而且也使刘少奇免受油烟熏之苦。试用以后，刘少奇很满意，还夸奖老孟是个爱动脑子的人。

农村公共食堂是大跃进的产物。刘少奇在调查中，越来越感到食堂问题不解决，其他问题就难以解决，可以说食堂问题是影响干部群众积极性的关键问题。但在当时情况下，谁敢对食堂问题说三道四？社员们也只是敢怒不敢言，背后骂声不断，当面却不敢说实话。对此，刘少奇决心从根本上解决这一问题。

4月13日，天华大队的几位干部应邀来到刘少奇的临时办公室，召开第一次座谈会。大队党支部书记彭梅秀坐在刘少奇的身边。刘少奇出了一些题目，如食堂问题、分配问题、粮食问题等，要求大家本着实事求是的原则讲实话、真心话。他还启发大家："要解放思想，不要（认为）不办食堂了就不是社会主义，就是资本主义了。不办食堂还是社会主义。只要对大家有利，对发展生产有利，可以办，可以不办，可以大办，可以小办，可以常年办，可以临时办，并不妨碍社会主义。"不知为什么，刘少奇的这番恳切的言辞，并没有使与会者开口，会场静得出奇，大家谁也不敢发言。只是不约而同地把目光集中在彭梅秀身上。

沉默了一阵后,彭梅秀说话了:"我同意办食堂,办食堂的好处很多。以前妇女 50% 的时间搞家务,出工很少。办食堂后,大家都去出工,比原来增加了收入。我主张有条件的地方还是坚决办、积极办,但应自愿。"

刘少奇问:"是把自愿摆在前面,还是把积极摆在前面?"

彭梅秀说:"还是把积极摆在前面。"

听完彭梅秀的发言,人们开始议论起来,但是都没有说出实话,几乎是重复着彭梅秀的话。

看来问题不是那么简单。这晚,刘少奇没有睡意,也不感到春寒。他点燃一支香烟,停立窗前,向外凝望。中华人民共和国成立都十多年了,党在人民中搞点调查研究,想听听人民群众的心声,为啥这般困难?

过了一天,又召开座谈会。刘少奇问大家:"你们这里的食堂情况怎么样?大家高兴不高兴吃食堂啊?"

会场上鸦雀无声。

刘少奇进一步启发大家:"有人说办食堂可以节省劳动力,可以解放妇女,是这样吗?"

"还节省劳力?我们这里的食堂用专人砍柴、专人挑水、专人舂米、专人煮饭、专人做菜,光这些就占用了三分之一的劳力。"

"做大锅饭,要烧硬柴,不烧茅草,于是就上山砍树,把成材的山林都砍得七零八落了,这哪里是节省,完全是破坏!是浪费!是造孽呀!"

"为了做饭,有的社员家的房子都被拆了,椽、梁、门、窗都被当硬柴烧了。现在是山上的地无人种,山下的人无房住,真叫人痛心哪!"

"吃食堂没有一点灵活性,不论老人、小孩、病人,不论强劳力、弱劳力,能吃不能吃、爱吃不爱吃,都是一样的饭菜,这可苦了那些老弱病幼了。"

"自从办起食堂,村里的猪、鸡数量大大减少,集体养不成,个人不让养,现在村里连叫鸣的公鸡都没有了。这倒省事,村里见不到猪粪狗屎了,可也闻不到肉味、吃不到肉星了。"

"社员们家里的锅被砸了,灶台被扒了,现在偶尔想喝点开水都没办法烧……这大锅饭再吃下去,就要人死路绝、国破家亡了。"

社员们七嘴八舌地说开了,越说越气愤,越说越伤心。

刘少奇手中的笔再也记不下去了。

"既然已经到了这个地步,你们过去怎么不提意见,现在还是吞吞吐吐不敢直说?"

"刘主席,以前我们谁敢这样说哟。上面说公共食堂是社会主义阵地,是向共产主义过渡的桥梁,谁说食堂不好,就是拆桥,就是破坏社会主义阵地,就要被戴上右倾分子的帽子,就要受到无休止的批判。如果今天不是您刘主席来,我们这些心里话只能让它烂在肚子里……"

这位社员的话使刘少奇的情绪冷静下来。是啊,不能埋怨这些善良的群众,他们已经到了饥寒交迫的境地,可还在默默地忍受着,心中有怨无处诉啊!

"谢谢大家!谢谢大家!"刘少奇心情沉重地说。

第二天,刘少奇不顾疲劳,又来到天华山实地考察。

天华山虽然不算高,但对年近63岁的刘少奇来说,攀登这座山并非易事;又加上山路窄,雨后滑,更给攀登者增加了困难。

刘少奇却坚决不让人搀扶,坚持自己攀登。一位同志砍了一棵小树,递给他做手杖,他拒绝了,并神情严肃地批评说:"你怎么能随便糟蹋一棵小树呢?这棵小树长成这么大要好几年呀,再过几年它就可以长成栋梁之材啦,你们要爱惜这里的一草一木呀!"

刘少奇一直登到天华山顶。他极目远眺,环顾这里的山山水水。这里本该是一幅美丽的景象啊!可呈现在人们眼前的却是田园荒芜,山村稀疏,鸡犬之声全无的萧条景象。刘少奇的心情更加沉重。

第四章
情系湖湘：伟人的故乡情结

在下山的路上，刘少奇对随行人员说："看来，公共食堂的争论可以下结论了，在目前经济条件下，办公共食堂既不利于农业生产，也不利于农民生活，食堂不解散不得人心！靠强迫命令，高压政策，暂时可以，但时间一长，命令和政策就会失去效力。把办公共食堂提得那么高，竟然成了两条路线、两条道路的斗争问题。大家可以想一想，大锅大灶、小锅小灶怎么能解决社会性质呢？说什么公共食堂是社会主义阵地，可在食堂里搞的却是平均主义，这恰恰违背了社会主义的分配原则。而且还压得农民连心里话都不敢说，这个教训实在太深刻了。"

与此同时，刘少奇在调查中还发现在房屋、山村、民主与法制等方面还有很多问题需要解决。

这一天，刘少奇怀着沉重的心情，同中南局和湖南省委的领导人研究了以上问题。

刘少奇讲："一切从实际出发，这是马克思主义的观点，现在有一股风气，一切从上面意图出发，这是非马克思主义的。""过去宣传'食堂是社会主义阵地'，真办好了，是阵地之一，办不好就成了平均主义的阵地了。有人说，'食堂是两条路线斗争的焦点'，这话不对。只是分米回家做饭，又不是分田分地，不是反对社会主义。""90％的人要求退食堂，如硬是不同意退，那就是脱离了90％的群众。""要看到在食堂问题上，我们同群众的尖锐矛盾，直接影响工农联盟，我们人民民主专政的巩固是靠工农联盟，不是只靠命令维持的。这是尖锐矛盾，如果群众对共产党失掉希望，那是危险的。"

最后，刘少奇说："我的意见，公共食堂群众要求退就退。"

"食堂解散了！"这消息不胫而走，许多群众兴高采烈地欢呼起来，大家都把这当作特大喜讯奔走相告，很快，附近的社队都传遍了。

"这是什么人开的恩？"人们惊讶地打听着消息的来源。

"是刘主席亲口说的。"社队干部如实传达。

刘少奇在天华大队调查时还发现，这里的虚报浮夸风盛行，不愿意揭露

"红旗大队"存在的问题。尤其是大队党支部书记彭梅秀。

当彭梅秀听到刘少奇来天华蹲点时，非常激动和兴奋。她满以为刘少奇的到来，一定会给这面"红旗"增添光彩。她在给刘少奇汇报情况时，讲得总是头头是道，而对刘少奇所关心的民情、灾情等问题，不是避而不谈就是轻描淡写。当刘少奇单独找社员群众谈话时，她很不高兴，并且还想方设法限制人们反映真实情况，进而公开指责说："刘胡子（指刘少奇）不是来抓生产的，是来找碴儿的。"

刘少奇深知要彻底解决这里存在的问题，就必须先做通这位支书的思想工作，于是他三番五次找她谈话，给她讲道理，帮助她提高认识。就在刘少奇结束在这里的调查，即将起程离开时，他又叫人把彭梅秀请来，同她作了最后一次谈话。

刘少奇对这位曾为创立天华大队这个典型而立下汗马功劳的女支书语重心长地说："彭梅秀同志，我作为国家主席，是你的领导，作为共产党员，我们都是同志。天华大队的工作有成绩，有一些好的经验，但问题不少，要总结。你们要做真正的'红旗'，向前发展。"

彭梅秀听着刘少奇的肺腑之言，心情激动不已。几天来，她反复琢磨刘少奇的每一次谈话，思想上的许多疙瘩解开了。今天，刘少奇在离开天华之前，单独找她推心置腹地谈话，更使她又激动又惭愧，她含着热泪向刘少奇表示："我们天华大队的问题很严重，如果不是中央首长来，问题发展下去，后果将更加严重。是刘主席帮我们发现了问题。我诚恳地接受刘主席对我的批评。"

"彭梅秀同志这个态度很好。"刘少奇高兴地说，"老百姓说我今年来没有吃上红薯、芋头和鸡蛋，明年我再来一定有红薯、芋头和鸡蛋，我明年争取再来。"

"刘主席，您明年一定要再来哟。"彭梅秀连声说。

第四章
情系湖湘：伟人的故乡情结

"我对不起各位父老乡亲"

刘少奇离开天华大队后又要去宁乡县委。5月2日下午，两辆吉普车开进了中共宁乡县委大院。从车上下来几个人，他们拍了拍身上的尘土，整了整衣帽，向县委办公室走去。走在前面的一位，高高的个子，穿一身蓝布衣服，戴一顶蓝布帽子，着一双黑布鞋。

县委书记闻讯迎了出来。他并没有注意走在队伍最前面的那个人，而首先认出的是王光美同志。他说："这不是王光美同志吗？刘主席呢？"

王光美笑着指了指走在最前面的那个人："喏，这不是！"

"啊！"县委书记见自己同刘少奇打了个照面而没有认出来，不好意思地笑了笑，赶快把刘少奇等人迎进了县委办公室。

是的，谁能想得到，身为中共中央副主席、中华人民共和国主席的刘少奇，竟是这样朴实地回到阔别几十年的家乡。

在宁乡县委，刘少奇召开了中共宁乡县委和工业、政法、商业方面的座谈会后，便于第二天回到炭子冲。

本来，中共宁乡县委已在花明楼乡政府所在地为刘少奇一行准备好了住宿和办公的房间，但刘少奇连看也没去看，就同随行人员不声不响地来到了他的旧居——炭子冲。

来到旧居，刘少奇感慨万千。离开故乡转眼间已经40多年了。家乡的父老乡亲们盼回来的已不再是当年离家时那位风华正茂的青年，而是两鬓斑白，肩负着重任的共和国主席了。

刘少奇领着王光美和随行人员把每间房屋都看了看，并向大家介绍这些房是谁住的。最后，刘少奇带领大家看了他住过的那间屋。他对王光美说："我们就住这里吧！"

这次回到家乡，不是为了观光访友，而是为了调查研究。所以一到炭子冲，刘少奇顾不上回忆童年和少年时代的难忘时光，便立即投入调查研究之中。

刘少奇把旧居的堂屋当作接待室，在这里连续召集各种座谈会，找人个别谈话，了解这几年农村的真实情况。这里毕竟是他的家乡，什么事都瞒不过他的眼睛。

当时，地方政府已把刘少奇的旧居进行过修缮，作为纪念馆，供人们参观瞻仰。对此，刘少奇颇为生气。在一次座谈会上，他很不高兴地批评党支部书记说："这里搞了我的旧居纪念馆，当初征求我的意见时，我曾几次写信不让搞，但结果还是搞了，搞这个有什么用？有的贫下中农没有房子住，可这里却搞这么个展览。现在要把房子退出来，把展览馆撤掉，要先考虑解决贫下中农的住房问题。我看这些房子还能住人，就让缺房的贫下中农住进来

刘少奇在宁乡县召开商业问题座谈会（历史图片）

第四章
情系湖湘：伟人的故乡情结

1961年刘少奇回家乡期间，先后看望了他的一些本家亲戚，同亲戚们聊家常（历史图片）

嘛。但我的亲属不能来住。"

后来，刘少奇听说没有社员肯搬进来居住，他便在一次座谈会上动员原住户和中华人民共和国成立前他家的长工搬进来住，并对他们说："你们放心地住吧，可以在这里住上10年、20年，那时等你们盖上比这房子更好的新居后，再搬出去住也不迟嘛。"

"住在这里，要有人参观可不好办。"有位社员说。

刘少奇听后笑了笑说："我看外国人要来，可以不让他们来。我们中国人要来恐怕阻止不住，那就让他们来看看吧。有人来看，怎么招待？我看也很简单，找个老婆婆在这里烧开水，谁来就招待两碗开水，当然放几片茶叶更好，但喝水必须给钱。有点经济收入，老婆婆才会愿意干。有人来，就问他喝不喝水。喝，就烧；不喝，就不烧。这样，不需要有人来管理，国家更不需要花钱。事情不也能解决嘛。你们看这样行不行？"

这次座谈会后，刘少奇旧居的展览很快就被撤掉了。一户贫农社员住了进去。刘少奇还把旧房里的桌、椅、楼板分给社员们使用。

住下来后，刘少奇的调查开始了。

随着调查研究的深入，刘少奇发现许多汇报材料都说湖南去年遭受大旱，因此造成目前农村经济困难的局面。究竟是天灾，还是人祸？刘少奇决心调查清楚。

他找来小时候一起放牛的朋友李桂生，同他一起回忆童年往事。然后，刘少奇话锋一转："人们说去年干旱很厉害，安湖塘的水早就干了吧？"

"没干，还有半塘水。"

"还有半塘水，这说明干旱并不厉害嘛！你还记得吗？小时候有一年，那样天旱，每亩田还收得两三担谷呀！"刘少奇回忆着过去，启发着朋友。

"叫我看，去年粮食减产，干旱有点影响，但不是主要的。我讲直话，主要的不是天灾，而是人祸，是'五风'刮得咯样！"老实的李桂生对这位童年时的伙伴也不想瞒什么了，他要把知道的都告诉刘少奇。

听了李桂生的话，刘少奇点头。随后刘少奇和李桂生一起来到附近的公共食堂。走进公共食堂的操作间，李桂生指着胡乱堆在地上灶上的炊具，气愤地说："你看，这就是全食堂一餐的菜。炒菜时只放点盐，不放油，没有油可放。大家根本就吃不饱啊！"

刘少奇相信李桂生说的是实话，看来社员们真是吃不饱。这一判断刘少奇在看望他的姐姐时得到证实。

有一天，刘少奇提出要去看望他的六姐。从炭子冲到六姐家住的赵家冲有十多里路。省公安厅的同志为他准备了一辆吉普车，可他就是不坐："就十多里路，我们走着去，权当是散步。"

上路后，刘少奇迈着大步，一言不发地走在前面，随行人员知道他又在思考问题，谁也不愿去打扰他。

刘少奇的六姐叫刘少德，丈夫姓鲁。土改时，鲁家因为代管族产，被政府定为富农。刘少德同女儿同住。刘少奇听说六姐身体不好，想一方面去看看姐姐，一方面去赵家冲搞点调查。

在赵家冲一间破旧的屋里，刘少奇看到了躺在床上脸朝里背朝外、骨瘦如柴的六姐，急忙上前一步，叫了一声："姐姐。"

六姐听到叫声慢慢转过身来，看到站在床前的竟是日夜思念的亲弟弟，两行浑浊的泪从那深陷的眼窝里流出。刘少奇轻轻地扶着姐姐坐起来，关切地问："你的身体怎么样啊？"

"都快饿死了！"姐姐有气无力地答道。

姐弟俩似乎都陷入了沉思，半天谁也没有说话。

后来还是姐姐先开口，她似乎使出了全身力气，以责备的口吻大声地问弟弟："这是怎么搞的，大家连饭都没得吃了，村子里已经饿死好几个人了。老弟呀，你在中央做事，要给人家饭吃啰！"说完，大家一阵沉默。

片刻的沉默后，外甥女鲁新秀告诉舅舅，她家所在的食堂近两个月就饿死了11个人，她的父亲就是吃糠粑屙不出憋死的。

刘少奇突然放开六姐的手，站了起来。他对随行人员说："走，我们到别的人家去看看。"

从六姐家出来，刘少奇走进一户姓彭的社员家里，看到彭阿婆正在煮野菜。锅里根本见不到半点油星。

刘少奇又走进一户姓黄的社员家里，向主人简单问候后，走到炉灶旁边，打开油坛子和盐罐子仔细看了看，油坛子是空的，而且好像已经空了很长时间，因为那坛子的塞子和坛口都是干的。盐罐子还有少得可怜的一点盐，主人说那点盐是预防不测的，不到万不得已是舍不得吃的。

从黄家出来，在往另一家走的路上，刘少奇看到一位面黄肌瘦的社员，便问："身体是否有病？"

1961年5月,刘少奇回到离别了将近40年的家乡进行农村调查。他与夫人王光美一道从炭子冲步行十多里到赵家冲去看望了六姐。这时六姐已经年过70岁,刘少奇拉着六姐的手久久没有放开(历史图片)

"没粮食吃,得了浮肿病,全身乏力,也无法参加劳动了……"

这时旁边的另一位社员插话:"我们这里得浮肿病的人很多,不少重病人都住进了公社医院,这可怎么办呀?"他声音凄凉而无奈。

刘少奇安慰了几句,便带着随行人员来到公社医院。

在这所不大的医院里,住着几十位病人,其中大部分是浮肿病人。刘少奇在医院领导的陪同下,认真查问了每位病人的情况。这些病人中不仅有老人,而且还有一些青壮年。当刘少奇询问一位女病人得的什么病时,那位中年妇女难过地说:"我得的是子宫下垂,要是治不好,以后可怎么生活呀!"刘少奇说了几句安慰的话,转身对王光美说:"得这种病的主要原因就是长期参加挑担子等超强体力劳动和月经期间还下水田干活,在南方妇女中,这也算是一种常见病。"

看到家乡父老乡亲们生活得这么困难，刘少奇心情更加沉重。他从病房出来后，站在院子中央，对自动走出病房和办公室的病人和医护人员说："40年没有回家乡了，我真没想到父老乡亲们今天的生活还这么苦，也没想到解放十多年了家乡还是这么贫困，许多人因缺粮而吃不饱饭，有的甚至得了浮肿病，忍受着疾病的折磨……看到这些，我心里很难过，我对不起大家，对不起各位父老乡亲……"刘少奇哽咽得说不出话，他双眼噙着泪花深深向乡亲们鞠躬道歉。

在场的每一个人，都被共和国主席的这番肺腑之言感动了，很多人的双颊上滚动着激动的泪水。

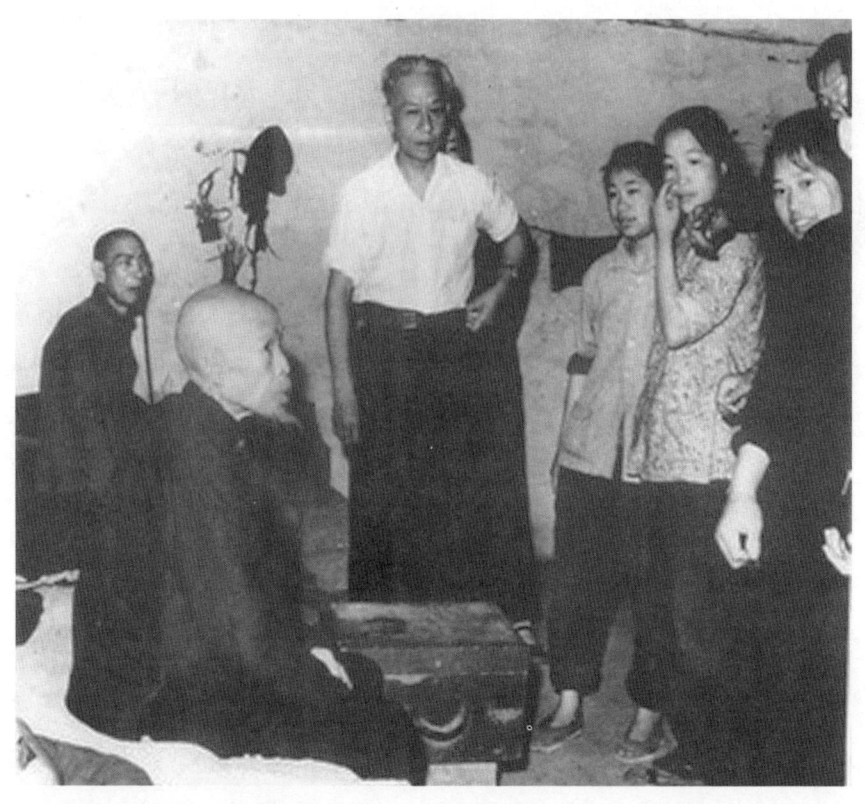

刘少奇在花明楼公社医院看望病人（历史图片）

"我是来向乡亲们承认错误的"

在炭子冲调查期间,刘少奇找各类的人进行谈话,包括那些犯了错误的干部。王升平就是其中的一个。

王升平在1958年以前长期担任炭子冲党支部书记。1958年在浮夸风盛行的日子里,因瞎指挥而被撤了职。

5月6日,刘少奇派人把王升平找来谈话。

见面头一句话,刘少奇就问:"你是王升平吧?"

"是啊,我是王升平。"王升平小心地回答,并没有在意问者是谁。

"王升平,你认识我吗?"听到问话的声音,王升平抬头一看,眼前站着的这位满头银发、和蔼可亲的长者好面熟。"您是?您是刘主席。您好吧?……"他结巴了半天,才说出一句话来。

"你也好吧?"刘少奇一边答话,一边向他伸出手来。王升平系着破围腰,戴了顶烂帽子,满手的泥巴,他有点不好意思。但刘少奇还是紧紧握住了那双树皮一样粗硬的手。只见王升平深深地向刘少奇鞠了个躬,泪水夺眶而出。

回屋坐定后,刘少奇问他:"你为啥犯了错误?"

王升平答道:"我没听毛主席的话,没有听党的话。"

刘少奇听后说:"我看还要加一条,你没有听群众的话。你把好田改成鱼塘,浪费了那么多工,也没有养成鱼,劳民伤财,群众能没意见?那么大的事你不跟群众商量,自作主张,唱独角戏,这怎么行?"接着刘少奇批评王升平:"大家的日子过得这么糟,你为什么不写信告诉我呢?"

第四章
情系湖湘：伟人的故乡情结

刘少奇在农村简陋的办公室总结工作（历史图片）

"我写了呀，先后给您写过七封信。"王升平不解地回答。

"可我只收到过四封信，近一两年再没见到你的信了。"

刘少奇为什么要追问王升平写信的事呢？原来刘少奇曾和王升平有约，希望王升平每年给他写几封信反映一下农村的实际情况，以帮助他了解农村。

那是1953年，王升平首次写信给刘少奇向他汇报了乡亲们想开采煤矿，增加收入的事。一个多月后，没想到真的接到了刘少奇亲笔写的回信："来信已收到，谢谢你，反映了农村许多真实情况。今后希望收到你们每年一次至两次的来信，一就是一，二就是二，不要有任何隐藏和夸大……"

此后，按这个约定，王升平又给刘少奇写了两封反映农村一些现实问题的信，得到刘少奇的表扬。后来他写给刘少奇的信大部分被扣压了，刘少奇没有收到。因此，这次见面刘少奇才问起为何近几年不写信。

听到刘少奇这样说，王升平说："在刮浮夸风的日子里，我有很多事情不明白，就写信想请您指点指点，连写了两封，等了很长时间也没有见您的回信。后来，我还专程跑到长沙的大邮局给您发了一封信，我眼巴巴地盼望您老人家的回信，结果还是杳无音信，我彻底失望了。"王升平说完便呜呜地哭了起来。

刘少奇递给王升平一支烟，自己也点了一支烟，以示安慰。沉思片刻，又问："山林怎么砍得这样溜光？"

"1958年全民大炼钢铁砍了一回，1959年大办食堂，没有柴煮饭又砍了一回。一个姓曹的干部看见山上越来越光，就写了一首顺口溜递给在这里蹲点的一位县委副书记：'大战戴家洲，青山剃光头；请问副书记，竹苗留不留？'为这件事，老曹还被打了一顿，以后哪个还敢讲呢？"

刘少奇又问："社员的屋如何拆的呀，拆了做什么？"

"大搞屎湖尿海。"

"屎湖尿海？"刘少奇不解地问。

"就是把茅屋拆掉，把屋上的茅草加上人粪、人尿和畜粪，一起浸到塘里，然后开塘水灌田，这就叫屎湖尿海，实际上是劳民伤财。"

中午，刘少奇留王升平一块吃饭。他一面给王升平夹菜，一面问："农村食堂到底好不好？"

一问到食堂，王升平心里立刻七上八下地翻腾起来，真想把心中的怨言都吐出来，可还是没敢回答。

坐在一旁的王光美看出王升平为难的样子，说了一句："他可能怕。"

"你不要怕，白的就是白的，黑的就是黑的，不要黑白不分嘛！"刘少奇鼓励王升平。

"缺点，讲得讲不得？"王升平问刘少奇。

"怎么讲不得？把你请来就是让你讲讲心里话嘛。有人向我写信，尽说好话，你们讲实话，我相信你们的。农村搞得这样糟，不亲自下来不晓得。"

王升平听了刘少奇的这番话，便鼓足了勇气用沉重的语气说："报告主席，这大锅饭要是再吃下去，就要人死路绝。"

接着王升平又如实地介绍了一些情况："柘木冲食堂刚办时有120人，现在不到80人，死了近20人，跑了10多人，还有几个患浮肿病住进大队临时医院，只怕也是有命插田，无命过年。罗家塘食堂是全公社的重点食堂，各种物质优先照顾，几年来只生了三个小孩，至今还有两个走路不稳。"

刘少奇关切地问："死了的人是怎么死的？"

"没有饭吃，吃树皮，吃稻草淀粉。您要不相信，外面那棵树的皮都剥光了，怕上级来人看出丑，几天前便涂了一层黄泥，然后用草绳裹住。"

"你们食堂还有多少猪？"

"去年按户计算，每户平均有两头猪，鸡有三只。现在呢？全队一头母猪，毛有五寸长，皮有三分厚，只见骨头不见肉。鸡，全队还有一只鸡婆，连报晓的公鸡都绝了种。"

听了王升平的话，刘少奇问："这样的食堂不能再办，你能不能带个头，把它拆了？"

"报告主席，那我不敢，我是个犯了错误的干部，已经削职为民了。"王升平回答。

"不要怕，你先把那个食堂拆了，如果有人问是谁让你解散的，你就说是省委工作组要你拆的，去找工作组吧！"

在谈到刮"五风"的问题时，刘少奇说："这也不能只怪你们。各级领导都有责任，中央要负主要责任。我这次回来，就是向乡亲们承认错误的。这个教训太深刻了，要刻一块碑立在这里，或者是写个大单子用镜框镶起来，子子孙孙传下去，要大家永远记住，再也不要犯这样的错误了！"

冯国全致死耕牛案

在长沙县天华大队调研时,刘少奇十分重视群众对司法部门工作的一些反映。在他的关心下,一些冤、错案得到纠正,深得家乡父老乡亲的称赞。"冯国全致死耕牛案"就是其中的一例。

在天华大队蹲点时,有一次,刘少奇和陪同人员散步。在路上碰到一位破衣烂衫的中年汉子,双方相距十余米时,那人便转身回避。

刘少奇觉得有些奇怪,就对旁边的人说:"这人好像有什么心事似的。"

跟在刘少奇旁边散步交谈的一位当地农民说:"您看得真准。他叫冯国全,给生产队养了一头牛,1957年2月牛得病死了,剖腹后从胃中发现了一根三寸多长的18号铁丝,该队便认定是冯国全把铁丝钉进了牛肚子,以'破坏耕牛'罪让冯国全赔了钱。冯国全一直不服,不承认错误,反而挨了两次斗,他从此在队上抬不起头来。"

刘少奇略加思考说道:"牛皮那么厚,牛劲又那么大,铁丝怎么钉进牛肚子里,不大可能吧?"

随后,刘少奇找来工作组的同志谈话,并对湖南省公安厅厅长李强说:"请你们复查一下。要从多方面进行深入细致的调查,不仅要查当事人,还要向老兽医和专门学过这种医学的人请教。你们查清楚后给我写个报告,好不好?"

"好!"李强连连点头表示同意刘少奇的看法。

遵照刘少奇的指示,李强专门组织了调查组,开展了深入调查。他们查访了解剖牛的详细过程,请老兽医和兽医学校的专业技术人员作技术鉴定。

专家们认为，铁丝很可能是混入饲料中从食道吃进去的，类似吃过铁丝的病牛都有腹泻、咳嗽、食欲减退等症状，而这些症状在冯国全饲养的那头牛身上都有表现。从而，否定了原来认定的铁丝是从牛肚子钉进去的说法。

为了进一步查明真相，李强先后在长沙、湘阴等地找到了几个养牛户了解情况。最后，终于真相大白。

原来，这头牛是1956年10月由冯国全从湘阴县桃花乡换来的，换来后就发现牛经常泻肚、犁田缓慢。而一打听，这头牛是桃花乡在1955年8月从长沙县青山乡一个叫彭炳泉家买来的。调查时，彭炳泉的邻居反映，彭炳泉的崽子在10岁那年，因年幼无知，出于好奇心，用青草包着一根铁丝给牛吃下。后来，这头牛就逐渐发生腹泻等症状。

事情弄清楚后，给冯国全平了反。冯国全含着激动的泪花说："这次刘主席帮我申了冤，我一辈子也忘不了党的恩情。"广大社员也纷纷议论，一个国家主席，亲自为老百姓做主，查清冤案，真是人民的活包公啊！

接到李强的报告后，刘少奇感觉到我们司法机关的个别同志在办案时存在着粗枝大叶、责任心不强的问题。如果不引起重视，将会酿成更大的错误。他在湖南省公安厅的报告上作了如下批示：

"此件发至县以上公安、政法部门阅读，对各地几年来所有由于死牛的胃内、肺内发现铁丝、铁钉等而定为'破坏耕牛'罪的案件都要进行一次认真的调查，以便使我们的结论都符合实际情况。牛是反刍动物，吃草不嚼就吞下，因此铁丝、铁钉等混入饲草内，牛是可以吞下去的（马和猪就不能吞下去）。牛在吃草时可能把掉在青草上的铁丝、铁钉吃进去，也可能由于饲养员的疏忽，饲草内混入铁丝、铁钉被牛吃进去，也可能是坏分子故意把铁丝、铁钉放进草内被牛吃进去。牛在吃进金属后，有经验的兽医可以诊断出来，可以进行手术取出治好。从死牛的胃内和肺内发现铁丝、铁钉等物，有的是破坏案件，但并不都是破坏案件，更不能肯定当时的饲养员就是耕牛的破坏者。因此各地如有类似这样的案件，应由各地公安、政法机关进行认真的调查研究，作出符合实际的结论。"

对人民、对党，这是何等高度负责的精神啊！作为一个国家主席，能够以小见大，正是刘少奇工作作风的真实写照。

/ 第五章 /

要对每个公民负责

◎工人们有什么说什么,刘少奇问什么答什么。工人们全然没有普通百姓的拘束感,刘少奇全然没有中央领导的官腔。工人们感觉刘少奇是在真心实意帮他们排忧解难。无拘无束的谈话拉近了国家主席和普通工人之间的距离。他们在一起为林区将来的发展,谈了很久、很久,很多、很多……

"公仆"是什么?《新华词典》解释:"为公众服务的人。"刘少奇就是一位身居高位的人民公仆。因为,他的一生是最典型、最彻底地为广大老百姓谋福利的一生。

　　从炭子冲走出的那一刻,刘少奇压根就没有想过自己是为光宗耀祖而奋斗,他立志要为保卫炎黄子孙而努力。当人民把他推上党和国家领导人位置之时,刘少奇心中念念不忘的仍然是人民群众。

　　他在一次谈话中讲过:"在我们无产阶级取得政权之后,一些掌权的同志逐渐忘了历史教训,他们追求享受,慢慢地由人民的勤务员变成骑在人民头上的老爷,很伤人民的感情。"

　　刘少奇不愿伤害人民群众的感情,哪怕是一点点。他把人民群众看成自己的亲人、衣食父母,把自己看成人民的儿子。是儿子,就要为父母、为亲人办实事、办好事。因此,为人民服务就成了他终生的追求。他心里没有给权力、地位、金钱留下一丁点位置,而装满的只有"人民"二字。人民的衣、食、住、行怎样?人民的精神状态如何?自己能为人民办些什么事?这些都是他始终思考的主题,永恒的主题。

　　人民公仆刘少奇已经离开人民几十个年头了。但热爱他的中国老百姓并没有忘记他,伴随着时光的流逝,在人民心中升起的是越来越浓的怀念。这其中的原因倒很简单,不是因为他官大位显,而是他为人民服务劳苦功高。

　　我们无法将他为人民的幸福而操劳奔走的所有事迹一一叙述出来,事实上,也不可能这样做,他为人民办的事太多、太多。但是,拾起一段段的往事,就是人民对他的一分分思念,也是中国老百姓对未来的希望与憧憬……

第五章
要对每个公民负责

1959年4月，刘少奇在二届全国人大一次会议上当选为中华人民共和国主席（历史图片）

"不论是不是工友，都应该尽量抢救"

1924年端午节刚过，湖南株洲一连数天暴雨不断，迅猛的洪水一下子把株洲淹成一片汪洋，老百姓无家可归，只好到处流浪。饥饿、病疫一齐袭来，严重威胁着人民的生命。

担任安源路矿工人俱乐部总主任的刘少奇获知灾情，立即召集俱乐部干事会议，部署紧急赈灾，他说："救灾如救火，反动政府不管人民的死活，我们工人俱乐部要管，工人们把俱乐部看作自己的靠山，我们一定要想办法救济他们。"散会后，他叫爱人何宝珍赶快找出几件衣服，连同自己节省下来的烟钱率先送到俱乐部。

第二天一大早，雨还在哗哗地下个不停，河水继续猛涨，刘少奇又率领安源的干部和工人赶赴株洲水灾现场。

下车伊始，他披上蓑衣，打双赤脚，直奔重灾区——铁路工人居住区。只见这里房屋被冲垮，家当被冲走，死里逃生的灾民逃到几块地势较高的土坡上，眼睁睁地望着河面上漂着的一件件家什、一袋袋粮食，悲痛欲绝。刘少奇叫人把募集来的钱粮衣物尽快先分送给老人孩子们，然后自己立即投入抢险第一线。

他们在急流中艰难地向前走着，发现不远处有两个人抬着一副担架迎面走来。

"快过来，看看是谁？"刘少奇和同行者手挽手地走了过去。

汗水、雨水交织在一起，蒙住了视线，什么也看不见。刘少奇一抹脸，才发现担架上躺着一位昏迷不醒的妇女，盖在她身上的一块破布已淋得透湿。

"是不是工人家属？"刘少奇忙问。

"不是，是街上的居民。"小伙子说。

"你们是干什么的？"

"我们是铁路工人。"

"哦，还是自己人，你们做得对，不论是不是工友，都应该尽量抢救。"刘少奇边说边脱下一件衣服盖到了那妇女身上。

"你身体不好，不要着凉了。"看到刘少奇只穿了一件背心，旁边的同志又连忙将自己的衣服披到了刘少奇身上。

正当刘少奇和随行的几位同志为衣服该谁穿而争论不休时，他们的争吵把那位妇女惊醒了，她一眼瞥见了光着膀子的几位同志，又一瞧自己身上盖的衣服，一股暖流顿时涌上心头，特别是得知带头脱衣服给她的是安源路矿工人俱乐部总主任刘少奇时，她更是激动不已，泪水夺眶而出："你们真比自己的父母还亲，是我一辈子也忘不了的救命恩人。"

暴雨停后，洪水并没有立即退去。刘少奇又和同志们一起转移灾民，救济他们的生活。一连几天，他们一直夜以继日地奋战在抗洪救灾第一线，直到洪水退去，老百姓的安全有了保障才离开。

"把药留给病人吃"

那是 1942 年 3 月，刘少奇奉命从华中回延安，途经六省，行程数千里，历时一年有余，人称"小长征"。因为他的肠胃不好，而根据地又不能制造药品，华中局的同志特地从上海弄了些药品以备急用。

夜以继日的急行军加上生活的艰苦，使得随行的一些人也染上了肠胃病，肚子泻得很厉害。刘少奇知道了，每天都派人去看望，又叮嘱身边的同志：这些同志一路上很辛苦，现在病了，应该很好地照顾他们，不能让病情再继续发展，在饮食、卫生等方面要优先安排，并特意吩咐把为他准备的食物和药品分给病人。

这下大家可有点犯难了：这些药品虽然都是简单的成药，但是在当时的环境下却是很宝贵的，去延安的路途还那么远，刘少奇的胃病本来就很厉害，万一在半路犯了又找不到药怎么办。从党的全局出发，保护刘少奇的身体可是至关紧要的呀。至于食物，还稍微好说点，一路上刘少奇一直舍不得吃，总说到了关键时刻再用，现在有人生病了，自然很紧迫，更何况他已发了话。于是，大家就商议，把吃的东西送给病员，药品留下。

刘少奇知道了，却坚决反对：这些药品就摆在这里，可你们却要留给现在并没有病而将来可能生病的人用，这怎么行。药，本来是给病人吃的，就是治病救人的嘛。凡是参加革命的人，任何一个人都是革命大家庭的一员，病了应该吃药，我们应该设法找药给他们吃。

刘少奇送去的这些食物和药品，虽说不一定能起到药到病除的作用，但病情基本上都得到控制，不久后病员们都恢复了健康。更重要的是，刘少奇以群众利益为重，始终把自己置于人民群众之中，从不搞特殊化的高尚情操给病员们以极大抚慰，也给广大干部战士以极大的鼓舞。

"一定要想出治病的办法"

抗日战争时期，有段时间刘少奇住在安泽的一位老乡家。

有一天，他到屋外散步，突然看见一个老乡佝着背，走路一瘸一拐，肩

第五章
要对每个公民负责

上还挑着一担东西，每挪动一步都要费很大的劲。刘少奇忙上前招呼他歇一会儿，并关切地问："你的脚怎么了？"

"我得了柳拐子病。"老乡痛苦地告诉他，"我们这里得这种病的人很多，也说不出是什么原因，祖祖辈辈都害这种病。得了这种病，骨节就慢慢肿起来，骨骼变形，肌肉萎缩，干活很困难，有的甚至身高不过三尺，迈步不过三寸，手提不过三斤。一些妇女得了这种病，常常因难产而母子双亡，也没法治。唉，苦啊！"

"一定要找出害病的根源，想出治病的办法。"刘少奇拍着这位老乡的肩安慰道。以后，刘少奇叫上几个人沿着小溪作了特别的调查。经过仔细观察，他发现老乡喝的溪水，上面浮着许多榆树、枣树叶子，有的叶子早已变成褐色或黑色，散发出霉烂的臭味。

"老百姓得这种痛苦的病是不是喝的水不干净或是水里面有什么有毒物质，或是水中缺乏某些营养元素？"凭着敏锐的洞察力和一定的科学知识，刘少奇对水产生了怀疑。回到宿营地，他又找来太岳军区参谋长毕占云一起专门研究了这个问题。他说："这里有一种柳拐子病，是群众世世代代的痛苦，我们共产党人不帮助解决，谁又能来帮助他们呢？即使在现有的条件下，我们不能根本解决问题，但也应该尽力设法使它减轻，最起码要阻止它发展。"

"这种病的病源在哪里？是不是缺碘？如果缺碘的话，附近又找不到海带，是不是可以用碘剂代替？如果是水里含有某种矿物质或其他毒质的话，那是不是可以从饮水方面来着手解决？"刘少奇连着问了一长串的问题，最后，他强调指出："总之，这个问题一定要好好研究，叫部队的卫生人员认真帮助老乡解决。"

由于敌情紧急，第二天，刘少奇就必须离开这个小村庄，但一想起老乡那举步蹒跚的样子，他心里就隐隐作痛，放心不下。"在中国农村，类似柳拐子病的灾害不少，共产党人应该看到，还有许多工作等待着我们去做，也只有共产党能给劳动人民解除这世世代代的灾难和痛苦。"一路上，刘少奇仍牵挂着老乡的柳拐子病，和警卫员念叨着。

根据刘少奇的叮嘱，一批批地方和部队的医疗队来到安泽，终于发现柳拐子病的病因确实是因为水质有问题，于是对这里的水质进行了处理，对患者进行治疗。后来，安泽县的柳拐子病基本上得到根治。饱受病魔折磨的安泽人民忘不了是刘少奇给他们带来了幸福，特意联名给刘少奇写了一封长长的报喜信。

"我们要多为群众着想，不能只顾我们的工作"

在山东时，有段时间刘少奇住在一户农民家中。由于工作量大，刘少奇不仅白天要开会，做报告，而且晚上常常要工作到黎明时分才能躺一小会儿。

当时，刘少奇住的民房，右边是一个厕所，窗外放着一盘石磨。为了不耽误白天的农活，每当天色渐亮，房东就摸黑来到磨旁开始推磨；也正是这个时候，刘少奇刚刚脱下衣服躺下。嘎吱嘎吱的推磨声可谓声声入耳。一连几天，刘少奇就是这样在半醒半梦中囫囵打个盹儿，第二天又照常工作。大家实在不忍心看到首长如此熬下去，就想和房东谈谈，希望他改一改推磨的时间。谁知，刘少奇知道后极力反对：这样不行，老乡长此以往养成了这个习惯，他们要养家糊口，必须精打细算，他这个时间推磨是最合算的，你们不让老百姓吃饭还行吗？

这样，老乡的磨照推。刘少奇呢，觉照睡，工作照干。一直到刘少奇离开那个老乡家，老乡的生活规律也没有因为刘少奇入住而改变。工作人员感

第五章
要对每个公民负责

到有些过意不去，而刘少奇很高兴地说："这样才好。我们要多为群众着想，不能只顾我们的工作。"

1942年，刘少奇开始了由江苏到延安的"小长征"，沿途要穿过敌占区、国统区和无数敌顽的据点和封锁线。当时敌人控制了各主要的交通要道，这些地方到处炮楼林立，过往极度困难。为了安全，只能借助于沿途的庄稼作掩护。行走在密密匝匝的庄稼中，单是人过都很困难，更何况辎重和马匹呢。因此，大家神经高度紧张，生怕踩坏了两旁的庄稼，更担心"觉悟不高"的马嘴馋。然而，尽管大家百倍小心，千倍注意，闪失还是难免。

一天，到了后半夜，大家实在走不动了，就商定小憩一会儿。几个牵马的同志劳累至极，往地上一坐便打起了呼噜。几匹马早就饿慌了，憋极了，这下便瞅准机会，一挣缰绳就扑向"美食"。待几位同志发现，庄稼已被啃去一大片。刘少奇见状心痛不已，动情地说："你们都读过《三国演义》吧，就连曹操都知道'现今禾稼在田，恐废民业'，军务再急也不能糟蹋老百姓的庄稼，何况我们是中国历史上从来没有过的共产党和人民的军队呢。群众利益，就是党的利益，不爱护群众利益，就不会有什么党性。我们革命是完全为着群众的，应该随时随地有这分心思。"

打那以后，大家的弦绷得更紧了，不敢有丝毫的懈怠。行军时，把缰绳拉得紧紧的，容不得贪嘴的马打半点歪主意；休息时，尽量离庄稼远点，以免一打瞌睡，身子歪过去压了庄稼。为了防止狡猾的马再趁机捣乱，战士们甚至把缰绳绑到了手腕上。这样，牲口想偷吃庄稼的"阴谋"就再也无从得逞了。

"你们大约需要多少粮食？"

1957年2月25日下午。刘少奇一行登上专列，开始南下考察。

专列刚开动，刘少奇就叫工作人员通知工作组的同志到餐车来开会。

大家到齐后，刘少奇对外单位的同志询问了他们的姓名、年龄、籍贯、在哪里工作、任什么职务等。一位同志在回答刘少奇的提问时，显得很紧张，不自觉地站了起来。刘少奇微笑着说："不要站起来，坐着说不是显得更自然更亲切吗？"大家一听气氛马上轻松了许多。他边问，边在笔记本上记录着。大家都答完后，刘少奇合上笔记本高兴地说："同志们，从现在起，我们就要在一起工作了，我相信大家一定能不分彼此、团结一致，共同做好各项工作。不过我有一点要求，请你们不要称我的官衔，我也不称你们的官衔，好不好？""好！"大家对刘少奇这简明扼要的开场白和要求，有的轻声回答，有的点头称是，有的露出微笑。

在对每个同志进行了简单分工后，刘少奇告诉大家："我看我们可以采取集中和分散相结合的方法：分头调查，集中汇报，各有侧重。集中汇报时可以相互交流情况。"专列很快到达了此行的第一站——保定。列车刚停稳，河北省委书记林铁就赶来了。他们寒暄几句后，林铁就开始了汇报。刘少奇作着笔记，还不时插话。当林铁汇报到河北省委厉行艰苦奋斗的方针，没有盖楼堂馆所时，刘少奇插话称赞："你们的做法很好，要坚持下去。我们执政者就是要带头勤俭建国、勤俭治国，并使之蔚然成风。宋朝范仲淹有句名言：'先天下之忧而忧，后天下之乐而乐'，几百年前的封建官吏都有这样的思想境界，难道我们今天的共产党人都做不到这些吗？能！我们一定要比古人做

第五章
要对每个公民负责

1957年2月下旬至4月中旬,刘少奇南下河北、河南、湖北、湖南、广东五省,考察了在新的历史条件下人民内部矛盾的种种表现及其产生原因,并从经济体制、教育制度、党群关系、法制建设等方面,提出了一系列根据中国国情进行社会主义建设的改革设想。图为刘少奇在郑州棉纺厂同工人群众交谈(历史图片)

得更好!"当林铁汇报说"由于去年遭受了严重的旱涝灾害,不少地区严重缺粮,请求中央予以支援"时,刘少奇停住了记录,用关切的语气询问了受灾的详细情况后,说:"你们大约需要多少粮食?""有5亿斤就可以过得去了,我们自己也采取了一些度过困难时期的具体措施。""好,中央如数给予支援!"刘少奇果断地答应了。这下林铁可高兴啦,他握着刘少奇的手连声致谢:"感谢中央对我们的支援,少奇同志可为我们解决了一个大困难。"

刘少奇又认真询问了各个层次人民群众的政治思想状况,并详细作了记录。

当天深夜,车上的其他同志早已进入了梦乡,而刘少奇的办公室里还是灯光通亮。他那高大的身躯来回移动着,时而回头看刚才同林铁谈话的记录,时而伫立窗前,凝神沉思。忽然,他掐灭手中的香烟,把熟睡中的吴振英叫起来:"我要同周总理通电话,请你安排一下。"

刘少奇视察即将合龙的武汉长江大桥（历史图片）

吴振英立即接好了线，打通了周恩来总理办公室的电话，正好总理还在办公室里。吴振英马上把刘少奇请到电话间里。刘少奇简要地把河北省受灾的情况和省委要求中央支援粮食的意见向总理说了以后，总理大声地说："我马上请有关部门办理！"

刘少奇把人民群众利益放在第一位的实事求是的工作作风，给大家留下了深刻的印象。30多年后，随同刘少奇去考察的刘振德想起这件事时仍感慨万千。

"希望你们听毛主席的话，好好学习，天天向上"

刘少奇喜欢孩子，关心孩子们的成长。他把孩子们看作祖国的未来，对他们寄予了无限的期望。

1958年7月10日，刘少奇一行来到天津市河北区天纬路街鸿顺里居委

第五章
要对每个公民负责

会办的幼儿园。

　　正在园内戏耍的孩子们，见来了好多客人，一齐拍着小手欢迎。刘少奇从秘书手中接过糖果，分给孩子们。天真活泼的儿童，碰见这样的好事十分高兴，个个笑得合不拢嘴。看着这群可爱的小朋友，刘少奇更高兴。一会儿摸摸这个孩子的头，一会儿亲亲那个孩子的脸，关切地询问他们的年龄，爸爸妈妈在哪里上班。孩子们望着这位慈祥而陌生的老人，只是天真地笑着。其中一个年龄稍大点的孩子忽然想起了什么，扬着小手跳跃着说："我认得了，屋里有您和毛主席在一起的像，您是刘少奇伯伯了！"站在一旁的王光美

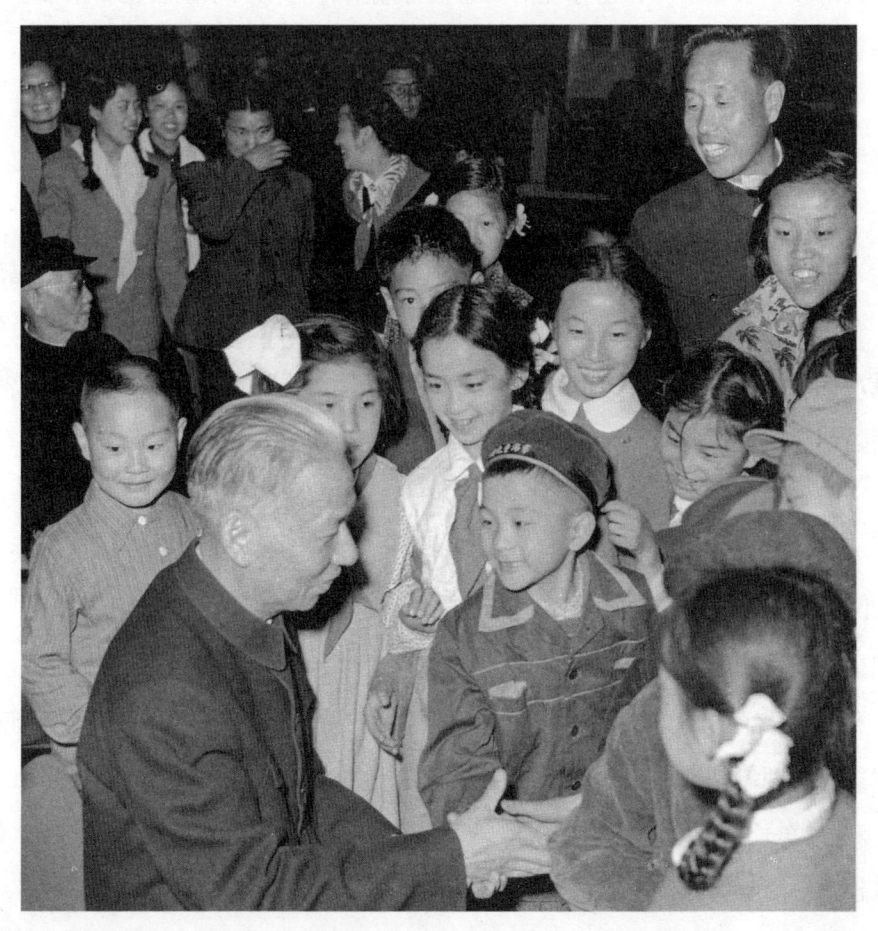

1959年，刘少奇同少年儿童在一起（历史图片）

笑着说:"对,快喊刘伯伯。"孩子们完全抛开了拘谨,顿时一片欢腾,天真地拥簇在刘少奇身边,张张童稚的笑脸,似朵朵绽开的鲜花,对着大人们衷心拥戴的领袖高喊:"刘伯伯好!""刘伯伯好!"刘少奇拉着孩子们的小手,亲切慈祥地说:"小朋友们好,希望你们听毛主席的话,好好学习,天天向上。"

1965年10月11日,刘少奇和夫人王光美及副总理兼外交部部长陈毅等来到哈尔滨儿童公园参观。儿童公园的独特之处是园内有一条儿童铁路,始发站是以首都命名的"北京站",全路的"工人",从站长、驾驶员、列车长、检票员到服务员等全是儿童。这里是孩子们向社会学习、增长知识和向工人阶级学习、培养自己才能的一个极好场所,难怪国家主席也要来亲自看一看。

听说国家主席要来,"铁路工人"们一大清早就忙碌开来,使整个儿童公园披上了节日的盛装。

当刘少奇和王光美来到公园时,"铁路工人"立即欢呼雀跃起来。

刘少奇饶有兴趣地观看呼呼喘气的火车头,不时地向小站长李美勤提出一个个问题:火车是单轨还是双轨?一天的耗煤量是多少?站内工作人员的录用标准是什么?等等。似是有意要考考这位小官员。"小站长"没有辜负领袖的期望,对所提出的问题,都能从容对答。

哪知,国家主席的问题又来了:火车的牵引力有多大?

"小站长"这下可被难住了。不能就这么被难倒,总得说出个道道来。"小站长"灵机一动很有自信地说:"牵引力可大哩,能拉满员的6节车厢。"刘少奇还是看出了"破绽",不禁笑了起来。

小主人们在欢歌笑语之中,又迎来了一批高贵的客人,他们就是柬埔寨国家元首西哈努克亲王一行。在简朴而隆重的欢迎仪式之后,主客应邀上火车。"列车长"孙丹宣布开始检票,刘少奇第一个把票递给了"列车长",并风趣地对西哈努克亲王说:"看,我们的小火车制度和大火车一样严格啊!"

小火车到站后,刘少奇和全体小"司乘人员"一一握手道别,并深情地对孩子们说："你们的工作做得很好，我很高兴，希望你们继续努力，好好学习，天天向上。"

小朋友们点着头，列队欢送特殊"乘客"，直到客人们的身影消失在他们的视线里。

住房问题要解决，问题是怎么个解决法

1957年3月25日，刘少奇来到了位于株洲市的湘江机器厂进行调查研究。

刘少奇来到职工宿舍集居地——南华村，一连走访了好几户职工家庭，觉得职工们碗柜里放的、身上穿的、床上铺的都还算不错，只是住房比较紧张，房屋简陋，三四代同室随处可见。房子年年盖，要房子的人年年增，当年已拥有职工宿舍7万多平方米，要再新建3万平方米房子才能基本缓解供应上的紧张。

怎么办？衣、食、住、行，这可是老百姓的切身利益啊！

晚上7点30分，已经回到列车上的刘少奇仍在听取株洲市委书记马壮昆及株洲硬质合金厂、株洲麻纺厂、湘江机器厂的几位党委书记、厂长关于职工住房困难的汇报。

晚上10点，他又单独留下湘江机器厂的厂长郭固邦继续谈。

"第一个五年计划开始至今，全国已盖了6500多万平方米的职工宿舍，大大超过了原定指标，可为什么住房问题还是这么严重呢？"刘少奇向郭厂长寻求答案。

"主要是家属人口增长太快，远远超过基建的速度。"

"在古代，人们外出做官是不带家眷的。旧社会也只有县长以上才带。现

在很多人进了城，都要求携妻扶幼，住房自然就成了问题。"刘少奇风趣而又严肃地说，"我们跟旧社会不同，我们是搞社会主义，住房问题也要解决，问题是怎么个解决法。我们国家底子薄，人口多，基建投资大，职工的住房问题，国家只能有计划有步骤地加以解决。"联想到刚刚在湘江机器厂了解到的职工的工资收入、生活水准等有利条件，刘少奇似乎豁然开朗，向郭固邦提出了一个大胆而新颖的设想："我看你们这里工人的生活水平不算低，能不能号召大家发扬艰苦创业、勤俭建国的精神，发动群众自己拿点钱，国家贷点款，厂里帮助解决建材和部分经费，即自建公助。这样，群策群力，问题肯定会解决得快一些，好一些。"

接下来，他又谈到了严格宿舍管理问题。他说，要有合理的住房标准，分配要公正，要根据具体情况对现在住房进行适当的调整，防止苦乐不均。职工参加集资建的房，房权归职工所有，对房子的管理也要好得多。

"我想把你这里做个依靠群众解决住房问题的试点，你回去研究一下，看行不行。同意就搞，有困难不搞也不要紧。"刘少奇以商量的口吻，对郭固邦说："搞成了，取得了经验，将来人大开会的时候还可以推广哩。"

"好，真是个好主意！"郭固邦茅塞顿开，立表赞成。

"你的思想倒是很通啊！"刘少奇笑了笑。

"不这样，矛盾就很难解决。"郭固邦有点如释重负的感觉。解决房荒的办法有了眉目，刘少奇欣然与郭固邦握手告别。

第二天，郭固邦立即召开党委会议，按照刘少奇的指示，研究制订了具体实施方案。

1957年3月，刘少奇在株洲视察（历史图片）

半年后，通过自建公助，60户家属宿舍在湘江机器厂落成。职工住房紧张很快就缓解下来，原来向国家申请的55万元的建房经费也一分不要了。同时，厂里还制定了一系列相应的房改制度，诸如：对已婚青年双职工，按进厂先后排队分房；不仅职工享受探亲假，在农村的家庭也可以按规定来厂探亲；厂里专设家属招待所；房屋管理和收费标准也都得到进一步改善。

11月，湘江机器厂将自建公助解决房荒的试点情况书面报告了刘少奇，得到了毛泽东、刘少奇及其他领导同志的一致肯定。

几十年前，刘少奇就能够想到用这个办法解决住房问题，真可谓是高瞻远瞩。

关心年轻人找对象问题

1958年11月的一天，刘少奇去舟山群岛视察时，他向舟山军政委员会书记张秀龙了解岛上的各种情况。

"你们的军队支援地方的工作做得怎样？"刘少奇始终把人民群众的利益放在首位。

"部队从进岛那天起就和群众打成一片，支援地方生产，处处以群众利益为重，包括部队干部不与当地渔民争对象。"随行的王裕明专员回答道。

"究竟是怎么回事？"刘少奇感到有些奇怪。

"这是总政的决定。"张秀龙书记、马龙司令员几乎是异口同声地回答，然后讲述了事情的原委。

原来，1956年人民解放军实行军衔制，此举一方面加速了部队的正规化、现代化建设，但同时规定军官服役要到一定年限才能退伍，部队本身女兵又不多，这就给那些已达婚龄又未找上对象的军官带来了一定的困难，尤其是在边疆和海岛的一些部队更为突出。为了避免婚后两地分居，这些军官就愿意在当地找对象，而这些地方的姑娘也觉得解放军光荣，军官又神气，工资也比地方高得多，自然也喜欢找军官。久而久之，军队驻地的当地小伙子，特别是一些未婚男子多的地方的小伙子，找对象就越来越难，这无形中使得军民之间产生隔阂。因此，为了加强军民团结，总政下达指示：驻边疆、海岛和女青年少的地方的部队不要在当地找对象结婚。

"舟山岛上原本女青年就少，再加上她们有这么个风气，找对象首选解放军，其次是工人，最后才是渔民。因此，如果不作出这个决定，那当地的许多男青年就该打光棍啦。"张书记、马司令员笑了笑，又无可奈何地摇了摇头。显然，这样做是不得已而为之。

"哦，原来是这样，那这个决定做得好，具体问题具体分析嘛。"刘少奇尽管心底里也不免有点为我们的军官们叫屈，但他理解总政的良苦用心和当地居民的苦衷。对他们把人民群众利益放在首位的做法，予以充分肯定。

"将来我们要给老乡还小米"

战争年代里的一天，刘少奇等一行来到了一个村子宿营。

但见全村空荡荡，不见一个人影，也见不到一粒粮食。原来，因日寇在此疯狂扫荡，为了反"三光"，老百姓只好背井离乡，坚壁清野，能带走的东西全部带走，实在不能带走的则全部埋到了地下。

刘少奇一行已经有好几天没怎么吃饭了，再不吃点就无法行军，得想些办法。

大家只好分头去找，希望多多少少能弄些，暂且应付一下那辘辘饥肠。

大家漫无目的地走，大海捞针似的找。一位同志来到一座山头后面，发现一个破旧的茅厕旁有些浮土，上前跺一跺脚，觉得声音有些特别，料想可能是个地窖之类的，便马上叫来几个人，挖的挖，刨的刨。不出所料，几个金灿灿的南瓜出现了，南瓜底下还压着一小布袋小米。

欣喜之余，大家马上相商：刘少奇同志年纪大了，肠胃又不好，用小米熬点稀饭给他吃。南瓜呢，不易消化，则熬成糊糊，大家共享。

正在说话间，刘少奇来了，他说："不要单独给我做稀饭，把南瓜、小米合在一起煮它一大锅，这样抵饿些，大家都吃。"视线移到那几个南瓜上，他的心一阵酸痛，说道："看样子，这个村子都是些贫穷的人家，生活很苦，他们可能还指靠这些东西过冬哩。我们一定要记下这笔账，将来我们要给老乡还小米。"

糊糊煮好了，同志们把第一碗先端给了刘少奇，可他仍不肯先吃，一个劲地推：先尽战士们吃，他们很辛苦，还要准备继续战斗呢。我们顿把不吃，问题不大。

直到大家都吃了，他才端起分配给他的那个搪瓷缸子。

反扫荡过后，"丢失"小米和南瓜的这家老乡得到了赔偿。

"小鬼，哪来的石榴？"

1942年8月的一天，天气十分炎热，刘少奇一行来到离费县县城不远的一个村子，中途在一片树荫下小憩。警卫员王兴元等几人席地而坐，一抬头，发现前面一棵树上挂满了尚未成熟的石榴。

"这种石榴是酸的,夜里行军打瞌睡时如果吃上点这种酸东西,肯定能提神醒脑。"突然,一位在老家吃过石榴的战士兴奋起来。

警卫员摘了一颗一尝,果然如此。于是,摘了几个准备困了吃吃提神。

听说石榴可提神醒脑,大伙兴趣来了。因为夜里行军实在太困太困了,很多人经常一边瞌睡一边走,后面的人冷不防一个趔趄撞到前面的人身上是常有的事。于是,大家你一粒,他两颗,摘了些许放进口袋。

夜行军又开始了。待到午夜时分,大家的精神状态又进入最低点,刘少奇也不例外。这时,一个战士从口袋里掏出白天摘来的石榴,递到刘少奇手中:"首长,提提神吧!"

"嗯,是什么?"浓浓夜色中,刘少奇根本看不清手里拿的是什么。

"石榴,酸的,可以提神醒脑。"

"哪来的,是不是从老乡的果树上摘来的?"刘少奇想起白天休息的地方有石榴树,便很严肃地问战士。

"我,我们白天摘的。"那位战士照实说了。

"你违反了群众纪律,今后要注意。"刘少奇批评了几个摘石榴的战士,没有过分责备。

又有一次,部队行军路过一块瓜田,又热又渴,警卫员一见圆滚滚的西瓜,直流口水:"太好了,咱们吃一个再走吧!"而后眼巴巴地望着刘少奇。

"你是不是真正关心群众的利益,就要看这种场合。"刘少奇也不直接答话,而是提醒大家要经得住考验:假如大部队从这里通过,口渴了都自己去摘瓜,几千号人,你一个,我一个,不一下就把这片西瓜瓜分光了?那么,老乡一年的生活不就没有着落了?

看到大家都默不作声,考虑到战士们确实也有苦衷——每天活动量大,进食既少又差,很多还是小伙子,正是长身体的时候,难免嘴馋,他心里也不好受。于是,刘少奇向大家讲述了这样一个道理:我们革命就是为了群众。保存革命力量是符合革命利益的。比如,在长征时,我们硬是没有粮食吃，又不能眼睁睁地等着饿死，只好打了借条向群众借，以后再设法偿还。可是，我们现在还没到非搞几个西瓜解渴就不能把革命力量保存下来的地步，你们说是不是？

几句话说得战士们心服口服，点头称是。打起精神，继续行军。

"有都江堰，这就有了天府之国"

1958年3月，刘少奇抽空和夫人王光美一起来到了四川省都江堰水利工程视察，给这里的人民留下了许多美好的回忆。

3月18日，刘少奇一行来到目的地后，他一边听管理处的同志介绍，一边举目眺望。那一望无垠的川西平原似一幅巨大的山水画，叠彩纷呈，美不胜收。两千多年前，我国的科学水平就这样高，不愧为文明古国。对此，刘少奇感叹："李冰真了不起，这个工程很伟大！有都江堰，这就有了天府之国。"

县委和管理处的负责同志陪同刘少奇沿着狭窄的石级小径向二王庙走去。二王庙原名崇德庙，修建于南北朝时期，是为纪念李冰父子而修建的。宋代以后改称现名，因为李冰父子对社会贡献巨大，被敕封为王。庙内树高叶茂，葱绿滴翠，随处可见颂扬李冰父子治水功德和总结治水经验的楹联、匾额。刘少奇边走边看，边听县委书记的介绍，不时地发表感慨。他深情地对大家说："两千多年前，李冰为人民做出了这样大的功绩，真了不起啊！对人民有功的人，人民是永远不会忘记他的！"跟随左右的记者不停地抢拍着刘少奇的镜头，刘少奇和蔼地对记者说："不要给我拍那么多的照，我没有什么了不起的地方，你们的镜头应该对准李冰父子！"刘少奇谦逊的品德，博大

刘少奇在都江堰观景台（历史图片）

的胸怀，通过他的言行举止充分体现出来，给随行的同志们留下了难忘的印象，也深深地教育了大家。

一处很高的照壁墙吸引了刘少奇，他仔细地端详着墙上绘制于清朝末年的《都江堰灌溉区域图》。只见图上河道密如蛛网，万顷良田布于蛛网之间，可谓天府源头尽收眼底。刘少奇关切地问："解放后，都江堰有没有发展变化？"县委书记连忙回答说："有变化，发展变化很大。解放前夕，都江堰灌溉面积只有200多万亩，现在已经能灌溉500多万亩了，还修建了一些小水闸，增添了水利设施。"刘少奇听了，高兴地说："我们共产党的宗旨是为人

第五章
要对每个公民负责

民服务，要为人民多办好事。"

随后，刘少奇来到了分水鱼嘴。完全由人工筑成的分水鱼嘴，似一柄利剑将岷江一分为二，外江为岷江正流，绵延700多公里，最后注入长江；内江则是人工河道，经宝瓶口流入川西平原，灌溉川西万顷良田。分水鱼嘴还有一个奇妙之处，就是能根据节气的变化和灌溉的需要，使岷江江水按比例分流。夏季涨水时，江水经过分水鱼嘴，四成流入内江，六成流入外江；冬季枯水时，则六成流入内江，四成流入外江。这样一来，夏季可免受洪水肆

刘少奇在都江堰安澜索桥上（历史图片）

227

虐，减少水患灾害，冬季则可保证生产生活用水。刘少奇听完介绍，赞不绝口地说："这是劳动人民的智慧，真了不起！"

刘少奇视察的最后一站，是位于灌县县城的伏龙观。刘少奇来到离堆公园，登上伏龙观，察看内江的咽喉——宝瓶口。这个被称为都江堰三大工程之一的奇妙设施，完全是用人工开凿山崖而成的。刘少奇仔细参观了用沙盘制作的都江堰水利工程模型图和木杩槎截流展览。

参观结束后，刘少奇和夫人请大家吃了一顿便饭。在离开灌县时，他还谆谆告诫县委同志：灌县是个好地方，都江堰很有名，要好好建设灌县。

危难时刻，让轮船为小船挡风

1960年4月，刘少奇乘船考察长江流域。在考察完了葛洲坝坝址后，刘少奇乘一艘中型客轮顺江东下，驶向武汉。时值傍晚，轮船刚过宜昌，忽然天空乌云滚滚，随即狂风裹挟着雨水呼啸而来，轮船剧烈地颠簸起来。素有经验的船员们心里也不免一惊，因为他们的船上有一位特殊的乘客。于是，船长狂奔到驾驶舱，水手们迅速各就各位，其他船员也纷纷拥上甲板。为了安全起见，船长命令打开探照灯。雪亮的光柱投向江面，划破黑暗，似乎给人们增添了几分安全感。

忽然，船员们发现，距轮船不远处，几只小船在咆哮的巨浪中，忽儿被托上浪尖，忽而又被压到涛底，处境十分危险。小船上的人们显然是惊慌失措，无可奈何中只是本能地发出呼叫。

"前面有情况！"

"小船危险！"

第五章
要对每个公民负责

"怎么办？我们总不能见死不救！"

"我们的任务是保证主席的安全，偏离航道去救他们，恐怕自身都难保！"

"赶快叫其他船只来救！"

甲板上，人们议论纷纷，焦急万分。

摇摆不定的船身惊动了正在伏案审阅文件的刘少奇，他赶忙走出船舱，打听出什么事了。得悉是附近的小船遇险，他二话没说，当即命令船长："马上救援！"

"我们要保证主席您的安全呀！"船长还在犹豫。

"不能因为我个人的安全就不救群众。正因为是国家主席坐的船，更应该首先抢救人民。"刘少奇果断地说。

还能怎样呢？主席早已置自己的安危于度外。

一场救援小船的战斗在险恶的江面上进行。经验丰富的老舵手把稳航向，力排惊涛骇浪的冲力，让船侧身擦过浅滩；水手们干脆用链索把自己固定在船栏上，探身舷外，把落水者拉上甲板。

刘少奇不安地在舷前踱来踱去。在令人目眩的探照灯的扫射下，只见巨浪仍像一张张虎口咆哮而来，似乎要吞噬掉一切；箭一般的雨点射到窗上，打在甲板上，似乎在向人们示威；江面上的小船像是漂荡的树叶，随时都有下沉的危险。

"让轮船为小船挡风。"刘少奇又下令道。

轮船横在江心，为小船营造了一个港湾，船员们迅速拿出缆绳，将小船一只只系到客轮的围栏上。

好不容易，风停雨过，江面又恢复了平静。大家都畅快地松了一口气。刘少奇这才放心地回到舱内，重新拿起文件。

天亮了，脱离了危险的小木船即将离去，当船工向船长及水手们告别时，方得知搭救他们的轮船上竟坐着国家主席刘少奇，并且是他组织了这场抢险。船工们流下了激动的泪水。从此，刘少奇危难时刻不顾个人安危救群众的故事就传开了。

有理有据地保护刘桂阳

1961年，刘少奇回湘视察，见到省公安厅厅长李强时问道："鲤鱼江的那件事处理得怎么样？"当听说已予以甄别平反后，他才如释重负，满意地点了点头，接着说："凭什么判她的罪，法律有这么一条吗？无非是根据她写了'反动标语'。反动标语是以反革命为目的，而她跑到北京，还相信中央，这能说是以反革命为目的吗？"

刘少奇为什么要问李强这个问题？事情还得从头说起。1960年7月的一天，湖南郴县鲤鱼江电厂的女工刘桂阳，从弟弟的来信中得知家乡正闹饥荒，父母因生活困难，缺乏营养，得了浮肿病，她回家一看，果然如此。原来人民公社并不像宣传中的那么好，相反却问题成堆。一气之下，她就跑到北京写了"打倒人民公社""消灭人民公社"和要求中央派人了解农村情况等内容的标语，贴在国务院北门附近的墙壁上。

大庭广众之下张贴这样的标语，刘桂阳当场就被抓获。公安部认为：这是地道的现行反革命行为，应当严加惩办。因为"案情严重"，案子直接报到了刘少奇手上。看过全部材料，刘少奇却告诉有关人员：暂不要判罪，把贴标语的人送回原籍，待查清缘由再作处理。但是，刘桂阳被送回郴县后，当地法院并没有照刘少奇的意见继续进行调查，就判她有期徒刑5年（因当时刘已怀孕，被保释回家）。刘少奇得知后很生气，责令湖南省政法机关进行复查。

接到刘少奇的指示后，省公安厅在作了较认真的调查后重新认定：刘桂阳在国务院门前贴的标语有些内容是反动的，因为她把"农民的一切痛苦"都归咎于人民公社，把人民公社说成"是发展生产的严重障碍，是阻碍社会主义前进的高山"。所以她说"要打倒、铲除、消灭人民公社"。但对她本人又可按人民内部矛盾来处理，因为她过去一贯表现好，年仅20岁，是一个共青团团员，找不出她与共产党在根本利益上相冲突的证据。她到北京张贴标语目的是想让党中央、毛主席、刘主席了解情况，而不是为了推翻人民的政权。并认为可由原判单位撤销原判，予以释放，并与她原单位（电厂）协商，保留工作，不得歧视，同时加强对她的耐心教育。

这份复查报告送到了刘少奇手上，他在报告上批示：同意湖南省公安厅的处理意见，并"建议湖南省委张平化同志亲自找刘桂阳谈一次，一方面适当地鼓励她认真向中央反映农村情况，另一方面适当地批评她对人民公社的认识和她采取的方法，以便引导她走上正确的道路"。

刘少奇有理有据地保护了刘桂阳。通过这件事，我们还可以看到刘少奇更深层次的目的，就是让人民说实话，并以此作为保护广大人民群众利益的有效方法。

小孩子写条标语不算什么反革命

1961年，刘少奇来到家乡调研。他一回到家乡就有人向他汇报了一件不久前发生在花明楼的"反革命案"。

事件发生的经过是这样的：

刘少奇回湖南前几天的一个下午，宁乡花明楼完小年仅12岁的五年级学生肖伏良走在放学回家的路上，童稚的脸上布满愁容：早几天听大人说一个姓曹的人因说了县委一个领导的怪话被暴打了一顿，群众意见很大……这位好长时间吃不饱饭的小学生和大人一样，一肚子的怒气。他想不明白，上面为啥不叫老百姓吃饱呢？越想越生气……据说刘少奇就是现在的国家主席，也代表上头。这天，不知不觉走到了刘少奇旧居前，气不打一处来的肖伏良，便顺手捡起一块石头，瞅住路边一根大电线杆，在上面写上"打倒刘少奇"。

尽管字迹歪歪扭扭，稚气十足，也并不很醒目，可那个时代的人们似乎政治敏锐力特强，阶级斗争的弦绷得特紧，马上被人发现并报案，又很快被公安部门破案。肖伏良被认定犯了"书写反革命标语罪"，先由学校开除学籍，再交公安部门处理，学校校长要撤职查办，班主任也要追究政治责任。

就在上述决定即将执行时，刘少奇回到家乡的消息传来。5月5日，公社、大队的干部及时将这个案子报告了刘少奇本人。不知是怕刘少奇受不了这样的刺激还是想邀功，个别干部还把如何迅速破案，如何从严处理作了一番重点描述，本以为刘少奇听了后会勃然大怒。不料，人们从刘少奇脸上没有看到半点愠色。思考了好长时间后，他缓缓地说："这几年五风刮得厉害，老百姓缺吃少穿，挨打受骂，这就免不了对党、对干部有牢骚。我是国家主席，当然有责任。"他的话语中充满了深深的愧意，并一再说明："小孩子写上标语，表示反对，这也可以理解，不要怪他。我看，学籍不要开除，检讨也不要作，要让他继续上学，好好受教育。小孩子写上这么一条标语，不算什么反革命，不要给他处分。至于校长、班主任更不要责怪，怎么能怪他们！你们要做好他们的思想工作，退还他们的检讨，使老师安心、学生安心。"最后他又风趣地说："孩子要打倒我，我并没有倒嘛！"

有了刘少奇的表态，有关方面也就无法处分肖伏良及他就读的学校校长和班主任。通过这件事，刘少奇在家乡人民心中的地位更高，形象更伟大了。

"再困难也不能取消伐木工人的酒"

1961年4月，刘少奇在湖南蹲点调查研究，对农村的情况已经了如指掌。随后，为了更全面地了解国情，他于7月20日来到东北伊春林区进行调查研究。在20余天的调查中，刘少奇的足迹踏遍大小兴安岭、张广才岭等主要林区的大部分林场。调查的范围涉及工人的工作、生活各个方面，为林区工人解决了不少实际困难，深得广大工人的信任与爱戴。

在帮助林区工人解决困难的过程中，刘少奇实事求是，既考虑到国家暂时的困难，又照顾到伐木工人的特殊需求。其中，对伐木工人酒的供应一事的处理就是一典型事例。

在一次调查中，当刘少奇关切地问起林区工人的生活还有些什么困难时，他要求座谈的林区负责人说实话。

"有一点困难。"车庆文书记不客气地讲道。因为他要代表林业工人讲话，更主要的是，他相信刘少奇是真心要为工人们办实事，不愿听假话。

"你别说一点，要说两点。"黑龙江省省长李范五在一旁给他鼓劲。这样一来，气氛顿时活跃起来。

"砍伐树木，搬弄大木头，既费鞋子又费衣服，发的棉布根本不够用，附近商店又经常买不到。"

"是呀，大家的生活确实比较艰苦，我这个当国家主席的有责任啊。现在我们的国家还很穷，又正处在困难时期，我们应当加倍工作，努力发展生产，逐步改善大家的生活。"刘少奇一边在本子上飞快地记录着，一边抚慰大家，又对在场的林业部和黑龙江省的领导说："我看像穿衣服、穿鞋子这样的

1961年7月中旬至8月上旬，刘少奇深入小兴安岭、张广才岭和大兴安岭林区，对林业资源和生产情况作了一次系统的调查。他在调查中提出的关于林业建设的各项方针，至今仍有指导意义。图为刘少奇冒雨考察原始森林（历史图片）

问题，你们想方设法解决一下，工人的这个要求并不高，人总得吃饱了、穿暖了才好工作呀，我们要力所能及地给在生产第一线的工人同志们解决一些实际困难。"

谈话在继续进行。

"工人的房子不够住，又没钱，盖不了。"

"林业工人还是住得分散一点好，房子不够住，可以互相帮助盖，也可以自己盖公家帮助。至于盖在哪里好，林业部门倒是应有个统一规划。"

"林业工人在潮湿的林子里干活，一到晚上就想喝点酒，可听说上面为了

第五章
要对每个公民负责

克服经济困难,准备取消供应伐木工的定量酒。"

"伐木工人的酒不能取消。"刘少奇明确表示:"林区夏天很潮湿,冬天又特别冷,伐木工人喝点酒是必需的,在深山老林伐木和坐办公室不一样,别人不能攀比。国家再困难,伐木工人的酒不能取消。"

谈到林区津贴,他又细心地问工人们:"上山的伐木工和坐办公室的干部、冬天和夏天、晴天和雨天,有什么区别?"

"没有区别。"

"应该有所区别,林区的工作条件有时差别很大,搞平均主义,吃大锅饭,不利于调动大家的积极性,不利于发展生产,这些问题要尽快解决。"

在场部,刘少奇偶尔发现一张办公桌上堆着一摞群众来信,他忙走过去翻阅起来。读着那一页页密密匝匝的信件,他的眉头越皱越深,特别是其中

刘少奇与林区人员交谈(历史图片)

235

一封反映林区生活物资分配不公和一部分干部走后门的信令他忧心不已：商业部门走后门也是群众最为不满的一件事，要告诉各级干部，我们要同群众同甘共苦，特别是现在这种困难时期，更要注意合理分配。伐木工人买不到急需日用品，而不上山作业的却随便买得到，这能不挫伤工人的积极性吗？为了避免走后门，他特别强调要加强群众监督，生活物资要优先供应伐木工人……

林区工人生活很苦，群众有意见，国家一时难以解决，怎么办？"生产自救，自力更生。"刘少奇鼓励他们：这里自然条件很好，地广人稀，土地肥沃，可以开点荒地种菜。

工人们有什么说什么，刘少奇问什么答什么。工人们全然没有普通百姓的拘束感，刘少奇全然没有中央领导的官腔。工人们感觉刘少奇是在真心实意帮他们排忧解难。无拘无束的谈话拉近了国家主席和普通工人之间的距离。他们在一起为林区将来的发展，谈了很久、很久，很多、很多……

"让大家穿得漂亮些"

刘少奇是一个地地道道务实的人民公仆。他每到一地总要详细了解群众的衣、食、住、行等基本生活需求，想方设法为老百姓解决实际困难。由于大家都知道他关心百姓的生活，而且反映了以后会有个好的结果。所以，他每到一地，都能听到老百姓的实话。

1957年2月23日晚，石家庄地委招待所显得格外热闹，一次别开生面的座谈会正在这里举行。刘少奇在和来自石家庄各个方面包括街道、胡同的120多名群众代表聊油盐坛子、衣服裤子、工资票子……大家无拘无束，气氛十分热烈。

只听一位年轻姑娘在发牢骚：我们石家庄市桥东连个做衣服的地方都没有，全市没有一个好裁缝，服装店裁的衣服我们又都不愿穿。

"对，这个问题是得解决，你们这些年轻人，挣这么多钱，又没有什么负担，衣服当然可以穿好点。给你们从上海调好裁缝来。"刘少奇笑着对那个姑娘也对大伙说道。

遵照刘少奇的指示，这次会后不久，有关部门就从上海调来了20多名技术高超的老裁缝，办起了好几家缝纫店。石家庄的市民高兴地穿上了自己喜爱的衣服。

不仅如此，刘少奇又进一步想到了全国广大人民群众的穿衣问题。

有一次，刘少奇在接受医生的治疗时，破天荒地盯着那位医生的衣服看了好久。

原来，他发现那天医生宋雅美穿的一件衣服看不出半点折印，与平时医护人员穿的皱皱巴巴的纯棉白大褂大不一样，便问："你这件衣服是什么料子的？"

"人造棉，一种新产品。"宋医生脱口而出，但脸上充满狐疑，不明白刘主席怎么突然问她这个问题。

"噢！人造棉，还真是新鲜货。"刘少奇又凑近仔细看了看，特意用手摸了摸衣服的质地。

"手感还不错嘛，好多钱一件？"刘少奇追问道。那神态，恰似一位顾客相中了一件合意的衣服，既欢喜，又仔细。

当听说这种衣服和一般的衣料价格差不多时，他连连点头：不错，不错，质量很好，价钱也不贵，穿上去又漂亮，可以多生产一些，供给人民的需要。

这之后，在刘少奇的关心下，人造棉及人造棉的成衣生产大幅度提高，极大地方便了群众，人造棉在服装市场大放异彩。

1957年春天,刘少奇率领一个由中央机关工作人员组成的调查组,到河北、河南、湖北、湖南和广东五省进行调查。图为刘少奇在河北省清苑县召开座谈会(历史图片)

到20世纪60年代初,由于大跃进的折腾,人民群众的生活水准一度下降不少。为了满足人们的生活需要,刘少奇在哈尔滨市香坊安埠综合服务部的三八布鞋厂视察时,先是看女工们操作,后是详细询问原料来源和产品销路,特别提出要多生产一些价廉物美又实用的布鞋以服务工农大众。

老百姓穿什么衣、鞋,这些都是区区小事,是基层干部关心的事。可日理万机的刘少奇总是牵挂着这些小事。人民住不好,吃不好,穿不好,他就睡不好觉。

在这次座谈会上,有人提出石家庄的回民生活不方便。

"为什么?"刘少奇问。

"我们石家庄市的回民饭店太少了。"一个老工人也说出了自己的苦衷,

第五章
要对每个公民负责

"特别是桥东,一个回民饭店也没有,我们回民上街没地方吃饭。"

"是这样吗?"刘少奇侧过身问一旁的石家庄市委书记力矢。

"是这样,桥东是新建的工业区,饭店确实少,回民饭店没考虑进去。"力矢马上作解释,并立马表态,"我们回去商量后就办。"

"不行,马上就得办。"刘少奇表情严肃,别的事情他也许语气要婉转些,但对与人民群众有关的事,他总是毫不留情,"今天工人同志提的问题都很好,地、市委领导要重视,能办的一定要给职工办。"

听着这感人肺腑的话语,工人们可高兴啦,都不约而同地鼓起掌来。见状,刘少奇站起来,拿出自己带来的大前门烟,给周围的几位烟民一人一支,然后诚恳地对各位说:"我们国家暂时还很穷,要使它富起来,得靠大家拼命干。大家提的问题,有些不能一下子解决,要向群众解释清楚。工人们呢,有什么意见就提出来。"他希望大家理解国家的难处,本着解决问题的态度,扎扎实实干事,共同度过经济困难时期。

鉴于国家的条件有限,刘少奇还主张:有许多事情,国家办不到,群众办可能更好,如托儿所,过去都由国家办,办得少,而且很贵,不能满足需要,应该由群众办。小饭铺、烧饼油条铺、卖油店、发豆芽的,都可以交群众办。

在郑州二七区炼焦厂,听说该区所有劳动力都走上了工作岗位,刘少奇一方面称赞他们的生产发展快,为国家做的贡献大,另一方面他又想起了职工群众的家庭生活——既然都来到了生产第一线,家里势必很多事情都顾及不过来。于是,他提醒当地的干部:群众大搞生产,身上穿的毛衣坏了,需要打;衣服破了,需要缝;袜子烂了,需要补……做领导的,要考虑和解决这些修修补补的问题,既要安排好生产,又要安排好生活;既要注意群众的一般要求,又要注意他们的特殊需要。

根据刘少奇的建议,二七区很快办起了走街串巷的流动服务组,理发、洗衣、缝纫、买米、买菜、买煤等,服务上门,还安排专门照料老弱病残和小孩的人员。这样一来，就解除了人们的后顾之忧，使他们能安心工作。当刘少奇听说他所关心的群众生活的一些具体问题得到解决时，脸上露出了笑容。

"不能随便打扰老乡"

在那艰难而漫长的革命战争年代，中国共产党人靠着铁一样的纪律，时刻约束自己的一言一行，因而始终和人民群众保持着鱼水深情。刘少奇作为党的主要领导人，是带头遵守纪律的模范。在河南、山东群众中至今还流传着这样几个小故事：

一天，刘少奇一行到达一个偏僻的小村时已是深夜，大家实在疲惫不堪，就决定停下来歇一晚。这时刚好路过一户老乡家门口，警卫员想叩开门让刘少奇他们进去休息一下，但马上被刘少奇制止了："不要惊动老乡，这里是游击区，敌人经常来来往往，这样深更半夜，你们一叫门，他们分不清是八路军还是敌人，又要担惊受怕了。"

这一夜，大家各有各的办法：有的靠着墙根，有的倚着树枝，有的背靠背坐在地上，静静地宿在露天里。刘少奇也和大家一样挨着一棵白杨"睡"了一觉。

第二天一早，乡亲们发现了这支不知啥时进村的队伍，又是惊喜，又是感动，一边埋怨他们为什么不早叫门，一边抱来柴火给他们烘烤露水打湿的衣服。过了很久，他们才得知自己招待的这些客人中还有一位我们党的高级首长。

又有一次，刘少奇率部来到了河南省舞阳县城附近的一个小村庄。这时

第五章
要对每个公民负责

已是暮色浓浓,刘少奇便示意大家就地宿营。

一停下来,大家就分头行动,有的做饭,有的找住房,个个忙得不亦乐乎。刘少奇呢,则一下钻到老乡家了解情况去了。

这是一个土地贫瘠的村庄,整个村看不到一栋像样的房子,许多人家都是几代人挤在一间破屋子里。为找个住宿的地方,几个战士一家家地问,一户户地找,又一次次地失望。最后,好不容易找到一栋破草房。走进去一看,瑟瑟秋风穿过四周墙壁。地上泥巴、草屑、杂物一片狼藉。更甚的是,在黑乎乎的角落处,还有一头脏兮兮的猪,原来这是一间猪舍。

条件虽差,但大家顾不了那么多。连日来,风餐露宿,受够了苦,大家还是如获至宝般迅速从外面的草垛里、场院上找来麦秸当铺盖。大部分人一躺下就呼噜呼噜进入了梦乡。

这时的刘少奇还在老乡家里找人谈着话哩!"他太辛苦了,身体又不好,怎么好让首长跟大家一起挤猪房呢?"几个警卫员商量着,心里实在过意不去,决定再分头出去找找,看能否给首长单独找个住处。不料,刚一出门就碰上迎面归来的刘少奇。

"你们这是上哪去?"刘少奇问他们。

"我们,我们想再出去找找房子。"一个警卫员小声地回答。因为,他担心刘少奇不同意这样做。

"这里不是挺好吗?这么晚了,不能随便打扰老乡。"果然不出警卫员所料,刘少奇不同意再找房子。

回到破屋,看看其他战士都熟睡了,刘少奇拎过自己的背包,看看离猪最近的一块地方还空着,便蹑手蹑脚地走过去铺起"床"来。

"这怎么行呢?"警卫员忙跑过来要给刘少奇换个"像样"的地方睡。

"别争了。"刘少奇指指已经睡熟了的同志,示意大家时间不早了,赶快抓紧时间睡觉,然后自己和衣躺下,安然地睡着了。

这一夜很快在他们的熟睡中过去,但中原局书记刘少奇为了不打扰老百

241

姓在猪舍睡觉的故事却传开了。至今,仍被人们传颂着。

在山东抗日时,有一天傍晚,他们从东盘急行军来到诸城黑林子村。这时,天色已经很晚,向导带刘少奇等来到一户农家借宿。他们刚一跨进门槛,看到老乡家正忙着腾房子。原来,他们家也并不宽裕,一家五口住着北面两间小屋,外面的一间是房东两口子及小孩住,里间住着老父亲。老汉已经病了好几个月了,躺着动弹不得,儿子、儿媳正准备把父亲搬到自己的房子挤在一起住。

"莫,快莫搬,让老人家好好躺着。"刘少奇连忙摆手制止,并严肃地对身边的同志说,"病人是最需要安静和舒适的,怎么能占用病人的房子呢?我们什么地方都可以睡,就是一夜、两夜睡不好又有什么关系?"

"哪里的话,你们为我们老百姓没日没夜地工作,打鬼子,够辛苦的了。我们随便凑合几天,腾间把房子给你们住,让你们好好休息一下,难道还不应该吗?"年轻小伙子既为刘少奇如此体恤群众的高尚情怀所感动,又实在是想为敬慕已久的八路军尽一份力,便继续示意媳妇把父亲扶将起来,执意要留刘少奇住在自己家里。

"你们的心意,我明白,也领了。可是,我们不能占用病人的房间,影响老人家养病。"刘少奇虽然好几天没有休息好了,但是,为了人民群众的利益,他宁愿自己多吃一点苦也不愿给老乡添一点麻烦。最后,出于小两口的盛情,又想到不便再去打扰别人,刘少奇和警卫员在他们家的堂屋里睡了一晚。

第二天一清早,刘少奇一行就悄悄离开了他们家,但老汉那病恹恹的样子一直浮现在他的眼前。他当即派随队的医生给老汉把脉看病,直到临行时仍关切地问:"老人家的病好些没有?"当获悉老人病好多了时,刘少奇高兴地说:"好啊!"

第五章
要对每个公民负责

"我们后方的人可以饿肚子，前方部队不好饿肚子的"

1940年初夏，国民党顽固派江苏省保安队第一纵队司令王光夏，趁日寇从西面向我淮北根据地进犯之际，从东面配合日寇围攻我新四军第四总队，占领了我军的必经之路行圹子和宋湖，使我军陷入十分危险的境地。为争取主动，我军决定教训一下屡屡挑衅的王光夏。

经过五天的激战，我军英勇的指战员从敌人手中夺回了宋湖、行圹子以北大小20多个村庄，同时，也打退了鬼子的"扫荡"，根据地基本恢复了。这天深夜，张爱萍从前线指挥部回来向刘少奇报告战斗情况，请示下一步的作战计划。因为战斗紧张，部队派不出更多人力筹集粮食，几天来，部队每天只能吃两顿杂粮稀饭。谈话中，张爱萍肚子咕咕叫唤起来，他低声问秘书刘彬："能不能给搞点吃的？"

这话让刘少奇听见了，他关心地问："怎么，这样晚，还没有吃饭？"

于是，他询问起部队的供给情况。张爱萍只好将根据地初创筹粮困难，部队几乎断粮等实际情况做了汇报。刘少奇听罢，很不安，眉头皱起老高，说："怎么我们一点都不知道？我们倒天天吃白面、大米呢！"

原来，部队为了照顾刘少奇的胃病，又考虑中原局机关人数不多，就专门给他们弄了些米面。张爱萍看到他这样不安，后悔不该讲出实情。刘少奇对刘彬说："快查查我们还有多少粮食，马上全部送到前方去！"

张爱萍连忙解释："部队虽然米面吃得少些，但玉米面、绿豆、大麦、糁子还是有得吃的。"刘少奇没等张爱萍把话说完，就生气地说："我们后方的

盐城市泰山庙新四军军部旧址（历史图片）

人，才该吃杂粮。"

张爱萍又解释说："现在战斗基本结束，可以抽出人去筹粮，粮食问题很快可以解决。你有胃病，不应同我们搞'平均主义'。"

这次，刘少奇可不像平时那样用商量口吻讲话了，他连连摇头，一句解释的话也不听："不行，不行，我们在后方的人可以饿肚子，前方部队不好饿肚子的！"

后来，政治部把刘少奇送粮食到前方的决定传达到部队，士气大振。战士们纷纷表示，要多歼灭敌人来回报刘少奇的关怀。在此后的战斗中，我军一举歼灭了王光夏部两个多团，完全恢复并扩大了淮北根据地。

/ 第六章 /

俭朴不是丑事：主席的平民生活

◎刘少奇办公时习惯跷着腿，而普通办公桌的高度不够，他无法跷腿，很不方便。工作人员想给他特制一张新办公桌，他坚决反对。后来，还是他自己出主意，让木工把抽屉下的那块隔板挖了一个洞，那空间正好能容他跷起腿。工作人员说这样太不美观，刘少奇却说："要美观就得重做，那太浪费了，我要的是实用、方便。"

刘少奇多次讲过,在无产阶级革命家出现以前,历代的革命者,一到他们进行的事业得到胜利和成功之后,少有不腐化、不堕落者。因此,历次革命往往最终走向失败。他认为,代表广大人民利益的中国共产党,要做到永远立于不败之地,就必须抵制和消除腐化、堕落的现象。而要做到这一点,就应当永远保持艰苦朴素的作风。他无论对自己、家人还是对别人都这样要求。无论是在艰苦卓绝的战争年代,还是在中华人民共和国成立以后的和平日子里,始终如一,因而成为艰苦朴素的典范。

今天,当我们怀念这位为中国革命和建设作出不可磨灭贡献的伟人时,不会也不该忘记这样一些事物:拖地的旧布衣、狮子口布鞋、一个只有20多元的"钱柜",等等。重温这些细节,我们不能不被刘少奇艰苦朴素的作风所感动。

诚然,经过几代人的努力,我们的生活水平已今非昔比,即使一个普通老百姓的生活水准也会比当年的国家主席要高。但我们更应当清醒地认识到,我国仍然是一个落后的国家,艰苦朴素的作风仍然需要大力提倡。不容忽视的是,在现实中还有个别党员干部,忘记了为人民服务的宗旨,丢掉了艰苦朴素的作风,他们以权谋私、贪污腐化,在人民群众中造成了极坏的影响。读一读刘少奇艰苦朴素的故事,很有现实意义。

"走路走惯了,不习惯坐轿子"

安源工人大罢工胜利后,一天,刘少奇要到萍乡县城办事,负责保卫的张明生想着来回往返有二三十里路,再说,刘少奇是俱乐部总主任,代表着1

万多名工人哩,可不能太寒碜了,让官老爷笑话。于是,他赶忙在花冲找来一顶轿子,请来了几个工人,想让"刘总主任"开一次洋荤。

早饭后,刘少奇收拾好公文包,走出大门,准备上路,看见门口有一顶轿子,便问:"这是哪位老爷来了?"

"没有谁来呀,是我给你准备的。"候在一旁的张明生连忙回答。

哟,原来是这样,怪不得旁边还站着几位汉子。刘少奇才明白过来。就在几位轿夫准备把轿子抬过来时,刘少奇飞快地走过去,和蔼地说:"谢谢你们,我们俱乐部的人也和你们一样,走路走惯了,不习惯坐轿子,请你们把轿子抬回去吧,麻烦你们了,好在时间还早,可以找点别的事做。"

几位轿夫半天没反应过来,用半信半疑的眼光望着张明生,久久没有离去,倒不是舍不得这笔眼看到手的生意,而是疑惑这位堂堂的俱乐部总主任为什么竟放着现成的轿子不坐而硬要走路。张明生也一时不知怎么办才好,只是呆呆地站着。

看着张明生那窘相,本来想发火的刘少奇心软了下来,便走过去和气地说:"小张,我们不能和资本家比,我们是俱乐部的人呀!"看到张明生还愣着,刘少奇拍了拍他的肩膀,笑着说:"这次就不批评你,下次注意就行了,我们还是赶紧上路吧!走路很舒服,还可以借此机会锻炼锻炼身体咧。"

说完,刘少奇拉起张明生就上路了。刘少奇身体消瘦,精神却很好,走路飞快,张明生得时不时地小跑。刘少奇便有意放慢速度等他,怕他为轿子的事背包袱,平常不太爱说话的刘少奇还一个劲地找话题,活跃气氛。

"你对做这个工作有意见吗?"

"意见?没有,我还挺高兴的呢。"

"高兴就好,你是我的保卫,对外称'通讯员',回到家里就不分彼此。"

"我们去见他们,架子要拿足点。"

一路上,两人你一言,我一语,谈笑风生。到了县城衙门,为了显示俱乐部总主任的威望,张明生又是给刘少奇倒茶,又是替他递名片,还真像那么回事。

到了晚上,刘少奇又把张明生拉到自己的床上,有说有笑地谈起白天的趣事。末了,他说:"我们该威风的时候要威风够,不要拘谨,不要小家子气,但该节约的时候一定要节约,不要浪费,不要摆阔,不要忘记我们是1万安源工人俱乐部的人。"

后来,在延安,在竹沟,在山西,同志们考虑到行军的艰辛和刘少奇身体的虚弱,多次给他雇来了马车、手推车,配了马或担架,但刘少奇总是将其让给那些更需要的同志或用来运行李、载装备,从不轻易去享受这等待遇。

"嘴巴"越张越大的"狮子口鞋"

刘少奇担任过新四军政委。在任职期间,他的雄韬伟略、工作作风有口皆碑。除此之外,他穿的"狮子口鞋"也在全军中颇有些名气,几乎人人都知道。

"狮子口鞋"的故事,其来历是这样的:

原来,刘少奇穿的那双鞋,不仅鞋帮和鞋面打满了补丁,而且鞋尖也被磨穿,穿着一不小心脚指头就露了出来,好像是狮子张开了口要吃东西。许多同志看到了,心里很不是滋味,一再劝他换一双新的。刘少奇总是摇摇头,谢绝大家的好意:"这双鞋跟着我从陕北来到这里,可以说是劳苦功高,有感情啊!让鞋匠补一下还可以穿。"就这样,"狮子口鞋"伴着他一天又一天,那张"嘴巴"也越张越大。

一天,刘少奇和陈毅等在一起商谈问题。坐久了,刘少奇下意识地跷起了二郎腿。不好,"狮子口鞋"露馅了,素来幽默风趣的陈毅禁不住窃笑

第六章
俭朴不是丑事：主席的平民生活

起来："这个政委呀，你好滑稽哟！"可不能再让刘少奇"放任自流"。于是，陈毅叫人暗地里量好刘少奇鞋的尺码，买来了新鞋。

不几日，陈毅拎着一双新鞋来到刘少奇的住所。一进屋，他就指着刘少奇的"狮子口"，用他那纯正的四川话嚷开了："你看你，这是啥子鞋嘛，都成特制的了，留着进博物馆吧！"

"打了多年交道，老交情了，缝缝补补穿了五年，舍不得丢呀！"刘少奇也不怕陈毅笑话，道出了实情。

1941年，任中共华中局书记、新四军政治委员时的刘少奇（历史图片）

"来，换双新的。"陈毅冷不防从背后掏出一双鞋，塞到了刘少奇的手里。

"不，不，你怎么能这样。"刘少奇忙不迭地推辞，鞋子掉到了地上。

看来得给他来点"厉害"，陈毅顿时严肃起来，声音高了八度："好，我是军长，现在我以军长的身份命令你，赶快换上这双新鞋。"

知道陈毅说一不二的个性，想想人家鞋子都买来了，刘少奇只好让步："好，你是军长，开口就是命令，我服从你，但你做思想政治工作一点耐心也没有，我不服气。"

"哈哈，我只知道要你换上这双新鞋，服不服气是你的事。"见自己的目的达到，陈毅一个劲地笑了起来，"你看，你的狮子也在张开大嘴笑话你咧。"

"哈哈，哈哈。"一个军长，一个政委，面对面孩子般地开怀大笑。

此后，大家见刘少奇穿上了合适的新鞋，觉得挺新奇。"政委原来的那双鞋呢？"知道的人打听道。

"让军长硬给换掉了。"

"那政委舍得？"

"军长是下了命令的！"

从此，刘少奇穿"狮子口鞋"的故事就在全军传为佳话。

无独有偶，中华人民共和国成立后刘少奇虽然位至国家主席，但艰苦朴素的作风依然如故，"狮子口"的鞋仍照穿不误。

一天，刘少奇的警卫员拿着一双破了一个洞的布鞋，走进屋来，对大家说："同志们，谁给缝缝这双鞋？"

大家一看，都笑他太"抠"了，跟他开玩笑说："是省钱买地，还是省钱娶媳妇呀？"

警卫员的脸一下子涨得通红："你们都瞎说个啥！这是少奇同志的鞋！"

"少奇同志的？"大家惊讶地怔住了，一个保育员走上前，接过鞋来，默默地缝了起来。

看着这双旧布鞋，大家又不由想起1959年刘少奇去海南岛疗养前的一段往事……

同志们看他只有一双旧布鞋，想到海南岛尽是山路，走路费鞋，便打算给他再买双鞋。可大家都知道他生活非常俭朴，旧的没穿烂，一般不让买新的。犹豫了好几天，才下决心买了两双。怕刘少奇不同意，没敢告诉他。可是，过了两天，有的同志提出了疑问："要是这鞋不合脚那不是白买了吗？"

"是啊，老这样瞒下去，也不是个事儿呀！"

"咳！丑媳妇总得见公婆，我去！"一位同志思量半天，决定去找刘少奇试鞋。

"少奇同志，你那双鞋太旧了，该换双新的了，试试这双合适吗？"

"我这双还能穿嘛！"

在工作人员的劝说下，又考虑到下基层的需要，他才答应换双新鞋，但

第六章
俭朴不是丑事：主席的平民生活

不同意把旧鞋丢掉。后来，工作人员真的把这双旧鞋带回北京，刘少奇又穿上了。再到后来，不堪重负的布鞋终于破了一个洞，但他仍舍不得扔掉，这才有了警卫员找人修鞋的故事。

此时，大家看着这双旧布鞋，神情严肃，没有一个能笑得出来了。

"不要紧，再缝一缝，还能穿些时候"

刘少奇的衣服的确不多，但有一件却颇有特色，大家称它为"龙袍"。

那还是刘少奇在安源领导工人罢工的时候，作为1万多名工人的俱乐部总主任整天闲不住，到处奔走忙碌。在寒冷的冬天，他身着一件旧式大衣，腰肥身长，刘少奇那样高的个子，穿在身上还拖着地呢，特别是两只袖子，又肥又大，就像戏服的大水袖，人们称它为"唱戏的旧龙袍"。瘦瘦的刘少奇穿上它，别提多滑稽了。再加上一双后跟缺了半边的皮鞋，头上戴一顶破一个洞的日本式鱼鳞帽，这位大主任的形象确实够瞧的。再瞧那双长筒袜子，看上去挺厚实，暖暖和和，可一脱鞋就露了馅：光有袜筒没袜底，敢情是个"摆设"。刘少奇的这身打扮和通讯员张明生一身学生气十足的时装，形成巨大的反差。但他毫不在乎，仍穿着这件"龙袍"，到处奔走——他的心都放在工人身上了。在其他季节，他的"龙袍"穿不得了，会客便换一件蓝布大褂，一回来就脱下来，整齐地叠放好，换一件青布便服。他的衣服穿破了，勤务员拿去找人补，他却说："行了，不要麻烦人家，不冷就行，多考虑一下工作吧！"

中华人民共和国成立后，条件好了，可刘少奇仍保持着俭朴的生活习惯，衬衣袖子、领子破得不能再缝了，就把领子翻过来再用，袖子拆下换个新的。有一件衬衣破了一道很长的口子，工作人员问他是不是换件新的，他把衬衣抖抖，看看说："不要紧，再缝一缝，还能穿些时候。"

刘少奇有条床单，用了十几年，中间磨破了，把破的剪去，缝在一起，又变成了浴巾；再破了，又变成了擦脚巾。他有一块咖啡色围巾，用得都没绒毛了，仍不换。从人们看见他戴这条围巾算起，整整用了16年。

"这不是还能用吗？为什么要换新的呢？"

茶杯是人们生活中的日用品，曾任刘少奇警卫员的张起讲述了一个刘少奇与旧茶杯的故事。

那是20世纪50年代初的事。有一天，刘少奇又办公到了深夜。张起见他办公桌上的茶已经凉了，就把茶杯拿出屋，准备给刘少奇换一杯新茶水。

倒掉剩茶水后，张起涮洗了一下茶杯。谁知，一不小心，他把茶杯的把儿磕掉了。这只茶杯是白色粗瓷的，刘少奇从延安时期就一直用它，现在磕坏了，张起心里有些惴惴不安。他找了一个新茶杯，沏上热茶，硬着头皮送到刘少奇的办公桌上。

刘少奇正在埋头办公，头也没抬，习惯性地端起茶杯往嘴边送去。突然，他觉得有点不对头，定睛一看，茶杯换了。他侧过头来问张起："小鬼，那个白杯子呢？"张起不好意思地答道："不小心，摔坏了。"

"摔成什么样儿，拿来我看看。"刘少奇紧接着说。

张起只好走出去，把那只碰坏的茶杯送到刘少奇眼前。

刘少奇接过茶杯看了看，说："这不是还能用吗？为什么要换新的呢？"

刘少奇的话，张起不能不听。他把新杯子端下去，又用旧茶杯装上热茶送到刘少奇手里。

就这样，这只掉了把儿的茶杯，刘少奇又用了一年多。

后来，张起实在看不下去了，与其他工作人员合伙撒了一个谎，说旧茶杯摔碎了，硬给他换了个新茶杯。

为这，张起还被刘少奇"教育"了几句："你这小鬼，老是这么毛毛糙糙的，以后可要注意噢！"

刘少奇哪里知道，那只没了把儿的旧茶杯已经被张起小心地珍藏起来。他珍藏的不仅仅是一只旧茶杯，而是一种对刘少奇由衷的敬爱，是一种艰苦奋斗的创业精神。

"我要的是实用、方便"

作为一国主席，刘少奇担负着繁重的工作任务，而与他崇高的地位和繁重的工作形成强烈对照的，却是他不尚奢华的朴素而简陋的办公室。

刘少奇的办公室起先在中南海的万字廊。后来，在有关部门的安排下，刘少奇住到了中南海的西楼。他的办公室设在二层楼靠西的一间不足20平方米的小屋里。办公室的陈设很简单，只有一张办公桌、一对沙发、一把藤椅、几个书架和文件柜，没有任何供欣赏的摆设，也没有铺地毯。

走进他的办公室，只见西面的墙壁上有四个窗户，夏天时西晒非常强烈，整个办公室被太阳烤得燥热，那时没有空调，刘少奇穿一件背心办公还热得汗流浃背。而到了冬天，凛冽的西北风透过四个窗子往屋里钻，供暖工人使足了劲，室内温度也上不去，刘少奇必须穿着棉鞋办公。就是在这个冬冷夏热的办公室里，刘少奇夜以继日地为党、为人民、为国家辛勤操劳着。

刘少奇把艰苦创业的工作作风也带进了办公室。

刘少奇办公时习惯跷着腿，而普通办公桌的高度不够，他无法跷腿，很不方便。工作人员想给他特制一张新办公桌，他坚决反对。后来，还是他自己出主意，让木工把抽屉下的那块隔板挖了一个洞，那空间正好能容他跷起腿。工作人员说这样太不美观，刘少奇却说："要美观就得重做，那太浪费了，我要的是实用、方便。"

办公室和楼道走廊的地板比较滑，容易摔跤，工作人员几次提议铺地毯，刘少奇都不同意。有一次，管理部门趁刘少奇出差给办公室外的走廊上铺了一条地毯。刘少奇回来后见到地毯很不高兴，立即叫人撤掉。工作人员向他解释："这是为了安全，不是为排场。"刘少奇仍执拗地说："不管是不是讲排场，反正铺这个太贵，太浪费。"大家一再劝说，刘少奇才答应："可以换铺一些便宜的东西。"管理部门只好撤走地毯，改铺橡胶垫。橡胶垫铺好后，刘少奇在上面试着走了几个来回，满意地说："这个好，这东西又便宜，又结实耐磨，走路也不滑，铺这个就行了。"

中南海西楼（历史图片）

第六章
俭朴不是丑事：主席的平民生活

刘少奇的办公桌上除了一盏台灯、一个台历以及笔墨纸砚外，全都是文件。他从不在意用品的简陋，但对于文件的摆放，刘少奇的要求却是很严格的。

刘少奇日理万机，每天都要处理大量的文件。文件太多，在办公桌上堆得很满很高，刘少奇要求工作人员按类摆放，所以文件虽多却不凌乱，而是井然有序：中央政治局的、中央书记处的、将要讨论的文件，都放在办公桌

刘少奇青年时代学过木工。1951年夏的一个傍晚，他在散步时看到中南海迎薰亭正在修缮，便走进去干了起来（历史图片）

的左前方；秘书新送来的文件，急件随时处理，不急的就放在办公桌的右前方。以上这些文件都放在第一排，其他文件根据内容放在第二排、第三排，一切都排列摆放得整整齐齐。有时因为外出几天，桌上的文件存得太多，他就叫秘书按要求去清理一下。而每次让秘书清理文件前，他都要认真地交代一番，规定哪类文件一定要请示他以后才能处理。对需要临时保存的机密文件，他都谨慎地放进办公桌的抽屉里，以防机密外泄。这与他对待生活用品、工作场所的漫不经心、毫不在乎形成鲜明的对比。在刘少奇的心中，永远是工作第一，人民第一，国家第一。

生活简朴容易满足

刘少奇的工作场所非常俭朴，他的生活场所又是怎样的呢？

与简朴的办公室相比，刘少奇的卧室布置得更简单。除了书架，屋里只有一张床和两个凳子，进去四五个人就显得很拥挤。有一次深夜1点钟了，周恩来有急事找刘少奇商量。工作人员把他引进了卧室，同来的还有三四个同志，结果卧室里没地方坐了，有的人坐在床上，有的人只好站着。工作人员要去搬几个凳子，同样以严格自律、绝不轻易打扰别人而著称的周恩来忙劝阻："不用，不用，我们很快就谈完的。"结果，他们谈了近1个小时才离去。

刘少奇在生活上也很俭朴，他家里的日用品都是普通的大众用品，没有任何奢侈品、高档品。

他在家里穿的是布衣、布鞋。一件衬衣常常穿到无法再补了才肯换新的。手帕都磨出了洞也不让工作人员扔掉。洗脸毛巾中间磨破了，他就让人从中间剪断，把边上的两头接起来再用。而一条床单一用就是十几年。

王光英在中华人民共和国成立初送给他的那条带格围巾，他一直用着，上面的绒毛都被磨光了。中华人民共和国成立初期，他做了一身深灰色华达呢制服和一身黑呢子制服。这两套衣服，只有在出席正式集会或参加外事活动时他才穿。回到家里，他立即脱下来换上家常的衣服。他常说："这是工作服，工作完了，就脱下来嘛。"1960年，刘少奇要去莫斯科参加国际会议。工作人员说莫斯科天气寒冷，要给他做一件新大衣。刘少奇坚决不同意。最后，工作人员把一件旧大衣改了改，刘少奇就穿着这件旧大衣去了冰天雪地

第六章
俭朴不是丑事：主席的平民生活

的莫斯科。

刘少奇对吃饭的要求更是简单。尤其是夜间那顿饭，通常都是午饭多做一点，夜里再把剩饭菜倒进小锅里，放在炉子上热一热，来个一锅烩。这顿饭，刘少奇一般要到夜里12点以后才吃。为了照顾厨师休息，这顿饭都由王光美做，王光美也因而赢得了"烩饭厨师"的美誉。

刘少奇的用水条件也很简陋，他喝的水都是警卫员在煤球炉上烧开的，洗澡水也是用一个很旧的小锅炉烧的。为了节省煤，刘少奇一星期只洗一到两次澡。

刘少奇就是生活在这样一个环境里，而他一天的工作时间多达十七八个小时。

每天起床后，他首先让秘书报告当天的重要活动，并把在他休息时间收到的文件、电报交给他。之后他浏览当天的报纸，看到重要文章，就选出来放在办公桌上，找时间看。早餐后，他开始在办公室批阅文件，写东西，或找人谈话。晚上7点钟，他吃晚饭。饭后他休息一小时，8点继续工作。回到卧室后，他还要看当天的国内外参考资料，有时一看就是两三个小时。为了适应毛泽东夜里通宵工作的习惯，刘少奇也调整了自己的工作和休息时间。他反复对秘书说："毛主席那里找我，你们要及时告诉我，不管我是在休息、睡觉，还是开会，都要马上叫我。我们都要绝对服从毛主席那里的召唤。""如果我睡了，你们可以先要车，接着通知我起来，起来就走。"

生活上是那样的简朴和容易满足，工作中又是那样的严谨和不知疲倦，这就是我们的国家主席。他的生活、工作作风不仅深深感动了他身边的工作人员，也使我们的人民更加敬仰这位为人民勤勤恳恳、鞠躬尽瘁的伟大领袖。

23.80元，一位国家主席的全部家底

刘少奇生活一向勤俭朴素。可是，他家里还有一个小钱柜，是由夫人王光美专管的，别人都不知晓其中情由。直到王光美下基层参加四清运动，这个钱柜才被打开。

王光美走后，有一天，刘少奇找来秘书，对他说："现在要请你办这些事了。"同时指了指放在办公桌上的一个小盒子，接着说："光美把它交给了我，我再把它交给你。"

这是一个大约30厘米长、20厘米宽、10厘米高的小木头盒子，已经很旧了。打量着这个小木盒，秘书疑惑了："这是干什么用的？为什么交给我？"

刘少奇故意不说破，只见他打开盒盖，把手伸进盒子里搅动了几下，里面发出了金属硬币相撞的声音。然后，他关上盒盖，一脸神秘地笑着问："你猜猜，里面是什么？"

望着一改往日沉静、严肃态度的刘少奇，秘书更加疑惑了，他猜不出，也不敢乱猜。还是刘少奇主动揭开了"谜底"："告诉你吧，这是我的钱柜。里面还有些票证，我不看了，你拿去看一看，该用什么的时候就从里面取。"

刘少奇把盒子交到秘书手中："以后就由你全权处理了。"同时他又吩咐道："有一件事要提醒你。光美走时留下一个开支单子，每个月发了工资，你就照她那个单子分配一下。等她回来后，你再向她交账。"

原来那是刘少奇家的钱柜，秘书端着盒子也笑起来："让我当家可以，但我得先搞清楚柜子里到底有多少钱。不然将来向光美同志交账时说不明白，我岂不成了四不清干部了？"

刘少奇被逗笑了，说："那你就打开清点一下吧。"

秘书打开盒盖，愣住了，只见里面乱七八糟地放着各色各样的针头线脑，大大小小的衣服扣子，花花绿绿的票证……这些东西占了盒子的大部分空间，钞票却没有几张。这哪里是钱柜呀，分明是个杂物盒嘛！

秘书把所有的钱币集中起来，纸币和硬币加在一起，总共只有23.80元。

刘少奇这时已经坐到办公桌前看文件了，当秘书向他报告钱数时，他只应了声："那好，拿去吧。"他的心思显然早已不在钱柜上了。

秘书连忙退出，回到办公室，从盒子里找出了一个开支单，那是王光美亲笔写的：

每月拿到工资后，请按下列数额分配：

1. 给卫士组100元，为少奇同志买烟、茶和其他日用品；

2. 给郝苗同志（厨师）150元，全家人的伙食费；

3. 给赵淑君同志（保育员）工资40元；

4. 给外婆（王光美的母亲）120元，作为五个孩子的学杂费、服装费和其他零用钱；

5. 少奇同志和我的党费每月交25元（当时刘少奇每月交20元党费，王光美交5元，超出规定好几倍）；

6. 每月的房租、水、电等费用需40多元。

根据这个开支单，秘书算了一下，每月的固定支出是475元多，而当时两人的工资总共是500多元。刘少奇经常从工资中拿出一部分钱资助有困难的亲戚朋友，这样一来，他家的钱自然就所剩无几了。因为家里的钱全由王光美管理，刘少奇不了解情况，有时他把钱给了别人，家里就会出现"赤字"，就全靠王光美私下调剂了。

刘少奇的钱柜里还有很多票证（当时国家供应紧张，很多东西都需要限量供应）：粮票、布票、工业券、副食本等。其实刘少奇从不使用这些票证，他收藏它们只是因为他需要了解哪些东西需要凭票供应，这个时期增加了什么，那个时期减少了什么，他要随时掌握情况。所以虽然他不用票证，可谈起票证来他比谁都清楚。小小票证，成了他了解经济发展和人民生活水平变化的"晴雨表"。

秘书小心地把木盒放进保险柜，感慨万千。23.80元，这就是一位国家主席的全部家底？各色各样的票证，这就是一位人民公仆的心系所在！

怀着对刘少奇的崇敬，秘书精心地管理着每一分钱的开支。他不能让国家主席入不敷出，但可以支配的钱实在太少太少了。这期间刘少奇有一次让秘书给一位原来的部下50元钱，秘书急坏了，因为"财政"出现"赤字"了。幸好，王光美及时赶到，秘书连忙向她做了汇报。王光美听完笑着说："怎么样，财政大臣不好当吧？"

秘书感慨地说："真不好当，每天好像坐在火山尖上，时刻都得提高警惕。"

王光美还跟秘书逗趣："这就叫不当家不知柴米贵呀！"

这只破旧的小钱柜一直沉甸甸地留在秘书的心里，小钱柜里只有极微薄的一点点积蓄和各种各样的票证，却有着刘少奇与人民群众息息相通的一颗心。

"出国不一定非得穿新衣服"

1963年4月份，刘少奇作为中华人民共和国主席即将出访印度尼西亚、缅甸、越南、柬埔寨四国。外交部礼宾司通知，请"刘主席和王光美同志做出国服装"。秘书报告他后,刘少奇说:"有穿的就不要再做了,出国不一定非得穿新衣服。"工作人员将此话转告礼宾司后,他们很不放心,司长俞沛文以高度负责的态度,带着一位女同志来到刘少奇家,要求看看刘少奇的衣服是否能行。他们打开衣柜把刘少奇和王光美的衣服一件件地认真检查了一遍,不无遗憾地说:"这些衣服都不行,作为国家主席和主席夫人出国访问要按照外交部的规定办。另外,这四国的气候也不一样,有热带,也有亚热带,现有的这些衣服不适合那里的季节,而且都是穿过多年的旧衣服。"并强调"王光美同志作为国家主席夫人出访更应注意服饰"。

俞沛文向刘少奇讲了这个情况后,他虽然勉强同意做些薄衣服,但还是

1963年4月至5月,刘少奇出访印度尼西亚、缅甸、柬埔寨、越南。图为刘少奇在印度尼西亚日惹参观婆罗浮屠佛塔(历史图片)

有自己的看法:"我们有我们的国情嘛,不要完全同人家比,俭朴在什么时候什么地方都不是丑事。"

"比我们困难的人还很多,为什么对我额外补助?"

艰苦朴素,严于律己,是刘少奇的一贯生活作风,退还夜餐费就是一个典型事例。

那是1960年的春天。一位警卫员领回刘少奇的工资后,就和大家议论起刘少奇的生活问题。他说:"别看他是国家主席,生活也够紧张的,他们两口子的工资加起来尽管有500多元,可是扣除房租、水、电费和保育员的工资后,剩余部分既要支出八口人的全部生活费、五个孩子的学杂费,还要支援亲友,少奇同志抽烟喝茶每月要花去几十元,即便是精打细算也难以分配。"

另一位卫士说:"所以少奇同志和光美同志处处要求节俭。"

"连孩子们夏天喝点饮料也抠得很紧。有个孩子早就想买辆自行车,但光美老说买不起。"保育员当然最清楚这些。

"最为难的还是我这个厨师,逢年过节稍一改善,就说超标准了。这样下去首长的身体会受到影响的,我们应该向上级反映一下。"厨师郝苗的话是很有分量的。

另一位同志有点不平地说:"应该给少奇同志夜餐费,我们不是都有嘛!少奇同志平时出差从来没拿过差旅补助,这也是不合理的嘛,按规定该有的也应该给人家嘛!"

卫士长插话说:"你们说的这些过去都提过,可首长和光美同志都不同意要。"

第六章
俭朴不是丑事：主席的平民生活

这时有人提议："像这些生活小事，为什么一定要让他们知道？我看就以夜餐费的名义给他们补助点吧。"大家一致同意这个意见，而且决定不向他们汇报了。后来经与警卫局主管刘少奇行政工作的副局长商量，决定每月补助他们30元，每人每天补助5角。就这样开始了补助。

1962年夏季的一天，警卫局的一位领导对毛泽东说，中央几位领导也应该有夜餐费，但他们都不要。现在有的领导同志生活比较困难，准备予以补助。毛泽东说："可以根据具体情况办嘛。总司令和少奇同志、陈云同志，靠他们生活的小孩多，应该补助，我就不需要嘛。"

后来，毛泽东出于对生活困难的同志的关心又在一次小会上提到这件事。

刘少奇回到家里就问王光美："是不是给过我们什么生活补助？""我不知道。"王光美惊讶地答道。"你去查一查看。"刘少奇同志又补充了一句。

王光美立即来到卫士组问大家，卫士们以为别人已经告诉她了，瞒也瞒不住了，便照实说："根据国家工作人员工作到夜里12点就应该给夜餐费的规定，我们认为也应该发给你们两个人夜餐费，这样就……"卫士还想讲些理由，但王光美已清楚了，她说："别说了，总而言之是补助了。"她立刻把这个情况报告了刘少奇，刘少奇马上把秘书和卫士长叫去，严肃地批评说："我的生活问题，为什么瞒着我，这些事我过去曾多次说过，通宵工作，是我的习惯，一个人每天就是吃三顿饭嘛，白天工作、夜间工作，横竖就是三顿饭，要什么夜餐费？你们可以要，我不要，比我们困难的人还很多，为什么对我额外补助？"他生气地说。

停了一会儿，他又追问："这是谁的主意？"秘书回答说这是开会大家一致同意的。

刘少奇的眉头拧得更紧了，他提高嗓门又说："开会为什么不让我参加？为什么不报告我？我的生活问题，应该让我知道。我有自己的工资，不能再要国家补助。请你们从补助的那天起到今天为止，算一算共补了我们多少钱，我要退赔，补多少退多少，一分钱也不能少，要把每次退赔的收据给我。"

王光美也说："我们就是节衣缩食也得赔……以后凡是关系到我们的事，不要瞒着我们。开始少奇同志以为我在瞒着他，你们是好心，可却帮了个倒忙。"

工作人员算了一下，共补助了 2 年 10 个月，每月 30 元，共计 1020 元。从当月开始每月扣 30 元，还得扣 2 年 10 个月。这样一来，每个月从补助 30 元，到倒扣 30 元，等于每个月的生活费降低了 60 元。

直到这时，工作人员才觉得这次确实是帮了个倒忙。但大家从中却深切地感受到了刘少奇那种公私分明毫不利己的高尚情操。

/第七章/

回忆：开国元勋点滴往事

◎刘少奇生活中没有什么特别的嗜好，就是爱吸烟。在思考问题时，他总习惯一支接一支地吸烟，无论在艰苦危险的革命战争年代，还是在和平建设时期，他常常一天要工作十多个小时。这样一来，每天吸的烟就多了，少则一盒，多则两盒。在经济条件较好的建设时期还好办，在条件艰苦的战争年代就常常"资源"枯竭。

刘少奇是一位伟人。这不仅是因为他为中华民族的独立和振兴作出了不可磨灭的贡献，而且他的天赋才华在生活、工作的方方面面也淋漓尽致地展现出来。他的机智、勇敢、幽默、诙谐，与他的深沉、理智、敏锐、执着都令人惊叹。当我们真正走近这位伟人博大的内心深处时，我们似乎感觉不到在他的一生中曾有过令常人无法忍受的非难和屈辱，有的只是百折不挠的精神和幽默诙谐的情趣。

没有灯光不能读书，但他可以说服师傅在碾房偷偷"借光读书"；薪水保证不了香烟的供给，他可以用烟头自制"喇叭筒"，照样吸得津津有味……这些逸闻趣事，都是从不同侧面对刘少奇的真实写照。

借光读书

刘少奇从小时起就十分喜欢读书。很快，家中的书就被他读完了，学堂里的书也被他读熟背会了，母亲给他的零钱他一分不剩地全用来买了书。

从邻居家里借的书、自己存钱买的书虽然不少，但经不住他夜以继日的苦读。因为数量有限，书很快就读完了，怎么办呢？于是刘少奇就到邻村藏书多的人家去借书来读，没多久，那位借给他书的叔公就半开玩笑地说："小渭璜，你可真是一条厉害的'吃书虫'啊！"刘少奇只顾一心读书，每次吃饭都要家里人三催四请。

刘少奇自己有一间小小的"书房"，长不到1丈，宽仅5尺，这间小屋很背静，紧临屋后的小山和园子。每当夜阑人静时分，正是刘少奇入神地遨游在书海中的时候，与他做伴的，只有杂屋附近山间园子的鸟鸣虫叫了。

第七章
回忆：开国元勋点滴往事

刘少奇从别人家中借来了一摞摞爱不释手的好书，为了按时读完还回去，他便躲进这个小屋里，常常在油灯下通宵达旦地细细阅读。后来，这件事被母亲发现了，母亲十分心疼，怕他累坏了身体，每夜只给他半盏灯油。

聪明的刘少奇想了个办法。每晚半夜，他去熊师傅的碾房里"借光"看书，那半盏灯油正好留到下半夜用。

就这样，一连很长时间，刘少奇都在整夜地苦读。时光在一天天地流逝，刘少奇的学识也在一天天增长。乡亲们有很多不懂的事，都愿意找刘少奇询问，而刘少奇也往往会给大家一个满意的答复。久而久之，刘少奇因读书多、学识好成了远近的名人。

不许豺狼当道

离炭子冲约三公里，有座山丘叫双狮岭。这里林木茂盛，景色优美。双狮岭山下有座因此而得名的小煤矿，叫双狮岭煤矿。在这坡多田少的地方，小煤矿给人们增添了一条谋生的门路。因此，人们把双狮岭看作招财的"宝山"。为了保佑这座"宝山"，人们捐资在双狮岭顶上修了一座庙，庙里立了一尊菩萨，起名"郑太公"。"郑太公庙"一年四季香火不断，前来求菩萨保佑、拜神降福的善男信女络绎不绝。

有一年暑假，刘少奇和他的堂姐夫成秉真闲暇无事，相约来到双狮岭游玩。当他俩兴致勃勃地登上山顶，极目远眺时，美丽的景色尽收眼底，这两位少年学子不禁油然而生雅兴。成秉真高兴地拉着刘少奇的手说："表弟，我给你出一副对子，你来对，好吗？"刘少奇欣然同意。

成秉真沉思片刻，便学着老夫子吟诗的姿态，双手反剪，昂首挺胸，抑扬顿挫地吟道:"坐镇双狮,哪怕豺狼当道。"说完,他便息声静候刘少奇接下联。刘少奇稍事沉吟,也学着成秉真的样子,摇头晃脑地说:"坐镇双狮,不许豺狼当道。"成秉真未加细听,以为刘少奇在照吟自己的对子,不满地说:"你怎能抄袭我的?"刘少奇听后哈哈大笑,戏谑地说:"我怎会抄袭你的?你再听一遍。"于是,他重复了一遍刚才说的内容,并且连声说:"表兄,你的对子出得好,但是要改两个字,'哪怕'要改成'不许',现在我们对于当道的豺狼不是怕不怕,而是不允许存在,你说对吗?"成秉真听后连连点头称是。

惩治恶狗

在刘少奇的家乡炭子冲不远处有个村子叫梓木塘。村里有户姓钟的人家,养了一条又大又肥的恶狗,经常咬伤过往的行人。童年时的刘少奇和他的伙伴们打草、放牛、上学都时常从这里经过。为防不测,他们总是偷偷跑过去。尽管这样小心,有一次当刘少奇打草从这里经过时,还是被这条恶狗从身后蹿上来,将他的小腿咬伤。此后,刘少奇和伙伴们商量,一定要想办法惩治这条恶狗。

这天放学后,刘少奇和伙伴们带着劳动工具,一起朝梓木塘走去。恶狗见有小孩过来,就像往常一样不顾一切地扑了上来。小朋友们举起棍棒、石头自卫。可是,这条咬惯了人的恶狗已经很有经验,它根本不怕这一套。用棍棒打下去,它连忙闪开,棍棒抬起,它又猛扑上来。大家见恶狗如此厉害,只好且战且退。

这时,只见刘少奇不声不响地从口袋里摸出一团黑乎乎的东西朝恶狗扔过去。那恶狗见有东西袭来,一闪身便恶狠狠地将这团黑东西咬住。这时,只见恶狗尖叫着在地上打滚，再也顾不上追咬小朋友了。刘少奇见此情景，将手臂一扬，指挥大伙向树林中跑去。

来到山顶坐下后，大伙惊奇地问："九哥，你用的是什么家伙，那么厉害？"刘少奇笑着说："你们猜吧！"大伙你一言我一语，但就是猜不着。这时刘少奇笑着故意缓慢地说："这是一个刚刚烧熟的芋头。"听刘少奇这么一说，大家才明白过来。这芋头外面又黑又硬，里面又烫又软，恶狗咬住它，吐也吐不出，咽也咽不下，真够恶狗受的。

中华人民共和国成立后，刘少奇回家乡调查研究时，几位当年的小伙伴在一起还谈起惩治恶狗的有趣往事。

打"鬼"的故事

炭子冲的乡亲至今还传说着刘少奇少年时打"鬼"的故事。

那是1914年8月的一天，刘少奇和另一个同学一道赶早去学校读书。天还没完全亮，薄雾蒙蒙，细雨绵绵。他俩在泥泞的山路上急匆匆地走着。

突然，前边不远处有一个黑影在移动。仔细看去，既像野兽又像人，但是没有脑壳。"是鬼？"刘少奇的同伴吓得大气都不敢出，一个劲地往刘少奇身边挤。

刘少奇也有些怕。他从小就听大人讲过有关鬼的很多故事，但还没有见过鬼是啥样。今天，机会终于来了，他要看个究竟，到底鬼是啥样子。于是，刘少奇大声地喊道："前边是什么人？"没有回音。刘少奇又大喊一声，仍没有回音。黑影照样向前移动着。这时，刘少奇的伙伴更加相信那影子就是鬼。因为他听大人讲，鬼一般不跟人说话。一旦说话，人就性命难保了。

他紧紧跟在刘少奇身后，不知如何是好。刘少奇见没有回音，就紧跑几步跟上前去大声喊道："再不回音我就打了！"这时，那黑影才回过头来答话："别打，是我。"原来，是一位趁天不亮赶路的农民。因为天下小雨，他便脱下外衣罩在头上只顾专心赶路，压根儿就没有想到也没有听到有人在后面喊他。他的这身打扮从远处看去就像没有脑袋的"鬼"。他听完刘少奇和伙伴刚才的虚惊，三个人都哈哈大笑起来。

刘少奇的伙伴和那位差点遭到袭击的农民后来把这个故事讲给大家听，于是，刘少奇打"鬼"的故事就这样一传十、十传百地在远乡近邻中传开了。

节俭的"烟民"

刘少奇生活中没有什么特别的嗜好，就是爱吸烟。在思考问题时，他总习惯一支接一支地吸烟，无论在艰苦危险的革命战争年代，还是在和平建设时期，他常常一天工作十多个小时。这样一来，每天吸的烟就多了，少则一盒，多则两盒。在经济条件较好的建设时期还好办，在条件艰苦的战争年代就常常"资源"枯竭。

安源工人大罢工胜利后，工人们很高兴。考虑到刘少奇身为俱乐部总主任，工作繁忙，开销大，大家就一致建议把他的月薪提高一点，并一再强调这是大家的心愿。

"建议"传到刘少奇耳中，他不假思索，断然否决："只要15元，我们是工人代表，不能和资本家比呀，何况工人的生活还很苦啊。为了革命，我们更应该和工人一道同甘共苦。就是将来打下了天下，生活过好了，干部也不能特殊呀！"就这样，俱乐部的工作人员，不分主任、通讯员，每个月薪金一

第七章
回忆：开国元勋点滴往事

律 15 元。

刘少奇习惯夜间工作，一干就是一个通宵。而在工作时他又必须靠着吸烟来提神。因此，每月 15 元的薪水根本无法保证他的需求，常常是离发薪还有好几天，荷包早就空空如也，烟盒也成了摆设，可他从不要求提前支薪。为了度过一个个烟荒，他想了一个办法，平时剩下的烟头，从来舍不得扔掉，烟瘾上来了，就剥开烟头，找张废纸卷成一个土烟卷，抽得津津有味。实在没有了，就只好盼望着下月发薪的日子到来，但从不搞特殊，提前支薪。

尽管刘少奇本人觉得这样做很正常，没有什么。但身边的工作人员每遇这种情况，总是感到有些过意不去。偶尔他们会想些办法，但刘少奇却不领情。

一天，通讯员张明生实在不忍心看着刘少奇"痛苦"，就私下替他把薪金提前领了。

"这是哪来的钱？"刘少奇一直是掐着指头过日子，知道还没有到发工资的日子。

"我看你没有烟抽了，所以提早……"张明生支支吾吾，生怕刘少奇发火。果然，不等他把话说完，刘少奇就批评开了："不行，薪金发放时间是俱乐部集体决定的，我们大家都要遵守。要不，当家的怎么办？赶快给我把钱退了。"

看到张明生一声不吭，刘少奇心想他也是一番好意，这才把语气缓和下来，幽默地说："你看，我不是一样有烟抽吗？"说着，他便点燃了一支自制的土烟卷抽起来。

既然如此，张明生只好乖乖地把钱给退了。以后，他只好用自己的钱多买点烟，一发现刘少奇的烟盒空了，就偷偷地塞上几支，帮他度过烟荒。每每此时，刘少奇也就当仁不让地笑纳。

到了西柏坡，刘少奇的每月津贴交完党费就只剩下两块钱，他全部用来买烟，也常常是烟荒不断。即便是这样，他始终坚持一个原则：每个月的零花钱，无论如何不能超过两块钱。

有一次，警卫员发现刘少奇又断了"炊"，晚上熬夜又实在辛苦，便悄悄地买来一包瓜子放在他的办公桌上，希望给他缓解烟瘾。不料，刘少奇发现后不但没有谢他，反而严肃地问："这包瓜子是哪里弄来的？不要乱花钱，能少花的就尽量少花，能不花的就不要花，今后再不能这样了。"当然，以后也没有谁敢这样了。

中华人民共和国成立后，经济条件好了一些，尽管刘少奇嗜烟如命，但他仍然坚持不抽太好的烟。平日里就是"前门"，偶尔也抽几支"恒大"，从不轻易破例抽更高级的。

1958年，刘少奇在成都开会时，他自己带的烟抽完了。工作人员送了一盒云烟，刘少奇抽后觉得不错。

"那就买一些来吧？"

"行。一定要付钱，人家送的我可不抽。"

烟买来了，刘少奇看了发票才放心地抽起来。

在家里召集会议，商谈工作，或在外开会，国家都预备水果、烟、茶，但他从来不用，总自己带茶叶，带烟。会见外宾时，即便不能喝自己的茶叶了，可他仍抽自己的烟。

刘少奇在自己这唯一的"嗜好"面前，仍那么公私分明，毫不迁就，在其他问题上就可想而知了。

替张二叔打抱不平

刘少奇少年时，有一天和表哥一起去双狮岭游玩。一路绿草如茵，百

第七章
回忆：开国元勋点滴往事

鸟声喧，空气中散发出清新的泥土气息。路旁各色各样的野花在微风中摇摆着，好像是在向刘少奇问好呢。刘少奇活蹦乱跳地跟在表哥的身边走着，他高兴极了。

快到双狮岭脚下的时候，他们忽然看见小煤矿的空场上围了一大群人，刘少奇不知道那里出了什么事，便拉着表哥挤过去看个究竟。仔细一看，原来是厚道诚实的张二叔被绑在了大树上，一个满脸横肉的工头正用皮鞭在狠劲地抽打他，边打边嚷着："再让你偷锅巴，还偷不偷？说！"张二叔的嘴角流淌着鲜血，衣服被抽成了一条条的，脸上、身上都是血印子。

刘少奇的心缩紧了，他想张二叔是绝对不会偷东西的。前几天，张二叔到刘少奇家买米的时候，刘少奇趁父亲不注意，偷偷地给他多量了几升。第二天，张二叔却把多量的米送了回来。刘少奇问："你干吗还退回来呢？"张二叔却说："这米是给矿上买的，我家再穷，也从来不去捞别人的油水！"这件事给刘少奇留下了极深的印象。

想到这儿，刘少奇忙向周围人问明了真情。原来是张二叔惦记着家里的孩子，自己每天少吃一顿饭，把省下来的饭换成锅巴，存到星期天带回家给孩子们熬粥喝。

见穷苦的张二叔惨遭工头毒打，刘少奇愤怒了，他毫不畏惧地走上前去，一把挡住了工头的鞭子，为张二叔鸣不平："他是好人，不是贼，不许你打他！"

可是，狠心的工头哪里肯听一个毛孩子的话，用嘶哑的声音恶狠狠地朝刘少奇嚷道："快给我滚开，用不着你管！"

"诬陷好人，还动手打人，良心何在？公理何在？"刘少奇愤怒地斥责工头。

"什么公理？我就是公理！"工头恼羞成怒地叫嚷着，并提着皮鞭向刘少奇逼近，准备对刘少奇下手。

刘少奇见状不慌也不忙，他向表哥递了个眼色，一个马步，准备用自己练过的武功好好教训这个蛮不讲理的工头。在场的矿工们为刘少奇叫好，纷纷指责这个恶毒的工头。

工头没有想到这个青年人居然敢干涉他打人的事，再看看他的马步姿势，知道武功不浅，加上在场群众的声援，感觉自己不是刘少奇的对手，就找个借口在人们的谴责声中溜走了。

张二叔拉着刘少奇的手连连致谢，在场的人对刘少奇敢于打抱不平的胆量大为称赞。

原谅七伢子

刘少奇儿时，很好动，爱玩也爱干活儿。春天里，他和伙伴们到田里去捉泥鳅、逮蝴蝶；夏天里，他又常到水塘里去游泳、摸蚌壳；枫叶一红，他和小伙伴们又到山上去打柴摘果；寒冬腊月，他们又一起网麻雀、放爆竹……

玩"捉龙"时，当"龙头"最难，因为"龙头"不仅要有力气，还得勇敢机警，不怕累不怕撞。论身体刘少奇不是最壮的，个头也不是很高，但他机智勇敢，大家都愿意让他做"龙头"，他也特别想和"凶恶"的"老虎"斗一斗。可是有一次，当"老虎"的七伢子输急了便咬了刘少奇一口。刘少奇就和伙伴们一起向奔家的七伢子追去……半路上，刘少奇的二姐把他拦住了。二姐说，常在一起玩，不该真动气啊。刘少奇一听，想想有理就不再追了。七伢子呢？躲在屋里被奶奶揍了一顿，也很后悔自己的鲁莽。

第二天再玩时，小伙伴们还在生七伢子的气，不想让他再当"老虎"，可刘少奇不记仇，坚持还让他当"老虎"。自此，七伢子对刘少奇十分敬服，说渭璜哥哥是个好"龙头"，玩时往往请刘少奇出任"龙头"。

第七章
回忆：开国元勋点滴往事

习武以酬志

在玉潭学校读书时，刘少奇已经15岁，正是学知识、长身体的年龄。

有一天，语文教师用新的观点讲了《孟子·告子下》中的一段话："故天将降大任于斯人也，必先苦其心志，劳其筋骨，饿其体肤，空乏其身，行拂乱其所为。所以动心忍性，增益其所不能。"老师解释道："这就是说，人要承担国家民族的大任，必须要反反复复经受艰苦的锻炼、修养，只能积极地进取，不能消极地退让……"

刘少奇对这一段古训有了更深切的领悟。正好，当天下午，在校园外看到一位卖艺的武士，他拱手对围观的乡民说："在下表演的是祖传少林硬气功，请各位赏脸。"然后抱起雪亮的钢刀，朝自己的胸部力劈，眼看着刀刃砍在肉上，不仅没有受伤，而且连点刀印儿都没有。

刘少奇返回校园后，自己思忖道："看来，要担当大任就得有点真本事，能文又能武。如果连自己都保护不了，还如何担当国家民族的大任！如何保卫我炎黄子孙！"

于是寒假里，他拜了两位师傅，在课余时间练习"双拳打沙袋"等拳术基本功。时间不长，他就练到了能同时打开四个30斤以上的沙袋了。

他用练就的一身武功惩治过恶少。健康的身体素质也为他以后能够在艰苦卓绝的条件下从事繁忙的工作，奠定了基础。

与徐立业下棋

抗日战争期间,皖东重镇半塔集上有个以卖烧饼为生的人,名叫徐立业,时年40多岁。他虽然没有什么文化,但非常聪明,而且下得一手好棋。当时集镇上以及周围乡村没有几个人能与之对弈。1940年春,正值油菜花盛开之际,刘少奇住进半塔集。他工作繁忙,日理万机,很少有休闲的工夫。一次偶然的机会,听到老乡讲到徐氏很会下棋,便有意与之切磋。一天傍晚,刘少奇在处理完手边的工作后,饶有兴致地派人把徐立业请到了住处朱家小楼上,见面客气一番后就铺开棋盘,厮杀起来。开始徐立业有些拘谨,看到刘少奇那么平易近人也就放开了。这边徐氏驱车跃马,那边刘少奇稳扎稳打,见空就还以颜色。几盘棋下来,互有胜负,实力相当,徐立业暗暗敬佩刘少奇的精湛棋艺。首次对弈平分秋色后两人还真较上了劲,以后刘少奇每逢休闲时,常邀徐氏到小楼上杀上两盘。据徐立业老人回忆,他们每次下棋约两个小时,通常身边都有围观者五六个人,观众偶有插嘴的,刘少奇也不甚计较。刘少奇下棋时文质彬彬,棋风稳健大度,棋艺精湛,为人也很谦恭。1940年10月,刘少奇离开皖东转战苏北盐阜地区。后来徐立业及半塔集乡亲知道下棋的新四军胡服首长就是刘少奇时,惊诧万分,感慨不已!中华人民共和国成立后,半塔镇人民为了纪念刘少奇在皖东的丰功伟绩,便把刘少奇居住的朱家小楼改称为"少奇楼"。

第七章
回忆：开国元勋点滴往事

题 字

刘少奇初到皖东，曾住在位于来安县城北山区的盛家庄。

盛家庄里大树林立，风景优美。村北角的回龙庵前有一株1500余年的银杏树，当地百姓都视其为吉祥圣树而顶礼膜拜。姓盛的庄主是位教书先生，开明豁达，且爱好诗词书法，在当时的山村也算得上是一位文人雅士了。1940年4月，刘少奇初到皖东时就住在他家的厢房里。刘少奇生活简朴，对人态度和蔼，工作之余常和房东聊家常，时间不长就与房东一家大小熟悉了。一天早晨，刘少奇正伏案聚精会神地起草文件，盛先生和往常一样送茶水来到厢房，刘少奇热情让座，盛先生礼让后移目案上，当看到刘少奇的笔墨后十分羡慕，连声称赞道："胡先生一手好字，景仰景仰！"说着跑回去取来纸张铺于案上，恭请刘少奇题字。盛情之下，刘少奇思绪也活跃起来。这时只见他凝望窗外，思索片刻后拿起笔饱蘸浓墨，挥毫写下了"深山隐高士，盛世期新民"十个刚劲有力的行书字，客气地请盛先生雅正。盛先生接过题赠，如获至宝，一直把它珍藏着。后来听说传到盛氏第三代人手里，在"文化大革命"期间被造反派抢走，使这件珍贵的革命文物至今下落不明。

给朋友写对联

刘少奇善于团结社会上的各种进步力量，调动各方面的积极性，以共图抗战大业。在皖东时，他常以赠诗赋对的方式结交社会进步人士。

1940年新四军二师师部驻扎在半塔集的大刘郢，离大刘郢不远有个龙凤乡（今邵集乡）冯郢保，保长赵怀荣是个开明人士，表面上他是国民党的保长，暗地却为共产党、新四军做事，并且此人知书达理，热情好客，深受新四军领导的赞赏。赵宅比较宽敞，是个开会的好地方。刘少奇、方毅、罗炳辉等军政领导经常在此开会。一次刘少奇等领导同志又到此开会，赵怀荣仍像往常一样热情周到地招待客人。会后主人又盛情便餐款待。有感于赵怀荣长期以来对革命工作的积极贡献，席后，刘少奇手题一副"其书满家，有酒一石"八个大字的中堂对联赠送给他，以作纪念。中堂则是松竹梅水墨图。赵怀荣接受此物后十分高兴，一直妥为保存近30年，直到"文化大革命"期间，赵怀荣在经历了无数个忐忑不安的日子后，终于在一个夜晚悄悄地给焚烧了，使这件珍贵的革命文物毁于一旦。留下的两只轴辊被赵怀荣之子赵政带回南京家中收藏。

为一个标点符号请教专家

刘少奇自幼刻苦努力,治学严谨。每读一本书都要弄通弄懂,不达目的决不罢休。他写一篇文章总是反复推敲,字斟句酌,连一个标点符号都不放过。这个习惯一直保持到他含冤去世。

有一次,刘少奇审阅一份关系到全国性问题的文件时,觉得结尾处有一个标点符号用得不恰当,但是又不太好修改,于是,便找来一些同志共同商量。他先对这个标点符号的用法提出了疑义,又让大家发表意见,看看改成什么标点更好。大家商量来商量去,意见始终不能统一,更有的人认为用哪一种标点都行,反正无碍大局,不必那么认真。刘少奇听了以后很严肃地说:"一个标点虽说是小事,但也是马虎不得的。中央的文件下达到全国,一个标点的小错误也许会造成大影响。我们做工作没有一丝不苟的精神是不行的。"最后,他特意请来一位语法专家请教,直到把标点符号的用法弄清弄懂才罢休。

"星相先生"

1942年,抗日战争进入最困难时期。一片金黄的江南大地正预示着又一个麦熟时节的到来。老百姓望着麦穗摇曳的田野,既有喜悦又有担心。他们怕这眼看就要到手的劳动果实被日本鬼子掠夺了去。

就在这时,刘少奇来到了一个叫大树村的地方。

刘少奇高高的个儿,瘦瘦的身材,脸上一团和气,见了老乡问寒问暖,很快就赢得了大家的信任。村里人说,这人可是个好人。

可是,村里人又觉得他跟平常人不大一样。他晚上不睡觉,总是点上油灯,伏在桌子上写字。写一会儿,就到院子里转转,朝天上看看;过一会儿,他又进屋去写字。写一会儿,他又走出屋子到院里转转,朝天上看看。就这样,他一直熬到天亮。

他这是干什么呢?

村里人就悄悄议论开了。几个上了年纪的老人蛮有把握地说,他夜里不睡觉,到外面观星象,看星斗,然后写在小本上。老人们神秘地传说着,咱们村上来了个"星相先生",看得可准,灵着呢!但到底看的什么星,记下来干什么,村里人还一时摸不透。

后来,赶在日本鬼子"扫荡"前,他领导大树村的群众成功地抢收了庄稼。直到这时,村里人才知道,这位"星相先生",原来是共产党的领导人刘少奇。但村里老人们仍然相信他是一位会观天象、预测未来的能人。

不走的手表

刘少奇有块国产的上海牌手表,虽不高档,但质量不错。然而戴在刘少奇的手腕上,它常常"罢工",停止走字。原因可不在手表本身,而在它的主人。

刘少奇工作十分繁忙,每天都是夜以继日地工作。即使这样,仍然忙不过来，刘少奇真是恨不得能将一天延长到 25 小时。因为工作忙，他就顾不上看表。工作、休息不是按照时间来定，而是以工作量为标准。这样，就使得戴在他手腕上的手表真的成了装饰品，他经常忘记上弦。这块质量挺不错的手表，因此常常"罢工"，总是处于静止状态。

有一次到了吃饭时间，工作人员第一次喊他，他不理会，埋头工作。第二次喊他，他抬起手腕看表说："时间还不到呢。"工作人员第三次喊他，他仍说时间还不到。眼看吃饭时间过了一个多小时，工作人员感到挺纳闷："时间过了一个多小时，饭都热了几次了。"刘少奇也挺纳闷："你看，这还不到吃饭时间嘛！"工作人员走过去一看刘少奇的表这才明白，他手腕上的表早就不走了。刘少奇不能不承认："我忘记上弦了。"

此后，这样的事还是常常发生。工作人员拿他也没办法。那块勤勤恳恳的手表，还是常常"罢工"。

/第八章/

君子之交昭日月：
刘少奇与他周围的人

◎ "你们想请我这个国家主席帮忙，以改变自己目前的状况，甚至改变自己的前途。说实话，我要是硬着头皮给你办这些事，也不是办不成。可是不行呀！我是国家主席不假，但我首先是个共产党员，共产党员应该全心全意为人民服务，不是为个人小家庭服务。我手中有点权也是真的，但这权是党和人民给的，我只能用于维护党和人民的利益。"

刘少奇有大海一样宽广的胸怀。他珍视友情、善待同志、关怀下属、体贴民众。凡是和他打过交道的人，无不为他的诚挚、善良所感动。因而，刘少奇总是能够赢得大家的高度信任。这一切都源于刘少奇俯首甘为孺子牛的公仆意识。

公仆，意味着奉献。因此，他在与同志们相处时，襟怀坦白，光明磊落，从不计较个人的恩怨与得失。公仆，意味着为人民服务。因此，他时刻把人民的衣食住行挂在心上。他可以为亟待解决灌溉问题的乡村干部"开后门"、写条子，却从不为自己的部下、亲属提供半点的"方便"。

当走进刘少奇的人际交往世界，我们不仅领略到他交往的范围之广、人数之众，更深切感受到他热诚质朴、无私忘我的崇高的人格魅力。尽管有时刘少奇正直、无私得近乎固执，但他的同事、部下、亲属最终还是理解了他，支持他。因为，他是人民的儿子，他心里装的永远是人民。他永远属于祖国，属于人民。

同志之间

毛泽东说：我的接班人，第一个是刘少奇

毛泽东和刘少奇是湖南同乡，共同的理想和追求使他们走到一起。虽然他俩之间曾有过众所周知的历史误会，但他们之间更多的还是同志之间的深厚情谊。

1922年8月初，刘少奇从俄国回国，经上海到达长沙清水塘。在这里，

第八章
君子之交昭日月：刘少奇与他周围的人

他和毛泽东相识了。

在清水塘的矮小平房里，他俩多次促膝长谈中国革命的战略策略，一幅改造中国与世界的初步蓝图在他俩心中酝酿着。9月初，安源工人运动势头高涨，罢工的主客观条件基本成熟，毛泽东便委派刘少奇于9月10日前往安源，担负安源工人俱乐部的领导工作。由于毛泽东、刘少奇等的正确领导，安源工人斗争得到健康发展，1923年京汉铁路大罢工失败后，全国工运处于低潮，但安源红旗不倒。这是因为刘少奇正确执行了毛泽东提出的"弯弓待发"的灵活策略，审时度势，不提过高的政治经济要求，使工人运动取得有限度的胜利。1923年以后，安源工人集体创作的《劳工记》中，曾对毛泽东、刘少奇给予歌颂。称毛泽东"好智谋""办事的能人"，赞刘少奇"胆量出世稀""教育工人最关心"。

大革命时期，毛泽东已是中共中央的重要领导人，刘少奇主要从事工人运动。

大革命失败后，毛泽东和刘少奇都以坚韧不拔的斗志开始新的战斗。毛泽东创立井冈山革命根据地，为中国革命指出了唯一正确的道路；刘少奇在城市领导白区工人运动，有效地配合农村革命根据地的斗争。他们虽然在不同区域的不同岗位上工作，但都处于领导工农运动的第一线，并互相倾慕与支持。毛泽东曾给刘少奇写信，对他提出的白区工作和工人运动方针大加赞赏，鼓励刘少奇结合白区实际创造性地开展工作。刘少奇也曾敬佩地对人说：毛泽东同志领导苏区红军，执行"保存有生力量"，打仗"赚钱就干，折本不来"的方针是对的，所以红军力量越斗越强。

1934年10月，刘少奇与毛泽东一道参加长征。在决定中国革命成败存亡的遵义会议上，刘少奇坚决支持毛泽东的正确主张，严厉地批评了中央"左"倾错误的政治军事路线，他说：四中全会以来，中央在苏区工作上虽然取得了一些成绩，但犯了严重错误，尤其是在军事战略战术方面的错误；中央在白区工作中同样犯了错误，导致白区职工运动和党的组织的瓦解，特别是五中全会后,白区和苏区党的路线是否正确,要求中央作出全面的检讨和改正。毛泽东对刘少奇在会上的发言十分满意。会议期间,毛泽东向红三军团军团长彭德怀介绍刘少奇时说:"这是刘少奇同志,很早的党员,中央委员,党内著名的工人领袖。"信赖和赞赏之情溢于言表。不久,刘少奇就到红三军团担任政治部主任,及时向红军将士传达了遵义会议的精神。

瓦窑堡会议后,刘少奇受毛泽东委托,担负领导白区工作的重任,任中共中央北方局书记,对白区工作的恢复和发展作了重大贡献,受到毛泽东的赞扬,称"北方党的工作,自胡服(刘少奇化名)同志到后,有了基本上的转变""这些主要转变,足以奠定胜利的基础,开展着光明灿烂的伟大前途"。

刘少奇在北方局工作期间,有感于"六大"以来"左"倾路线的严重危害,于1937年2月20日、3月4日两次给当时党的最高领导人洛甫写信,明确指出中共中央十年来一贯地犯了"左"倾错误,并已形成"一种传统",要求中央公开讨论党的十年历史。刘少奇的信引来一片反对声。1937年3月23日、4月24日,中央政治局两次开会讨论白区工作问题,政治局大多数成员批评刘少奇"反共产国际""反中共中央",只有毛泽东站出来为刘少奇辩护,说:"我看,刘少奇没有反对中央的野心。"

1937年5月17日至6月10日的白区工作会议上,刘少奇做了题为《关于白区的党与群众工作》的报告,再次批评了十年来党在白区工作指导中的"左"倾关门主义、盲动主义、冒险主义传统,由此引起了会议中的激烈争论。柯庆施指着刘少奇的鼻子骂他"老右",多数代表都向刘少奇提出责难,刘少奇面临着被否定的危险。在这最关键时刻,毛泽东又站了出来。他于6月3日作了长篇发言,明确指出:少奇同志对于群众工作有丰富的经验,他的工作,很少失败。今天我们党内干部中,像他这样的人是不多的,他懂得实际工作的辩证法。少奇的报告基本上是正确的。少奇写给中央的几封信上,在他具体直接解决这个问题时,他也基本上是对的,是勃勃有生气的。

第八章
君子之交昭日月：刘少奇与他周围的人

清水塘一聚，把两个伟大的政治家紧紧地联系在了一起，为中国的革命和建设事业相互配合、共同战斗了近50年（历史图片）

他系统地指出党在过去时间在这个问题上所害的病症，他是一针见血的医生。

毛泽东对刘少奇的高度赞扬和强有力的支持，迅速扭转了对刘少奇的不利局面。

全国性抗日战争爆发后，刘少奇坚决执行了毛泽东的"关于整个华北工作应以游击战争为唯一方向"的重要指示，领导与推动了广大华北敌后抗日根据地的建立。王明回到国内后，参加中央领导工作，在1937年12月召开的政治局会议上，反对毛泽东提出的"统一战线中必须坚持独立自主的原则"，鼓吹"一切经过统一战线""一切服从统一战线"的怪论。对此，刘少奇在会上多次发言，结合华北的工作情况，鲜明地表达了自己的对立意见，他指出：华北的游击战争起了战略上的作用，是将来准备反攻的最好条件。他的意见得到毛泽东的支持。由于毛泽东、刘少奇的坚决抵制，王明的错误意见没有形成决议。

1939年7月8日至12日，刘少奇在延安马列学院发表《论共产党员的修养》长篇演讲。毛泽东看到刘少奇的演讲稿后，曾说："修养""提倡正气，反对邪气"，写得很好，很重要，应尽快发表。演讲稿由《解放日报》分几期连载，影响极大，刘少奇被誉为"党内理论家"。

震惊中外的皖南事变发生后，刘少奇就任新四军政委，遵照毛泽东等制定的"在政治上全面揭破蒋之阴谋""在军事上先取防御战"的策略，在全国掀起声势浩大的抗议皖南事变滔天罪行的政治攻势，同时在军事上扩充整编部队，有效地抵抗了伪军对华中的进攻，巩固和发展了抗日民族统一战线。刘少奇处理复杂事变的杰出才能深得毛泽东的赏识。

毛泽东、刘少奇、朱德和周恩来在陕北的合影（历史图片）

1942年2月，为了开展延安整风，毛泽东把刘少奇调回延安，出任由毛泽东担任主任的总学习委员会的副主任，协助领导延安整风运动。1943年3月，中共中央领导机构调整，毛泽东正式担任了中央委员会主席、中央政治局主席、中央书记处主席，从组织上最终确立了毛泽东在全党的领导地位。由毛泽东提名，刘少奇担任了中央书记处书记、中央军委副主席、组织委员会书记、中央研究局局长，并负责管理华中党、政、军、民工作，实际上成

第八章
君子之交昭日月：刘少奇与他周围的人

为党内的第二号人物。

作为毛泽东的副手，刘少奇极为热忱地颂扬毛泽东，宣传毛泽东思想。他在中共七大所作的《关于修改党章的报告》中，提到毛泽东或毛泽东思想达105次之多。他称毛泽东思想是"中国的马克思主义""是马克思主义民族化最优秀的典型"，是中国共产党"唯一正确的指导思想"。他赞颂毛泽东"是中国有史以来最伟大的革命家和政治家""最伟大的理论家和科学家"。

1939年，刘少奇在延安杨家岭窑洞里修改《论共产党员的修养》的演讲稿（历史图片）

毛泽东对刘少奇也不乏赞扬之词，他曾对薄一波说：中国革命有两个方面军，苏区是一个方面军，白区是一个方面军，少奇同志就是白区的代表。在他主持起草的《关于若干历史问题的决议》中，肯定刘少奇是"正确路线在白区工作中的代表"，称赞"刘少奇同志在白区工作中的策略思想，同样是一个模范"。

在1945年的中共七届一中全会上，刘少奇当选为中央政治局委员、书记处书记、中央军委副主席。1945年8月毛泽东赴重庆谈判期间，刘少奇代理中共中央主席，作出了"向北发展，向南防御"的战略决策，为争取东北立下不朽功勋。1947年3月，蒋军进攻陕甘宁边区，人民解放军兵分两路主动撤离延安。一路由毛泽东、周恩来、任弼时率领留守陕北；一路由刘少奇、朱德、董必武率领赴河北省平山县开展工作，成立由刘少奇主持的中共中央工作委员会。1948年这两路大军会合后，刘少奇又协助毛泽东指挥了三大战役，为中华人民共和国的成立作出了巨大贡献。

中国共产党第七次代表大会在延安召开,刘少奇在大会上做《关于修改党章的报告》(历史图片)

1949年10月1日中华人民共和国成立,毛泽东任中央人民政府主席,刘少奇任副主席,位列六位副主席之首。二人携手并肩,共同探索革命和建设的有效途径,虽在有的问题上由于认识不同而产生分歧,但整个看来二人的关系是正常的,友谊是深厚的。1953年12月,毛泽东提出分"一线""二线",由刘少奇主持"一线工作"。当有人想打倒刘少奇时,毛泽东明确指出:有人说少奇同志有圈圈,这是错误的说法。少奇同志是大公无私的,是正派的,他绝不是那种搞宗派的人。毛泽东对刘少奇的赞扬与支持,维护了刘少奇的威信,增强了党的团结和统一。

在历史转折关头召开的中共八大是一次团结的大会。刘少奇负责起草政治报告,在报告起草的过程中,他与毛泽东一起反复研究,字斟句酌,又根据毛泽东的意见作了认真修改。毛泽东说他修改得很好,并在八届一中全会上称赞这个报告"是一个很好的提纲"。在中共八大上,毛泽东当选为中共

第八章
君子之交昭日月：刘少奇与他周围的人

中央主席，刘少奇当选为副主席，列四位副主席之首。在政治局常委名单中，刘少奇的名字都是紧跟毛泽东之后。八大党章有一条这样写道："中央委员会认为有必要的时候，可设中央委员会名誉主席一人"，这个位置显然是为刘少奇当中央主席，毛泽东退居二线而设的。

毛泽东很注意宣传刘少奇，提高刘少奇的地位，曾几次明确说明刘少奇是他的接班人。1957年11月，毛泽东在莫斯科参加世界共产党代表大会和社会主义国家共产党、工人党代表会议，他在向苏共中央总书记赫鲁晓夫通报中国党的情况时说："我准备辞去国家主席的职务了。"赫鲁晓夫问："谁将接替呢？""我们党里有几位同志，他们都不比我差，完全有条件。"毛泽东综合评论后，便掰着指头，

在1945年的中共七届一中全会上，刘少奇当选为中央政治局委员、书记处书记、中央军委副主席（历史图片）

1949年9月，中国人民政治协商会议第一届全体会议的召开，标志着新民主主义革命在全国的胜利。刘少奇在这次会议上当选为中华人民共和国中央人民政府副主席（历史图片）

如数家珍:"第一个是刘少奇。这个人在北京和保定参加了五四运动,后来到你们这里学习,1921年转入共产党,无论能力、经验还是声望,都完全具备条件了。他的长处是政治上坚定,原则性很强,弱点是灵活性不够。"随后他又评价了邓小平、周恩来、朱德,并告诉赫鲁晓夫说:"这几个人不管谁到这里来,希望你们都把他们像我一样来对待,都看作是你们的朋友。"

一年之后,在1958年11月28日至12月10日举行的中共八届六中全会上,毛泽东正式提出了他不做下一届中华人民共和国主席的建议,得到全会同意。毛泽东说:"去掉共和国主席这个职务,专做党中央主席,可以节省许多时间,做一些党所要求我做的事情。"由邓小平提名,刘少奇在1959年4月召开的第二届全国人民代表大会上当选为中华人民共和国主席。在此前后,毛泽东曾在小范围内讲过:"我的接班人,第一个是刘少奇,第二个是邓

1960年4月,刘少奇和毛泽东、周恩来在北京的钓鱼台(历史图片)

第八章
君子之交昭日月：刘少奇与他周围的人

1960年4月，刘少奇同毛泽东在研究会议文件（历史图片）

小平。"

　　刘少奇也很尊敬毛泽东，非常注意宣传毛泽东思想。他作为毛泽东著作编辑委员会主任，主持编辑了《毛泽东选集》第一至第四卷，为完整准确地宣传、理解毛泽东思想作出了贡献。1964年，正当林彪鼓噪所谓"活学活用"，大搞生搬硬套只言片语的形式主义时，刘少奇在给一位负责同志的信中指出：应当正确运用毛泽东思想的精神实质来分析问题，总结经验，确定工作方针，绝不能把毛泽东的著作和讲话当成教条。毛泽东看到这封信后，立即在批示中给刘少奇写道："看了你这封信，觉得实在好。"毛、刘的真挚友谊由此可见一斑。

　　尽管自20世纪60年代初开始，在工作中的意见分歧越来越大，但两位伟人之间仍保持着真挚的情谊。

1965年7月,毛泽东、刘少奇在中南海(历史图片)

第八章
君子之交昭日月：刘少奇与他周围的人

宋庆龄恳切地提出："我希望参加共产党"
——与宋庆龄

刘少奇与宋庆龄不仅在工作中是能够密切合作的同志，在日常交往中也是互相关心、彼此尊重的挚友。

早在20世纪20年代，刘少奇和宋庆龄就互相知晓。在1949年宋庆龄北上以前，虽然她与刘少奇未曾谋面，但是，对刘少奇领导的安源路矿工人大罢工和一系列的工人运动，宋庆龄有所耳闻。而刘少奇对坚决执行孙中山三大政策的宋庆龄，也十分敬佩。宋庆龄对中国共产党和中国革命事业的支持、帮助，更是与刘少奇息息相通。

1950年12月，刘少奇、周恩来、蔡畅在北京方巾巷宋庆龄寓所做客（历史图片）

中华人民共和国成立后，刘少奇和宋庆龄同时当选为中央人民政府副主席，从此开始了他们近18年的融洽的合作共事，并由此发展出深厚的同志情谊。

1951年冬，刘少奇在南方休养时特意到南京瞻仰了中山陵并献了花圈，在上海又参观了中山故居。第二天，宋庆龄邀请刘少奇和王光美到她在上海的家里做客，并亲手煮咖啡招待，感谢刘少奇中山陵之行。刘少奇说："孙中山先生是伟大的革命家，是我们的老师，我们现在实行的新民主主义就是继承了孙中山先生的新三民主义。"宋庆龄说："我一直相信，只有在共产党的领导下，中山先生的主张才能实现。"随后，宋庆龄约刘少奇、王光美同往虹桥俱乐部散步，三人在大草坪上边走边谈，间或在长椅上坐坐，有说有笑，十分亲切。

1952年10月，刘少奇率中国共产党代表团参加了苏共第十九次全国代表大会后，因事继续在莫斯科留了一段时间。1953年1月，宋庆龄率中国代表团出席维也纳世界和平大会后，归国途中也在莫斯科停留并进行参观访问。刘少奇知道宋庆龄希望见到斯大林，便趁同王稼祥在克里姆林宫与斯大林、马林科夫会谈之便，向斯大林特别介绍了宋庆龄对中国革命的巨大贡献，建议斯大林会见她。1953年1月13日，斯大林会见了中苏友好协会总会副会长宋庆龄和中国科学院院长郭沫若。这是斯大林逝世前最后会见的中国客人。

从孙中山走过的道路和在中国共产党领导下新中国发生的天翻地覆的变化等方面，宋庆龄认定，中国只有在中国共产党的领导下，才能走向繁荣富强。经过深思熟虑，她有了加入中国共产党的强烈愿望。她首次向中国共产党正式提出入党申请，是亲自向刘少奇说的。

1957年4月，刘少奇到上海时，又同往常一样，和王光美去看望宋庆龄。两人谈起中国共产党正在开展的整风运动。刘少奇说："孙中山先生很有才华和魄力，献身革命几十年如一日，之所以没有成功，就因为没有一个好党。"宋庆龄点头表示赞同这一见解。刘少奇又说："共产党吸取了这个教

第八章
君子之交昭日月：刘少奇与他周围的人

1957年4月，刘少奇、王光美同宋庆龄在上海留影（历史图片）

训，才领导革命成功了。现在，我们号召群众帮助我们整风，目的就是使我们党更好。"宋庆龄兴奋地表示："党中央采取这个态度很好，我相信党一定会越来越好。"稍停，她恳切地向刘少奇提出："我希望参加共产党。"刘少奇非常高兴，但很慎重地表示："这是一件大事，我将转报中央和毛主席。"不久，刘少奇和周恩来来她家看望。刘少奇告诉她说："党中央认真地讨论了你的入党要求，从现在的情况看，你暂时留在党外对革命所起的作用更大些。你虽然没有入党，我们党的一切大事，我们都随时告诉你，你都可以参与。"宋庆龄点了点头表示理解，激动的心情使她的双眼噙满了泪花。当时在场的王光美后来回忆说："我注意到她的心情很不平静，眼中含着泪花，当时我和她一样，深感遗憾，我甚至还觉得有一丝歉意，今天想来，党中央的考虑是正确的，但当时的情景和她的泪花一直非常清晰地印在我的心里。"

此后，中国共产党更是把宋庆龄看作自己的同志，而宋庆龄也始终用

1959年4月，刘少奇在二届全国人大一次会议上当选为中华人民共和国主席。这是他和宋庆龄在大会主席台上（历史图片）

第八章
君子之交昭日月：刘少奇与他周围的人

共产党员的标准要求自己，与党中央在政治上保持一致。刘少奇曾对王光美说："历次关键时刻，宋副主席一向是支持我们党、同人民在一起的。她的贡献甚至超过我们党的一些负责同志。"

刘少奇和宋庆龄在工作上互相尊重、支持，生活上彼此关心、照顾。1960年，因宋庆龄在北京的原住宅交通不太方便，也不大安静，组织上给她调换了一处住所。可由于房子刚粉刷过，有些潮湿，引起她关节不适。当时正值三年困难时期，中央已有决定，无论哪一级都不许盖住房，但考虑到宋庆龄的特殊情况，决定为她另建一处新居。刘少奇派人带了设计方案专程去上海征求她的意见，还叫王光美给宋庆龄写了一封信，请她向有关同志尽量谈出她的要求。

宋庆龄很快于1961年2月给王光美回信表达谢绝之意："现在国家正在建设时期，在急需款，如为我另外建造房子，又需费一笔款。为了我个人的住所增加国家的开支，这样将使我感到很不安，故我不打算再迁新址了。"她

在刘少奇的追悼会上，宋庆龄向王光美表示亲切慰问（历史图片）

299

感谢党中央的关照,请王光美把这个意见转告国家主席刘少奇和中央领导同志。但中共中央和人民政府考虑到宋庆龄的特殊情况,仍然决定为她修建一所住宅。于是把清朝醇亲王载沣的王府花园葺旧更新,请著名建筑家梁思成设计,建造了一座中西合璧的两层楼房。

宋庆龄热爱儿童事业。刘少奇知道宋庆龄最爱孩子,就教育自己的孩子热爱宋妈妈,给宋妈妈写信,送自己制作的贺年片、手工和图画等。20世纪50年代初期,刘少奇就曾对王光美说:"宋副主席是位伟大的妇女,她坚持了孙中山先生的三大政策,不畏强压,坚持革命,同全家都断绝了关系。我们应该多给她一些家庭温暖。"孩子们应邀去宋庆龄家,宋庆龄总是把孩子们拉到身边,亲切慈爱地问这问那。孩子们使宋庆龄在辛勤工作之余,得到一些家庭温暖和欢乐。

1963年,刘少奇出访东南亚四国。宋庆龄非常关心,从礼节、服饰、言谈到生活细节都为刘少奇想到了,并自拟一张单子,写满了许多注意事项,派秘书向王光美详细解释。她知道刘少奇曾患肩周炎,肠胃也不好,所以特别嘱咐王光美说:"到热带地区,不要贪凉,睡觉一定要关冷气,不要吃生冷的东西。"这些话语表现了他们之间的深厚友谊。

"少奇同志,安源这面旗子一定要举下去"
——与李立三

1922年9月12日晚,安源路矿工人俱乐部正在召开党支部紧急会议,大家就"罢工"还是"请愿"进行了激烈的争论。

主持会议的李立三说:"依我看,干是一定要干的。不过,怎么干,这就要好好分析情况,要讲究斗争策略。"

此时,刘少奇站起来讲道:"我同意。只要我们工人阶级团结得紧,莫说

第八章
君子之交昭日月：刘少奇与他周围的人

要矿局发清欠饷，就是打天下也办得到！"

经过讨论，大家的意见达成一致，斗争的决心更大了。

李立三宣布："根据目前局势，罢工坚决进行。下面再讨论一下具体的计划。"会议最后决定，李立三担任罢工总指挥、秘密策划，刘少奇担任全权代表，应付一切事变。

会议结束了。刘少奇和李立三仍留下来，在油灯下继续商量着罢工事宜，两位领导人仔细审查着每项安排和每一个具体环节。

李立三（1899—1967年），中国无产阶级革命家，中国共产党的优秀党员。1922年9月14日凌晨，安源路矿工人大罢工爆发，李立三任罢工总指挥（历史图片）

刘少奇说："这次罢工规模很大，我们一定要周密部署，做到不伤一人，不败一事。"

"我也在想这个问题。你刚到，对安源地方上的事还未了解清楚。这个地方很复杂，社会秩序混乱。别的不说，单是帮会组织就很多，其中洪帮会组织势力最强，他们把安源搞得乌烟瘴气，我真担心罢工时他们趁机搞什么名堂。"

"既然这样，得想法治治。"

301

"对!"

过了一会儿,刘少奇又说:"我看洪帮会这个组织有坏的一面,也有可利用的一面,只要我们工作做得好,利用得好,不能完全争取他们,至少可以使他们保持中立,你说怎样?"

"可以!暂时也只能如此。"

"我们就利用他们讲义气,互助互济这个宗旨,争取他们的同情与支持。"

"你的意思是……"

"打进他们内部。"

"好,这个办法好。这件事由我去办好了。"

"你去可以,不过还得商量一下去了怎么说。"

安源路矿工人大罢工谈判处,原为萍乡煤矿总局办公大楼。1922年9月罢工时,赣西镇守使署所设戒严司令部亦驻此,9月16日工人俱乐部全权代表刘少奇在此同戒严司令及路矿当局谈判(历史图片)

第二天，李立三一切按计划行事。他不仅和洪帮会头子交了"朋友"，而且还得到洪帮会在罢工期间关闭鸦片馆、赌场、不抢劫的保证。他高兴地回到俱乐部，把情况告诉了刘少奇。刘少奇高兴得一掌击在他的胸前："你真有两下子！"

9月14日晨，大罢工的汽笛响彻安源路矿。刘少奇和李立三密切协作，一个在前场冲锋，一个人在后场策应。到18日上午，安源路矿工人大罢工以胜利宣告结束。

1923年4月，李立三将要离开安源，调往汉口工作。得知这一消息，刘少奇真有点难以割舍。

临行的这一天，刘少奇紧紧握住李立三的手，恋恋不舍地说："为了革命的需要啊！"

李立三千叮咛万嘱咐："少奇同志，安源这面旗子一定要举下去。我等着你的好消息！"

火车开动了，他们挥手告别。

"今晚，你可以好好睡一觉了"
——与徐海东

1939年9月15日，为加强中原局的领导力量，中共中央决定调徐海东担任新四军江北指挥部副指挥兼第四支队司令员，随刘少奇一起赴华中。

为防不测，两人乔装打扮了一番。出发时徐海东身着少将军服，以奉命去中原检查新四军工作的名义应付外界。刘少奇的身份不能公开，一般场合仍化名胡服，对外就称是徐海东将军的秘书，实际上则是由徐海东掩护刘少奇秘密赴华中。

"不要忘了，我可是你的秘书哟！"刘少奇出发前再三叮嘱徐海东。

徐海东（1900—1970年），生于湖北省大悟县（原属黄陂县）夏店区徐家窑一个六代窑工的家庭。中国人民解放军高级将领，杰出的军事家。中华人民共和国成立后，任中央人民政府人民革命军事委员会委员。1955年被授予大将军衔（历史图片）

徐海东有点不好意思地笑了。

"这有什么，需要嘛，该装成什么人，就得装成什么人。"刘少奇冲他一笑。

从延安出来在西安停留小住，有时需要出外应酬，刘少奇总是身穿八路军普通军服，站在一身将军服的徐海东背后。有一次徐海东刚脱下军帽，刘少奇立即双手接住，认真履行着"秘书"的职责，这使徐海东很不安。而刘少奇却认为，这是工作需要，没有什么。

抵达洛阳后，刘少奇就秘密找干部谈话，徐海东便去城里第一战区长官部向司令长官卫立煌作礼节性拜访。第二天，长官部参谋长郭寄峤中将来贴廓巷八路军办事处回访徐海东。

"卫司令长官的夫人病故了，所以这次他不能多陪徐将军。"郭寄峤一进门便作了解释，然后发出邀请，"今晚，由我为徐将军洗尘。"

徐海东连忙辞谢："请司令长官不必客气了。"这倒并非客套，徐海东确

第八章
君子之交昭日月：刘少奇与他周围的人

实想快点离开，主要是怕露馅。如果刘少奇来洛阳的消息传出去会引起麻烦。

真是赶巧，正当徐海东送郭寄峤出房门之时，刘少奇有事从门前经过，两人打了个照面。郭寄峤连忙上前要打招呼。

徐海东吃了一惊，赶紧掩护说："这是我的……"

"秘书"二字刚要脱口而出，郭寄峤已经领先一步握住了刘少奇的手，说："认识，认识。"显然两人是老相识。

"你们认识？"徐海东大感不解，手心里捏了一把汗。

"认识。刘先生你好！真不知刘先生驾到，失礼，失礼。"郭寄峤热情地上来问候。原来，刘少奇以前同卫立煌会晤时，郭寄峤在场，所以早就见过面。

刘少奇却不紧张，显得胸有成竹，说："请代我问候卫司令长官！我刚到此地，正准备前去拜访将军。"

不料，弄假成真了，郭寄峤马上正式发出邀请，说："欢迎！欢迎！今晚备了几杯薄酒，到时我派车来接刘先生和徐将军。"

刘少奇顺水推舟，笑着答应："好啊，一定登门拜访。"

郭寄峤走了。徐海东没想到会出现这样的意外场面。眼下国共两党明争暗斗，关系日渐紧张，国民党内部派系复杂，特务横行，他真怕万一出了岔子影响到刘少奇的安全。

刘少奇本来也不准备在洛阳公开露面，现在既然无意中碰见了，"这送上门的工作，只好做了"。他对徐海东分析说："郭寄峤将军我虽然不太熟悉，但知道卫立煌先生对我们态度还好，估计不会出什么差错，去一趟也无不可。"

刘少奇又考虑到，既然接受了郭寄峤的邀请，不先去见一下卫立煌也不合适。于是，他和徐海东提前到长官部先拜访了卫立煌，接着去了郭寄峤家。

第三天，他们离开洛阳，刘少奇的大汽车在前，徐海东随后。

大汽车驶近南城门，遇到麻烦，路边的国民党宪兵岗哨突然小旗一招：

"下车,下车,我们要检查。"

说话间,几个宪兵一面吆喝车上的人通通下来,一面窜到车里检查,还要把车上的东西搬下来。

驾驶室里,一位40多岁的中年人正襟危坐,见状,忙打开车门走下来,不动声色地站在一旁。

不一会儿,后面的小车飞快赶到,嘎地一声在大车边刹住。一位军服笔挺、佩戴少将徽章的军官快步从车上下来,对着忙乎的宪兵大喝道:"这是干什么!"

"长官,我们是……"

"走开,这是我的人,我的东西!"少将威风凛凛地往车前一站,大声呵斥。

宪兵被唬住了,也不敢再动车上的东西。一个小头目狐疑地指着那中年人小心地问道:"长官,他是……"

"我的秘书!"军官不耐烦地回答。

"呵,对不起,对不起。"宪兵们连忙举手敬礼,放汽车出城。

那位军官,正是八路军第一一五师三四四旅旅长徐海东。大汽车里,这位中年人,则是中原局书记,化名为胡服的刘少奇。

晌午,停车休息。刘少奇和徐海东分别从车上下来,走到一起,两个人相互对视,而后不约而同地笑起来。

"笑什么?"徐海东明知故问。

刘少奇指了指徐海东的少将领章,说:"我笑这个。看来这东西还真有点用处呢!"

"嘿嘿,它的用处是吓唬丘八。"徐海东止住笑,认起真来,说,"这些天,我睡都睡不实,真有些担心,真怕出点什么事。"

刘少奇仍笑着说:"今晚你可以好好睡一觉了。"

第八章
君子之交昭日月：刘少奇与他周围的人

探讨地雷战："人民群众的智慧是无穷无尽的"
——与陈赓

1942年10月19日深夜，太岳军区司令员陈赓在山西省沁源县阎寨村的一间小屋，正在向刘少奇汇报反"扫荡"的战况：

"敌人'扫荡'越来越频繁，上次'扫荡'刚过去，又发动了这次'扫荡'。看来，日本鬼子是急于求胜呀！"

刘少奇听了微微一笑，说："这不能说明它的强大，恰恰表现出它的脆弱。这是垂死的挣扎！"

笑声中，刘少奇、陈赓踏上了反"扫荡"的转移征途。路上，陈赓向刘

地雷战是抗日战争时期山东民兵最重要的作战方法之一，地雷也是当时最重要的作战武器（历史图片）

少奇介绍了基干民兵游击队用地雷炸敌人的情况，还谈了一些鼓舞人心的生动事迹。刘少奇听得分外认真，还不时询问，他说："这样说来，地雷战可说是群众创造的一种较突出的斗争形式，很值得我们重视。"停了一会儿，他又问道："你们总结过经验没有，山西其他根据地也有搞地雷的吗？"

"由于经验不够多，还没有正式总结过。等我们今后再多搞一些活动，然后把经验好好总结一下。"

"对，但你们首先还应该研究一下，到底有没有发展的条件和推广的可能。"刘少奇说，"在这次反'扫荡'中，就可以根据条件再作些部署，取得经验。"

陈赓见刘少奇很重视地雷战，就对地雷战的情况作了一次系统的收集和整理，然后向他做了比较详细的汇报。陈赓说："最初，我们是把炸药埋在敌人路过的地方，安上导火线，必须有人拉线，才能爆炸。后来，在军区的布置和帮助下，基干民兵与群众又想出办法，把炸药装在铁筒子、罐子、瓶子等各种器具里，做成各种各样的地雷，安上导火管，把它埋在地下，只要碰上导火管就可以爆炸。有些民兵游击队就运用它来打击敌人，每次反'扫荡'中，总有一些敌人被炸死，迫使敌人不敢像以往那样放肆，特别是夜间，更不敢大胆行动。后来，有些民兵游击队就故意埋了一些假地雷，并在路口写上牌子：'小心地雷！'用来摆布敌人。"

"这也是打击敌人的一个好办法。你们这里，现在是不是每个村子的基干民兵、每个游击小组都能这样做呢？"

"不普遍！已经照这样做的地区，约计不到一半。因为制造地雷受条件限制，不能大量制造。假地雷也不能埋得太多，多了，敌人会认为是恐吓他的假玩意儿，因此又会放肆起来。同时，群众也还没有完全掌握埋地雷的技术，所以还不能在全区每个村庄都这样做。"

"那你们就更要创造条件，多多制造和全面推广，我想，这是能做到的。因为人民群众的智慧是无穷无尽的，他们的英勇果敢精神，是任何力量也不能战胜的。"刘少奇把话头转向党的领导工作上来,说,"地雷战也是群众性的武装斗争的一种新形式。这里面既有阶级政策,也有统一战线政策。要推广和搞好地雷战,除去一些技术上的问题外,各个村的党支部还要做好统一战线工作,团结一切应该团结的人,防止地主和坏分子了解和泄露地雷战的秘密。要及时给那些向敌人通风报信的坏蛋以应有的打击;更重要的是,要做好群众工作,做得越深透越好,要使基本群众都积极赞成和参加地雷战,或直接和敌人打游击,或分头监视坏分子,注视地主的动态,等等。地雷战也和我们其他地方的斗争一样,都是为了削弱敌人和壮大自己,也就是说,为了保护广大人民群众的根本利益。同时,还要特别注意,千万不能让人民受到地雷的伤害。"

陈赓激动地说:"把地雷战提到政策原则上,我们过去还没有这样考虑过。根据你的指示,我们的许多工作还要重新把它搞深搞透,不少工作须得重新布置,但我们保证能做好。"

普遍推广地雷战的工作,很快就布置下去了。在离开太岳区时,刘少奇在路上不时看到"小心地雷!""此地有地雷!""危险!""小心!"等小木牌,他欣慰地笑了。他知道,有无数个地雷正在等待着敌人的到来。

"政委,把我的马留给你吧"
——与周长胜

1940年秋天,新四军江北部队和南下的一一五师在苏北胜利会师。那时,周长胜随部队南下,听说有一位叫胡服的同志来领导华中局的工作。过了几天,大家才知道,胡服同志就是刘少奇同志。周长胜当时在三师七旅二十团当团长。这个团是个主力团,经常随指挥部行动。刘少奇就在指挥部,所以两人见面的机会较多。刘少奇身材颀长,面孔清瘦,眼睛明亮而有神,总是穿着一件灰色的旧中山装,脚穿一双粗布鞋。讲起话来,和蔼可亲,道理深刻,又通俗易懂,大家都很喜欢听刘少奇做报告。

除了在公共场合见到刘少奇外,周长胜和刘少奇个别接触是在1941年。那时,刘少奇担任新四军的政治委员。9月中旬的一天,军部赖传珠参谋长找周长胜,说是刘少奇要见他。刘少奇一见周长胜进来,就含笑招呼他坐下。刘少奇亲切地问道:"多大年纪了?"周长胜说:"36岁。"

"好呀,"他说,"年轻力壮,应该多做实际工作,好好锻炼。现在最要紧的是加强学习,积累经验,从实际斗争当中丰富自己的知识。"

刘少奇亲切地说着,微笑着,他是在热心教育干部,鼓励周长胜努力上进,投身到实际斗争中去,脚踏实地地提高自己,将来更多更好地为党工作。接着,刘少奇还告诉周长胜,目前在淮海区陈道口,战斗打得很激烈。陈毅军长来电报,要周长胜去接替五旅十三团团长的职务,担任主攻。刘少奇嘱咐他,要听从指挥,发扬顽强的战斗精神,一定要把陈道口拿下来,最后又说:"这是实际锻炼的好机会!"

苏北地区在刘少奇和陈毅的领导下,抗日斗争蓬勃发展,一个胜利接着一个胜利。到1942年,局面已定。3月里,刘少奇要回延安去。周长胜又接受了一项光荣的任务:护送刘少奇到山东。刘少奇一见周长胜就笑着说:"哈,又见到你了。"周长胜压抑不住心头的激动,兴致勃勃地向他报告:"政委,派我送你啦!""那好,那好哇!"

当晚,夜色降临,四周一片漆黑,旅首长们送刘少奇到村外。周长胜带着四个连队,跟着他,从南朱集附近的一个庄子出发了。

一路上,他们白天休息,夜晚赶路,刘少奇有时骑马,有时下来步行。同志们出于对党的事业负责,出于对刘少奇的尊敬和爱戴,处处小心,日夜守护。第三天,他们来到了陇海铁路边上,刘少奇跨上路基,环顾四周,指着这边,问是什么庄;指着那边,问有没有敌人。问了一会儿,周长胜正想催他快走,刘少奇却转过身子,返回路那边,跳进护路沟里,用手量量沟有

第八章
君子之交昭日月：刘少奇与他周围的人

多深，用步子数数沟有多宽。这下真把周长胜急坏了。因为，周长胜最清楚，眼前东南和西北角上，就是伪军的碉堡，夜里鬼子又常驾着小车出来巡逻，一发现什么情况就开枪，万一……想到这里他对刘少奇说："政委，很危险哪，还是快走吧！""好的，马上就好了。"他仍在量着。等他量完了，爬上来，到了路这边，又跳进护路沟里量起来。周长胜心里很着急，只好向他说："政委，你走吧，这里随时可能有敌人来。等你过去，我来给你量，保险不会有错，一分一毫也不差。"

见周长胜实在急得很，刘少奇便安慰说："好同志，不要紧的。我想具体了解护路沟是怎样的。自己了解的，总要比听别人汇报好。你看，耽误的时间不是不多吗？"刘少奇是多么镇静，工作作风是多么踏实、细致啊！

翻过铁路再走20多里，就是八路军的鲁南根据地了。这地区情况较好，他们改成白天走路。周长胜发现刘少奇的马没有自己的马好，就说："政委，把我的马送给你吧！""那么你呢？"刘少奇问道。"我再从敌人手里缴呀！在鬼子、伪军那里，还怕没有好马？""对，应该有这种豪迈气概！"刘少奇高兴地赞许着，但接着说，"马还是留给你自己骑吧！"

一路上，刘少奇对战士非常关心。他不顾路途劳累，叫周长胜带着他，到连队去看望战士们。部队住在附近的几个小庄子里，他们便绕过弯弯曲曲的小路，到了几个连队的班、排，又到了几个临时做饭的伙房里。战士们正在休息，一见刘少奇来了，就从草铺上站起，亲热地围拢来。刘少奇亲切地问大家累不累，关心地询问大家吃得怎么样，住得怎么样。随后，他就向战士们说："现在我们正处在艰苦的斗争时期，要战胜困难，英勇奋斗，抗战一定会胜利的。"他又讲了许多抗战必胜的道理。最后他说："到了那时，我们经过那里，再也不必偷偷摸摸的了。想什么时间走就什么时间走，大摇大摆，你看多好啊！"战士们听了更加高兴了。

几天之后，周长胜送刘少奇到了目的地——山东临沂地区的十字路，当时一一五师师部的所在地。周长胜完成了任务，要回苏北了。他去向刘少奇辞行，刘少奇亲热地叫他吸烟，给他倒茶，还一直把他送到大门口，一再叮咛："战士们辛苦了，回去要好好让他们休息休息。"

周长胜和战士们怀着恋恋不舍的心情，一步三回头地踏上了归程。

"愉快的一天，难忘的一天"
——与方志纯

1959年8月的一天，庐山会议休会。刘少奇要趁这个机会，去海会寺、白鹿书院和星子县城看看。时任江西省委书记的方志纯陪同前往。这一天给方志纯留下了深刻印象。

8月，正是江西酷热的季节，也是避暑胜地庐山的黄金时节，天高气爽，凉风阵阵。这天早饭后，他们驱车下山。一离开牯岭，温度就开始高起来，沿途美不胜收的景色，使他们忘记了炎热。平时，刘少奇不喜欢多说话，这时他的话多起来了。他们由南方的水稻，谈到北方的小麦；从九江的庐山，谈到延安的宝塔山，也谈起方志纯在刘少奇领导下工作和战斗的日子。

解放战争时期，方志纯担任过中央卫戍部队参谋长，该部的政委，就是刘少奇兼任的。当时，卫戍部队担负的任务很繁重，而实际警卫力量只有一个团。在彭德怀、贺龙、聂荣臻等同志的精心关照下，在杨尚昆（中央卫戍部队司令员）的组织指挥下，卫戍部队依靠群众，顺利地完成了警卫中央领导同志、中央机关、党的七届二中全会等重大任务。自然，这与刘少奇的领导也是分不开的。在日常接触中，大家感到刘少奇对待同志很随和，没有架子。所以，进城以后，大家都喜欢到他家里去，顺便向他汇报思想情况。

刘少奇这次去海会寺、白鹿洞，是旧地重游。他在大革命失败后来过庐山，方志纯就是这次得知的。

在去白鹿洞之前，一天晚饭后，方志纯陪刘少奇到牯岭街上去。在路

第八章
君子之交昭日月：刘少奇与他周围的人

上，刘少奇对方志纯说：我对庐山是很熟悉的，1927年夏天，我曾在庐山养过病，不知现在我住的房子还在不在，我们去找找看。根据刘少奇的回忆，他们在牯岭街的一处房子前，刘少奇边审视，边回忆说：我当时就住在这里的一幢小房子里，可是现在这个房子不像。问过附近的群众，才知道原来的房子已经拆掉了。

地是物非，刘少奇感慨万千地告诉方志纯：1927年4月3日，在武汉发生了日本帝国主义分子杀害中国市民的"四三惨案"。他当时在武汉任湖北省总工会秘书长，便发动和组织了各界群众——特别是工人群众——进行斗争。6月，汪精卫要叛变国民革命、实行宁汉合流。湖北省总工会为了避免损失，根据党中央的指示，将一些公开活动、已经暴露了身份的党员干部进行疏散：有的转移外地，有的就地隐蔽，也有的被派到叶挺、贺龙的部队中去。为了坚持斗争，又选调了一部分政治身份未暴露的同志到武汉工作。6月底，汪精卫的反革命面目日趋暴露，他指使国民党军队占了工会的房子，还要工会宣布"自动解散"工人纠察队。事情发生后，刘少奇一方面召开工人大会，做报告，提醒工人群众提高警惕；另一方面又到国民党武汉政府当局，向汪精卫提出抗议。在谈到解散工人纠察队一事时，刘少奇愤慨地对方志纯说："缴工人纠察队的枪，是陈独秀等人决定的，我是不满意的。中央决定后，我们也只好执行，只好缴枪了。"说到这里，他心情显得很沉重。但方志纯知道，对这件事，刘少奇是没有领导责任的，他所表现出来的自我批评精神，使方志纯深受感动。接着，刘少奇说："繁忙的工作，把我的身体搞垮了。当时经中央同意，我就到庐山养病来了。"停了一下，他又难过地说："我来牯岭养病，是组织上要林伯渠同志的弟弟为我安排房子的，可惜，这位同志病故了。"

在回去的路上，方志纯问刘少奇："房子是什么样子的，你还记得吗？"刘少奇说："记得，是铁皮做的。"这时，一个同志插话说："是不是请你画个式样，我们再做一幢，恢复原貌，作个纪念。"方志纯也笑着说："是呀，结

1959年7月，刘少奇夫妇一行在庐山上远望长江（历史图片）

构不变，按原样做一幢，也花不了多少钱。"刘少奇看了方志纯一眼，严肃地说："不准做，搞什么纪念！"方志纯再也不好说什么了。

他们边走边谈，不觉到了海会。从这里到海会寺还有三四里路，得下车步行，他们慢慢向海会寺走去。路上，刘少奇兴致勃勃地对方志纯说："走，我们到海会寺找和尚去。"他接着说："1927年7月，我到庐山没几天，就听说汪精卫、唐生智、陈公博、朱培德要上山来开会。我不愿见他们，就躲到海会寺来与和尚做伴了。在海会寺，得到一个老和尚和一个小和尚的照顾，不知现在他们还在不在。"

岁月已经将海会寺剥蚀得凋零残败，昔日那番香火鼎盛的情景，也随着时代的风云飘逝了。刘少奇跨过残垣，走进寺内。这时，一位老和尚走来，刘少奇就向他打听当年那两位和尚的下落。那和尚盯着刘少奇看了又看，说："我就是当年的小和尚，师父已经圆寂了。"刘少奇仔细地看了看他，点

第八章
君子之交昭日月：刘少奇与他周围的人

头说："哦，是有点像。"那和尚也笑着说："是啊，似曾相识。"刘少奇便对他说："民国十六年，我在你们这里住过。"这件事已时隔30余年，他们竟尚能依稀辨认，并且一同回忆起当年刘少奇住的房间。这时，又有一位同志说："是不是花点钱把海会寺修一下，将您住过的房间按原貌恢复？"刘少奇见他是个工作人员，没吭声。方志纯因为有了上次的"经验"，知道刘少奇不会同意，便拉了那个同志一把，他才没有再说下去。

在海会寺休息了一会儿，吃了点自带的点心，他们继续上路，前往白鹿洞。在车上，刘少奇接着对方志纯说："我在海会寺没住几天，听说汪精卫、唐生智又要来游海会寺。于是，我就搬到了更偏僻的白鹿洞养病去了。"

到白鹿书院后，刘少奇在藏书阁前，伫立了许久，并对方志纯说："我当年就住在这里，白鹿书院的环境很优美。"他们奔波了一个上午，有点累了，便坐下来休息。一阵凉风吹来，方志纯不禁打了个寒战，这时才发现汗水浸透了每个人的衣服。方志纯怕刘少奇受凉，便请他坐到阳光下，同时，叫警卫人员替刘少奇脱下衬衣，在溪水里搓了一把，晾起来。那天，刘少奇只穿了件衬衣，脱下来后，没衣服换，就只好打赤膊了。方志纯正为自己的工作疏忽感到抱歉，刘少奇却向方志纯问起江西的工农业生产、文化建设和群众生活的情况，并对江西的工作作了许多指示。

在乘车前往星子县城的路上，刘少奇继续回忆说："我在白鹿书院住了一段时间，听说汪精卫他们开完了会，又要来白鹿洞。于是，我就找到一个认识的工人同志，搬到星子县城住了下来。"

到星子县城后，他告诉方志纯等陪同人员说："那个工人姓周，是卖文具笔墨的。"并告诉方志纯周家住的地方的大概方位。按照刘少奇说的地点和姓氏，县委立即派人去找那位工人。中午，刘少奇一行就地用膳，稍事休息后，县委来人报告说，没找到姓周的工人。刘少奇听说没找到，感到很遗憾。他马上又说："走，看看去。"于是，大家一行随着刘少奇来到县城东边，在一条小弄堂里，他指着一栋房子说："老周家好像就是这个房子，我当时就住在这里,你们以后再找找他吧。"接着,他告诉大家说:"这个工人早年在武汉做工,是共产党员。大革命失败后,就回老家做文具笔墨小生意。我离开白鹿书院后,就住在他家里。"

离开这里以后,刘少奇在路上对方志纯说:"你们调查一下,看看能不能找到这个人,了解一下他后来的情况,如果生活上有什么困难,可以适当照顾一下。"停了一下,刘少奇带着怀念的神色对方志纯说:"他总还为党做了一些有益的工作,后来虽然脱党了,但从我所知道的情况看,大革命失败后他没做过坏事。我当时住在他家里,还是很安全的。"

人虽然没有找到,但是作为党和国家的主要领导人之一的刘少奇对一个为革命做过一点好事的普通工人如此关怀,却使大家非常感动。

路上,刘少奇突然问起方志纯星子县县名的来历。方志纯便把道听途说的来历告诉他:"据说,很久很久以前,天上掉下一块石头在这个县城旁边的湖里,所以叫星子县。"刘少奇听方志纯这么一说,便饶有兴致地问道:"是天上掉下来的石头吗?那就是陨石。这石头还在不在?"方志纯说:"在,就在县城西头的湖里,现在水小,看得到。"刘少奇兴致勃勃地说:"走,去看看。"于是,他们又从县城东头来到县城西头。

已经是傍晚了。一抹晚霞,洒落在鄱阳湖上,几只水鸟,在湖面上展翅飞翔,湖光山色,分外妖娆。这是夏末的鄱阳湖上难得的迷人景色。方志纯指着湖中的一块石头对刘少奇说:"就是那一块。"刘少奇看着石头说:"不一定是陨石吧,哪里有这样大的陨石?如果真是陨石,那在世界上是少有的呢!"方志纯这方面的知识很少,还是一本正经地说:"是陨石。"刘少奇便说:"好吧,我叫北京派人来看看。"后来,刘少奇果然叫有关单位派人来过,行家一看就知道不是陨石。闹了一场笑话。

这一天,刘少奇一行回到牯岭,已经是明月松间照的时候。

回想当年,方志纯认为:"这是愉快的一天,难忘的一天。"留恋之情,溢于言表。

"我相信你们的工作一定会搞得很好"
——与朱瑞

朱瑞永远忘不了刘少奇和他的一次重要谈话。

1942年3月下旬,由华中返回延安的刘少奇,越过敌人严密封锁的陇海铁路,进入山东境内,抵达中共中央山东分局和八路军一一五师师部驻地——临沭县朱樊村(今东海县南辰乡朱范村)。他受中共中央委托,来检查、指导山东根据地的工作。

这天,山东分局书记朱瑞向刘少奇汇报抗日民族统一战线的问题,并带来山东分局党刊《斗争生活》,请他看看《抗战的山东,统战的山东》一文。朱瑞说,这篇文章总结了山东分局贯彻党的抗日民族统一战线政策的具体方针,希望少奇同志给予指示。

"对于你们的工作,对于山东地区的整个情况,我了解得还很不够,等我把情况再好好研究一下,然后和大家一起来商量。"刘少奇听完朱瑞的汇报,为了启发朱瑞去思考一些问题,对山东地区的敌、友、我等基本情况和斗争作了分析。他说:"我们的主要敌人是日寇,在目前来说,战胜日本帝国主义,是全国人民和全民族的利益所在。毫无疑义,只有我们才能把这副担子挑起来,狠狠地打击敌人,千方百计地削弱敌人和壮大自己。但敌人里面还有伪军、伪政权,他们中间的某些下层工作人员和下级士兵,并不都是甘心为帝国主义和汉奸集团服务的,因为这里面有个民族矛盾问题。当然,民族矛盾不能离开阶级矛盾,但也不能和阶级矛盾画等号。所以在敌人内部、在敌伪之间,都还存在着矛盾,有着许多可以利用的空子。至于国民党顽固军队,在目前阶段,本来是我们的友军,但由于他们的阶级特性所决定,他们是不可能真正抗日的。毛泽东在《中国革命和中国共产党》一文中已经讲得很明白，他们有时也抗日，这是因为在英美帝国主义和日本帝国主义之间存在矛盾，它反映了英美派大资产阶级和日本帝国主义之间的矛盾。所以，我们对于顽固军的态度应该是这样：对于他抗日的这一面，要注意联合他；但对他反共反人民的、不利于抗日的这一面，必须给予坚决的斗争与回击！"

刘少奇讲到这里，稍停了停，走向朱瑞，亲切地问："你考虑了没有？你们是不是按照这个原则办了？我们党的政策是这样的，对于顽固军是又打又拉，拉他去抗日，打他的反共反人民。这个策略是毛泽东根据几十年的斗争经验提出来的，在马克思和列宁的书里是找不到的，我看这就是大大发展了马克思列宁主义的策略思想。你们贯彻了党中央和毛泽东的策略思想没有呢？"

他这一番话，使朱瑞开始意识到了某些问题，但究竟是什么性质的，仍然不够明白。听到刘少奇这样的问话，朱瑞不免有些茫然，不知怎么回答才好。临走时，朱瑞要求刘少奇另找时间专门谈一次这个问题。

经过认真调查、分析材料，刘少奇意识到山东分局在贯彻和执行党中央抗日民族统一战线问题上，存在着一些不尽如人意之处，便召集山东分局的负责同志开会共同商量和解决问题。在他的启发下，会议的气氛热烈而又和谐，山东分局的负责同志对贯彻抗日民族统一战线的分歧意见，毫无顾虑地摆到桌面上了。吃过晚饭，朱瑞又去找刘少奇了。

朱瑞刚走进屋，刘少奇就亲切地说："你看今天的会开得怎样？这样开行不行？"

朱瑞感动地说："根据您的多次谈话和指示，以及会上同志们提出的意见，对我启发很大。减租减息政策，在我们这里，实质上没有很好贯彻下去。抗日群众运动，我们也没有抓好。这些问题我都已经有了初步认识。关于抗日民族统一战线问题，听了您的指示之后，我对原来的做法也有所怀疑，但认识还很不够。今天有些同志在会上提到右倾机会主义的问题，关于这一点，我还没有完全想清楚。"

第八章
君子之交昭日月：刘少奇与他周围的人

1942年，刘少奇与山东分局和一一五师领导在一起。左起：黎玉、周长胜、刘少奇、陈光、萧华、梁兴初、罗荣桓、杜明（历史图片）

  刘少奇一面注意观察朱瑞的情绪，一面说："你脑子里有问题没解决，能正面提出来很好。思想见面嘛，问题就好解决。"

  刘少奇仍然像以前几次一样，慈祥而又严肃，引导朱瑞从党的政策原则上去认识问题。他说："我们的统一战线方针，为的是战胜日本帝国主义，也就是壮大我们自己，削弱和打败敌人。我们联合一切抗日力量，目的就是为了战胜日寇，而问题的中心则在于如何不断壮大自己的力量，削弱敌人的力量。我们总不能先把自己手中的革命的力量交给顽固派，去求得和人家联合。再说，毛泽东讲过的嘛，对付顽固派，要又联合又斗争，我们不能只讲联合，不讲斗争。只有正确执行又联合又斗争的政策，才能壮大自己，削弱敌人，取得胜利。"

  讲到这里，刘少奇亲切地问道："你看是不是这样？山东过去是不是在这个问题上有偏差？"没等朱瑞回答，他又谈到党的历史上有些曾经犯过错误的同志的情况，由于能及时虚心接受批评和认识错误，改正错误，很快就变成了好的领导者，把党的工作做得很好。

朱瑞聚精会神地听着刘少奇的话，终于认识到问题的严重性，说："这些话很重要，我得回去好好消化。我原来没有这么想过。"

两人走到院子里，皎洁的月亮高挂在空中，月光透过树梢照射到他们的脸上。刘少奇从朱瑞半明的脸部，看到他仍在思考问题，于是就带着宽慰和鼓励的语气说："你们这里的气候真是好。山东的群众也是可爱得很，你们要是把现有的问题解决了，我相信你的工作一定会搞得很好。"

刘少奇走后，山东分局的负责同志根据他的指示，正确地贯彻执行党的抗日民族统一战线政策，使山东的工作出现了新的局面。

秘密相会在南阳
——与王阑西

1939年1月25日中午，天空阴沉，西北风不停地刮，更觉得寒气袭人。王阑西正在南阳城内东北角的一所中学教职员宿舍内，和中共豫西南特委副书记郭一青商讨如何分头去各县委贯彻落实中央六中全会精神。突然，特委机关干部韦木君闯了进来，这个一向活泼的小伙子，此刻却显得异常严肃和紧张。王阑西也不禁一怔：他是化装为书店店员的特委干部，是在地下交通站——新知书店南阳分店——负责秘密联络的，此时急匆匆赶来，莫非有什么重大事情。猜测之际，小韦低声对王阑西说："有一个高级军官带着四个警卫人员到书店找你，要见你，不知是怎么回事！"

韦木君这么一说，使王阑西猛然想起不久前在竹沟举行的河南省党代表会议结束时，新成立的中原局副书记朱理治曾对王阑西说过，不久中央会

第八章
君子之交昭日月：刘少奇与他周围的人

有人来，经过南阳到竹沟去。想到这里，王阑西立即起身，和韦木君一起去书店。

进书店后，一位身材高大，身着灰色棉军大衣，右臂戴着十八集团军蓝色臂章的40多岁的高级军官，放下正在翻阅的书，面带笑容地向王阑西走来。

"你是王阑西同志吗？"

王阑西点头作答。

"我是刘少奇，从延安来的。"

王阑西大吃一惊：刘少奇竟然到南阳来了。刘少奇告诉王阑西，他是今天上午从洛阳赶到这里来的，已经在东门外一个客栈住下，要王阑西下午和其他负责同志到客栈他的住处谈谈南阳一带的情况。

下午，王阑西和郭一青来到东门外，找到了刘少奇的住处——交通旅馆。刘少奇和郭一青随便谈了几句后，便询问豫西南地区政治、军事形势，他详细了解了国民党地方当局、地方封建势力和国民党驻军等方面的情况。接着便由郭一青汇报了豫西南特委大力发动群众，建立抗日救亡团体，发展党的组织掌握武装力量，准备开展抗日游击战争的工作情况。王阑西汇报了鄂豫边区党委贯彻六中全会精神的情况和与驻南阳的国民党十三军军长的统一战线关系，说自己以鄂豫边区党委代表的身份和该军长秘密接触，达成了联合开展抗日游击战争的协议。该军长还主动表示支援竹沟抗日武装2000条枪，以加强我们的武装力量。

刘少奇边听边问，全面地了解了情况之后，说道："你们贯彻中央扩大六界的六中全会精神的态度是积极的，是好的。在今天河南省相当一部分地区沦陷了的情况下，这样考虑是有道理的。但现在，情况发生了变化，国民党当局和日寇的动向正在发生变化。你们这里正是国民党要变化的地区，他们想要在这里稳住阵脚，同地方封建势力、驻军在反对我们这一点上取得一致。日寇也发生了变化，目前他们还不可能大举西犯，你们这里会稳定一个时期。这样，整个中原地区的形势，是开展游击战争的形势，是发展的形势。但必须看到,你们这个地区还是国民党顽固势力的统治区,在当前的形势下,你们的任务是隐蔽精干、保存力量,在上层人士中积极开展抗日民族统一战线工作,在友军(即国民党中主张抗日的部队)工作中,要积极开展和上层人物交朋友的活动。"

他谆谆告诫:"最近,在抗日民族统一战线中出现一股逆流,国民党顽固派怕群众起来抗日,怕群众拥护我们,总之,是怕进步势力,怕共产党,不愿意前进了,要倒退一下子了,在他们力所能及的地方,压制抗日救亡运动,打击我们。不只是这里,许多地方都已有这种动态。对此,我们要有精神准备。"

刘少奇又和蔼地问:"你们看怎么才能巩固、发展统一战线工作?工作做到什么程度叫好,什么程度叫不好?"

"党的力量和进步力量发展壮大了,才能发展抗日民族统一战线,工作才叫好。"王阑西说。

"不,要看实际情况,不能一概而论。总的来说,进步力量大了,我们的力量大了,抗日民族统一战线就能巩固和发展。但在特定的具体时间、具体地点,就不一定是这样,相反还会引起统一战线的倒退或暂时的破裂。在敌后,我们的力量大了,就能存在,国民党对我们没办法。在国民党统治区就不是这样了。洛阳办事处有很少的警卫人员,可以存在,假如多了,搞一个营、一个团,国民党无论如何不能允许,就不能存在下去。在国民党统治地区,我们要开展工作,党员多了好不好?不一定好。少些能存在,多了就存在不了,反而不好了。群众团体也有类似的问题,太红了就要受打击,存在不下去,反不如灰色些,发展放慢一些,能长久存在,能积蓄力量就好。你们这个地方的党组织,特别是南召、镇平,也许整个抗战时期都用不上,或许等抗战后才用得上。要能保存下去,等那个时候用得上才算工作做得好。反之,现在发展得很大,看来很好,结果存在不下去,叫国民党给搞掉了,将来用得着时没有了,就不好了。什么事都要按实际情况办。好也要有个限

第八章
君子之交昭日月：刘少奇与他周围的人

度，好过了头，就变成坏了。豫西有些地方的党员或进步人士当了区长、县长，还有专员，做起事来完全是按照我们的主张办，到处演讲，到群众里边去宣传、鼓动，轰轰烈烈，好不好？看起来很好，就是有一条，忘记了当地是国民党统治区，他做的是国民党的官。他自己糊涂，把群众也搞糊涂了，以为国民党的官也是支持他们的。结果，被国民党知道了，说他是共产党，撤了职，换个最反动的家伙去代替他，搞了个逆流，群众和党组织事先不警惕，受了很大打击，好事变成坏事了。要叫我当这个官，一定记住这个官是国民党的官，要像个国民党的样子，心里是共产党，外表是国民党，搞点应酬，摆点架子，好事能做多少就做多少，凡是可以做的就尽量做；凡是不能做的，或者做了会暴露我们力量的，就不要做。就是不能做，只要占着这个位置，免得派个反动派来，也算做了好事。"

他又指出，被国民党注意的点，比如"新知书店"，要少使用些，或做些隐蔽工作。已经暴露的党员干部，可早些撤退到竹沟去。

关于十三军军长愿同我们共同开展游击战争和支援我们枪支的问题，刘少奇很坚决地说："不能要枪，枪上有号码，很容易暴露，要迅速向对方说明情况，可以换成钱，以解决我们的困难。"刘少奇又说："你们不要和他经常来往了，这样很容易被国民党特务发觉。对他说，把关系保存起来，后会有期，必要时再找他。不必要的来往，对他对我们都没有好处。"

最后，刘少奇指示王阑西不宜继续在南阳工作下去，局势一发生变化，王阑西就很难存在，要王阑西赶快结束驻南阳河南省委代表的工作，早日回到竹沟开展鄂豫边区党委宣传部的工作。

第二天，刘少奇一行即乘汽车赶往竹沟。1月底，王阑西也回到了竹沟，在刘少奇的领导下，开始了新的工作。

"我们很想了解东北的情况,你来得正好"
——与曾克林

1945年9月15日上午,延安东关机场降落了一架苏式小型军用飞机。从飞机上下来的人,是苏联后贝加尔湖前线部队贝鲁罗索夫中校和八路军冀热辽军区第16军分区司令员曾克林。

他们来延安有什么要事?

原来,8月下旬,曾克林带领冀热辽军区第16军分区部队奉命开进东北。9月6日进驻沈阳,组成了由曾克林任司令员的沈阳卫戍司令部。他们是第一支进入东北的部队,也是第一次接管沈阳这么大的城市,面对重重困难,他们深深感到力不胜任。因此,几个领导同志聚在一起,总是谈着,党中央何时派人前来,关里的部队何时到达?他们曾数次用电台同晋察冀军区和延安联系,但因功率低,都没联系上。为了早一天得到党中央对东北工作的指示,冀热辽军区前委决定让曾克林去延安直接

曾克林(1913—2007年),江西省兴国县东村乡齐心村人。抗日战争时期,任平西挺进军司令部作战科科长、沈阳卫戍司令部司令员等职。解放战争时期,任辽东军区副司令员、东北野战军第七纵队副司令员等职。1955年被授予少将军衔(历史图片)

第八章
君子之交昭日月：刘少奇与他周围的人

向党中央汇报。

9月14日，曾克林从沈阳北陵机场乘苏军飞机出发，15日上午到达革命圣地延安。下午，中央政治局召开会议，彭真带曾克林到一间宽敞明亮的窑洞里。刘少奇、朱德、任弼时、彭德怀、叶剑英、陈云、张闻天等中央领导都高兴地站起来同曾克林握手。刘少奇衣着朴素，态度和蔼可亲。当年在长征路上，曾克林在中央警卫营工作时多次听到他的亲切教诲，今天再次见到他，感到格外亲切。曾克林连忙走过去，向刘少奇敬了个礼，刘少奇微笑着说："你从前线回来，辛苦了，我们很想了解东北的情况，你来得正好。"接着，会议开始。刘少奇首先说："日本侵略者投降后，毛主席和周恩来副主席到重庆和国民党谈判。党中央根据当前的局势和东北的情况，确定我党我军在东北的主要任务是继续打击敌伪，收缴日伪武器，扩大人民武装力量，发动群众维持治安，肃清土匪，建立根据地，力争控制东北，以便依靠它加强全解放区及国民党统治地区人民的斗争，争取和平民主的早日到来。"刘少奇接着说："为了力争控制东北，中央准备派大批干部和主力部队向东北地区开进。但是，我们对东北问题研究了好几天，就是不知道具体情况，下不了决心。"刘少奇向曾克林说："现在政治局的同志都在这里，请你谈谈东北情况，越详细越好。"

刘少奇向曾克林点头示意，曾克林就开始详细地汇报部队进军东北，沿途接管各城市和进驻沈阳的经过，以及部队发展壮大的情况。

在曾克林汇报过程中，刘少奇一边抽着烟，一边静静地听，眉宇间不时流露出喜悦的表情。在一个多小时的汇报中，他几次插话，指着地图说："东北是战略要地，北靠苏联，东接朝鲜，西邻蒙古，有山区，有大平原，进便于攻，退便于守，可以成为我国革命的重要战略地区。"刘少奇还说："东北交通便利，物产丰富，工业发达，国民党一定不死心，会派大量军队争夺东北。我们要和他们针锋相对，力争这个战略地区。"

刘少奇做着有力的手势说："我们的部队先进去了，就站住了脚，就可以控制东北。我们掌握了东北，就能为毛主席、周副主席在重庆的谈判创造有利地位；我们有了东北，就可以加速中国革命的进程。"讲到这里，他的目光中充满着坚定的信念，接着指出："抗日战争开始时，毛主席就预料，日本帝国主义是能够战胜的，最后胜利一定属于中国人民。现在抗战胜利了，只要我们继续战斗下去，一个和平民主的新中国一定会建立起来。"

在曾克林汇报结束后，刘少奇等又提出好多问题来问他，曾克林都一一作了回答。第二天一早，曾克林即被告知，中央政治局会议已作出新的战略决策：为了加强东北的力量，完成控制东北的任务，中央决定将原来计划派到中南和华东的部队和干部改派到东北去，并从各解放区抽调10万主力部队和几万名干部到东北，同时还将派20余名中央委员和候补中央委员加强东北的领导工作。

随后，曾克林同新的中共东北局领导成员彭真、陈云、伍修权等人又乘那架小型军用飞机，飞赴东北。

"刘少奇同志的当面批评，我是心悦诚服地接受的"
——与岳夏

刘少奇对同志十分关心和爱护，但对他们的错误却从不放过。岳夏在这方面深有体会。回想起往事，他深情地说："对刘少奇同志的当面批评，我是心悦诚服地接受的，永远也不会忘记的。"

1937年10月初，日寇逼近太原。岳夏奉命携带电台和一部分等待分配工作的干部，组成一支临时小分队，随刘少奇第一批撤离太原，往临汾转移。由于没有载重汽车，甚至连一匹牲口都没有，再加上公路上非常混乱，这支临时小分队的前进速度很慢。

一天夜晚，小分队被阻滞在洪洞和赵城附近的公路上，一时无法继续

第八章
君子之交昭日月：刘少奇与他周围的人

前进。当时，谁也不了解前面发生了什么情况，刘少奇便吩咐等待分配工作的干部到前面去侦察一下，但他们竟然拒绝接受这一临时任务，刘少奇没有为此训斥他们，而是对岳夏说："岳夏同志，那你就和我一道到前面去看看吧！"岳夏跟随刘少奇到前面去了解情况，看到道路阻塞的现象十分严重，估计一时无法疏通。最后，刘少奇下决心让小分队绕道前进。他这种身先士卒、严以律己、宽以待人的精神，使岳夏受到了一次深刻的教育。

几年后，岳夏在华中又见到了刘少奇。1941年9月间，在华中局党校第二期的初期，岳夏被指定担任学员第一队的临时党支部书记。一天早晨，岳夏出完早操返回宿舍时，在桌上发现一封匿名恐吓信，内容是对岳夏进行谩骂和威胁，流氓口气十足。岳夏立即向党校党总支书记做了汇报。岳夏分析，这事很可能是李庭杰等人干的。1941年秋，新四军四师临时组成一支调华中局党校学习的干部队伍，上级指定李庭杰（此人后来叛变投敌）任队长，岳夏任党支部书记。中途因日寇"扫荡"，受阻于途中，近一个月后才到达苏北盐阜区华中局所在地。在行军途中，李庭杰等滥用职权，拿公款为自己购置了一些私人用品，受到批评。到达华中局后，岳夏向组织部部长汇报时提起了此事。因此，他们心怀不满，写了匿名信。党校党总支向华中局汇报了匿名信事件。不久，在党校一次全体大会上，刘少奇在讲话中对匿名信事件进行了批评。他说："在党校发生这种现象，是十分恶劣、不负责任的行为，写匿名信的人应该主动向组织承认，否则，查明后一定给予党纪处分，绝不宽恕。"同时，刘少奇对岳夏说："岳夏同志，你在四师工作期间，曾对师的主要负责同志民主作风不够有意见；今天你在党校，从匿名信可以看出，有人对你的领导作风也很有意见。虽然，这种匿名信的方式和语气是错误的，是应当批评和反对的，但此事出在你身上，也就说明你自己平日民主作风也是有问题的，应该引以为戒。"他那语重心长的批评，使岳夏历久难忘。

不久，为了从各个方面调查了解四师在豫皖苏边区抗日民主根据地建设和在反摩擦自卫斗争中的具体情况，刘少奇就豫皖苏区党委各方面的工作及反摩擦斗争中的情况，同对四师主要负责同志有意见的岳夏和刘贯一谈话。上午，他们两人向刘少奇详细汇报了对四师作风和执行政策等方面的一些意见。刘少奇极其耐心地倾听岳夏和刘贯一的陈述，偶尔也插话询问几句。在这种良好的气氛下，真正做到了"知无不言、言无不尽"，一共谈了四个小时。下午，又谈了三个多小时。主要是刘少奇讲。

他分析了四师在淮北路西反摩擦斗争中失利的主客观原因之后，特别向岳、刘两人指出："你们两人在这个问题上也有错误和责任。"

岳夏和刘贯一不禁一怔，面面相觑："我们在仁和集会议上是积极发言，提出自己意见的呀！"

刘少奇似乎看透了岳、刘的心思，接着说："错误不在于没有表达自己的意见，而是有时感情用事，消极对抗，缺乏恰如其分的批评和分担责任、增强团结的主动精神。"

见岳、刘都脸红起来，他又说："批评你们，是希望你们总结经验教训，引以为戒，使自己变得更加成熟一些。'失败是成功之母'嘛！"

岳夏在后来的回忆录中这样写道："回想起来，在四师、淮北路西抗日民主根据地的各项工作中，特别是反摩擦自卫斗争的失败问题上，我作为区党委、师军政委员会的成员之一，行政上又是师部秘书长，也应当担负一部分责任。当时限于自己的政治水平，虽然察觉到主要领导同志在执行统一战线政策、干部政策以及领导作风等方面存在着某些缺点，也曾做过不少的规劝和帮助，但确实没有提到执行党中央的战略方针和路线的高度上去认识。对于刘少奇的当面批评，我是心悦诚服地接受的，永远也不会忘记。"

由此可见，岳夏对刘少奇的感情是在革命工作中逐渐产生的。这种感情最珍贵，也最深沉、最永久。

"你们要作10年、20年打算,为革命在这里做他们的官"
——与朱劭天

在朱劭天的革命生涯中,有很多难以忘怀的事情。抗日战争时期,他向刘少奇所做的一次工作汇报就是其中之一。

1938年,国民党第二战区副司令长官兼前敌总司令卫立煌,在晋北忻口对日军作战后,看到八路军战斗力强,能打胜仗,认为主要原因在于政治工作做得好,因而希望学习八路军的政治工作经验。他对抗战初期八路军战地服务团这一组织很感兴趣,向朱德总司令提出,希望介绍几个人给他,帮助他也成立个战地服务团性质的组织。当时组织上不便直接由八路军派人去,于是决定几个同志利用关系到第二战区前敌总司令部工作,公开的身份是北平爱国青年学生,因国难当头,投笔从戎。朱劭天便是其中的一个。

这样,朱劭天等人在卫立煌手下成立了战地工作团,并建立起秘密的党支部。有一次,垣曲县委秘密转递来一封信,通知党支部立即派人去渑池县向延安来的胡服汇报工作。其实,胡服就是刘少奇。他刚刚参加完党的六届六中全会,即由延安来到河南,主持领导中原局党的工作。当时他住在黄河南岸的河南渑池县八路军的兵站里。

党支部最后决定由朱劭天去汇报工作。于是,他借故请了两天假。在一个乌云密布、寒风刺骨的早晨,朱劭天乘船渡过了波涛汹涌的黄河,上岸后又凑巧搭上一辆军用汽车,赶了90里路,中午时分到达了陇海铁路线上的渑池县城。按照通知的地址,在一条僻静的小巷里,他找到了一处矮小土墙的小门。门口没有挂兵站招牌,也没有别的标志。为避免有人暗中盯梢,朱劭天在街上又绕了两圈才进入小院里。这是一个很小的三合院,非常安静。朱劭天一进院,便有位穿灰军装、戴十八集团军臂章的军人走出来,在问清情况后,这个军人走进一间西房。随后,从西房内走出一位面庞瘦削、身材较高的中年人。这就是胡服吗?朱劭天心中暗暗猜想。果然不错,刘少奇(胡服)在与朱劭天亲切地打过招呼后,便把他引进屋里。

这是一小间瓦房,室内只有一些简单的陈设。刘少奇招呼朱劭天坐下,关切地倒上一杯水,让他休息一阵再慢慢谈。在卫立煌军队里做统战工作,能见到党中央的领导同志,并向他汇报工作,朱劭天的心情很激动,就像是回到了久别的故乡,看到了家里最亲近的人一样。他顾不上一路的辛苦和疲惫,立即向刘少奇作了详细的工作汇报。

他汇报说:"抗战开始后的第一年,我党统一战线工作形势比较好。第二战区前敌总司令部战地工作团利用这个有利条件,由延安陆续调来几批抗日军政大学和陕北公学毕业的学员,作为骨干力量,同时也采用公开招考的方式吸收了一部分社会进步青年。工作团既开展军队宣传教育工作,也开展战区地方上的民众组织工作和宣传工作,并在卫立煌的军队里兼任政治指导员、教官,给国民党的官兵宣传国共合作、全面抗战的道理,这对团结和争取卫立煌,起到了一定作用。1938年4月间,卫立煌路过延安,毛泽东主席要接见他。卫立煌就曾事先向我们征询意见,估计毛主席会向他提出些什么问题,他应该谈什么。我们便为他草拟了谈话稿,并将复件呈报党中央。朱德总司令和彭德怀副总司令为推动和发展山西地区的抗日民族统一战线,几次分别到卫立煌驻地看望他,我们都从中做了一些联系工作,促成他拨给八路军一些武器、弹药、粮秣等物资。"

听完朱劭天的汇报后,刘少奇说:"前不久,蒋介石在陕西武功召开会议,卫立煌去参加了。我们要了解会议结束后卫立煌到洛阳的具体时间,但直到卫离开洛阳半个月了,我们才知道他的行踪,已经迟了20多天。你们就在他的左右,对他的许多情况都一清二楚。你们看,你们现在的工作岗位多么重要!"他的这番话,既是鼓励,也是教育,大大增强了朱劭天工作的信心。

第八章
君子之交昭日月：刘少奇与他周围的人

当朱劭天汇报说，我们的工作像八路军战地服务团一样，唱八路军常唱的歌曲，张贴"巩固和扩大抗日民族统一战线""民族革命战争万岁"等革命标语时，特别是当朱劭天说到一次朱德总司令来看卫立煌，我们工作团举办欢迎大会，表演文艺节目，还带着卫立煌特务营的士兵呼抗战的口号，唱革命歌曲后，刘少奇严肃而又亲切地对朱劭天说："你们所处的工作环境很好，但又是非常的复杂。你们过去习惯做青年学生的工作，社会经验和斗争经验不足，这就特别要注意学习。只有这样，才能长期把工作坚持下去，也才能作出成绩。比如，你们用的许多政治口号嫌左。生活术语、工作方式方法不能照搬八路军那一套。你们要在前敌总司令部里广交朋友，在日常接触中逐步对他们施加影响，促使其坚定抗日。因此，你们要学会讲他们的话，学会他们待人接物的一些习惯，生活举止不要与他们差距太大，避免产生隔膜。调来的干部不要求数量多，在工作作风、方式方法上不适应这里的情况，不适宜在这里坚持工作的，可以调走一些。"他这些入情入理的精辟见解和指示，使朱劭天心中豁然开朗。

刘少奇又语重心长地说道："你们要作10年、20年的打算，为革命在这里做他们的官。根据最近六届六中全会的决议，在这里，以后要停止发展新党员，也不再召开党的会议，改为个人接触联系。你们在暗处，我在明处，10年、20年后可以再来找我。这是为了让你们更好地为革命工作，更好地利用这里的有利条件。"

朱劭天连续汇报了五个多小时，刘少奇一直十分细心地倾听着，并不时地询问一些具体细节，还就一些问题作了许多重要指示。直至傍晚掌灯时分，催吃饭时，才算告一段落。刘少奇生活简朴、平易近人的作风，感人至深。他吃的饭菜只是一盘馒头和一碟炒绿豆芽。为了招待朱劭天，才特意加了一盘炒鸡蛋。吃过晚饭，刘少奇没有休息，又接着对朱劭天作工作指示，直至深夜。

夜已经很深了，刘少奇把朱劭天引到对面一间房里，安排他在一个大土炕上睡觉，并招呼一位小同志抱来两床厚厚的棉被，一再嘱咐朱劭天好好休息。这一夜，朱劭天十分激动和兴奋，久久未能入睡，反复仔细领会刘少奇的每一句话，考虑着今后工作如何开展。

第二天天刚亮，刘少奇又来看望朱劭天，并交代一些事情，对他们的生活也十分关心，询问生活情况和经济条件，再三强调永远保持艰苦朴素、勤俭节约的作风，不要忘记千百万饥寒交迫的工农群众。

离别前，他又递给朱劭天一大卷延安刚出版的，刊登有党的六届六中全会文件的《解放》周刊，嘱咐朱劭天把这些刊物分发出去。

回到前敌总司令部后，朱劭天向秘密党支部汇报了刘少奇的有关指示精神。支部遵照刘少奇的指示，认真研究和安排了今后的工作。果然，此后朱劭天及同志们的统战工作更加出色。

"这是共产党员应有的品德"
——与郑重

郑重，原名郑如星，抗日战争时期曾任新四军四支队军需处长，和刘少奇一起工作过一段时间。在他们相处的日日夜夜里，郑重得到刘少奇无微不至的关心与帮助，使其成长为一个名副其实的共产党员。每每回想起这段往事，郑重都有说不完的故事……

1940年元旦后的一天，新四军江北指挥部政治部主任邓子恢打来电话，对郑如星说："郑如星同志，请你立刻到指挥部来一下。"放下电话，郑如星便立即飞身上马，迎着凛冽的风雪，朝指挥部所在地——苏北定远县安子集——飞奔而去，不一会儿便赶到了。

指挥部设在安子集的一个农家茅屋里。郑如星在门口喊了声："报告！"邓子恢闻声笑吟吟地迎上来："嗬，你的动作蛮快嘛，说到就到啦！"

第八章
君子之交昭日月：刘少奇与他周围的人

他话音刚落，从他身后走出一位40多岁的中年人。这人细长个子，高高的鼻梁，穿一身灰军装，显得文雅潇洒，稳重大方。

"老郑！"邓子恢兴奋地对郑如星说，"这是胡服同志，刚从延安来的。"接着，他又转脸向胡服介绍："这是四支队军需处处长郑如星同志。"

胡服握着郑如星的手，热情地说："快请进去坐吧。"

开始，郑如星神情有些紧张，搬一条长凳靠墙根坐下来。胡服一见，满脸含笑，很客气地招手："你过来呀，过来坐嘛！"

郑如星把长凳向前移动了一下。胡服又站起来招招手："哎，老郑，你再朝前拢一拢，靠近桌子坐，好喝茶嘛。我们都是同志，你怕什么呀！"

于是，郑如星轻轻地端了一张凳子靠方桌的右端坐下。邓子恢坐在桌子左边，胡服坐在中间那张"咯吱、咯吱"响的木椅上。

这时，胡服一面让警卫员给郑如星泡茶，一面从烟盒里拿支香烟递给他，亲切地问："你是哪里人呀？"

"湖北红安七里坪人。"

"噢，是老革命根据地人啰，湖南、湖北靠得很近嘛！"

胡服那带有湖南口音的话语，十分温和、亲切。他没有一点大首长的架子，郑如星的拘束感也渐渐地消失了。

邓子恢对胡服说："我叫郑如星同志来，是要他汇报一下供给工作情况。"

"好吧！"胡服点点头。

于是，郑如星就把支队后勤供给情况做了简要的汇报。胡服认真地听后，问道："目前部队的经费是怎么解决的？"

"主要是靠军部供给。"郑如星回答道，并汇报了经费不足的困难。

胡服颇有感触地说："是啊，现在部队一天天扩大，经费又不增加，怎么会不困难！"他说着似乎想起了什么，关切地问："部队的衣服是怎样解决的？"

"首长，眼下部队衣服的问题最大，还有许多新兵没有换装呢，主要是款子困难。"

胡服眉头一皱:"当兵的总不能穿老百姓的衣服呀,要设法解决新兵的服装问题。"

当时,部队供给由国民党拨款,而国民党总是在供给上卡得很紧,往往不能及时到位。

"怎么办呢?总不能让敌人看我们的笑话啊!"邓子恢思索片刻后说,"老郑呀,你先到梁园镇去一趟,找商务会暂借一笔款子,解决一下燃眉之急,以后再归还,怎么样呢?"

胡服也语重心长地说:"是啊,要多想想法子。现在我们要靠自己筹款,靠国民党是靠不住的,靠人家吃饭怎么行呢!过去,我们打游击自己筹款,不是搞得很好嘛。我们有广大的抗日民主根据地,解决吃穿是不成问题的。我们今后不能依靠国民党,要自己想办法。老郑,你可把这个精神跟部队先打个招呼……"

不知不觉中,一个多小时过去了。临走时,胡服把郑如星送到门口,拉着他的手说:"今天见面熟悉了,以后有什么事就来找我好了!"

这一年春节过后,四支队领导研究决定,调郑如星到新四军江北干校去学习。八个月后,他毕业了,被分配到指挥部总金库工作。

直到这时,郑如星才知道胡服就是刘少奇,心里高兴得不得了。

一到指挥部,放下背包,他就急切地去见刘少奇。一见面,刘少奇拉着他的手说:"啊呀,大学生回来啦。欢迎,欢迎啊!"

郑如星向刘少奇敬了个礼,把介绍信递过去。刘少奇一看,忙问道:"怎么啦!你不叫郑如星了?"

"是呀!"郑如星连忙解释:"因为我家兄弟四人,名字按'魁、星、点、斗'四个字起的,我排行老二,原名就叫郑如星。干校毕业时,我感到这名字太俗套,就打报告改了。"

"哦!你还有点破旧嘛。郑重,这名字起得好哇!干革命就是要郑重其事。尤其是你到金库搞财经工作，更是要郑重其事啊！"

刘少奇说罢哈哈笑了起来。

那时，指挥部搬到了一家大地主的院落内，刘少奇的办公室兼宿舍在里院，郑重及其他工作人员住在一进大门的头排房子里。刘少奇进出都从他们门前过，天天见面。他还经常和赖传珠参谋长到金库了解经费开支情况，检查库存的款子，指示要严格执行财经制度，学会管家理财。在他的亲切教导下，新四军不靠国民党，自己动手筹款子，尽量设法保证了部队的经费开支。

刘少奇吃过晚饭，外出散步，常常喊工作人员一道走走，还与他们不停地交谈，既了解他们的工作情况，又谈心，大家打心眼里崇敬他。

一天晚饭后，刘少奇喊郑重和另一位同志出去散步。

他们来到荷塘边，夕阳的金色余晖洒在水面上，莲蓬头在橘红的波光中摇曳，鱼儿在塘中悠然游荡。刘少奇一见此景，意味深长地对随行人员说："鱼离水不能活，我们新四军也离不开老百姓啊！"他一再叮嘱大家要和人民群众打成一片，全心全意地为人民服务。

1940年年底，新四军指挥部奉命向江苏盐城东进。为避免与敌伪接火，在半个多月的行程中，刘少奇和全体指战员一样，坚持星夜行军，同吃一锅饭，同宿一个营。每到宿营地，他见到郑重不是了解经费，就是询问伙食，并多次吩咐，要想办法改善部队生活，增强部队战士的体力。

到盐城后，指挥部就驻在文庙内。一天，赖传珠参谋长把郑重找去，传达刘少奇的指示。他说："老郑呀，皖南事变突围的同志，马上要来这里，他们都没有棉衣，要尽快把盐城街上的裁缝集中起来，赶缝棉衣，这是一个艰巨的突击任务啊！"

正说着，刘少奇和陈毅也来了。刘少奇接上说："是啊，寒冬腊月的，棉衣实在急，皖南的同志辛苦了，他们一来到就要穿啊！"

陈毅目光炯炯地望着郑重说："老郑呀，这可是硬任务啊，你要想点法子完成，越快越好！"

郑重根据刘少奇等领导同志的指示，立即组织军需处的同志，四处找门路，迅速地解决了布匹和棉花的困难，把盐城的裁缝都集中起来，办起临时工厂，600套棉衣很快就制成了。

一天结账时，棉花店老板忽然拿出300元法币要给郑重。郑重一愣，不知是啥意思。店老板解释道："这名为'回头钱'，实为感谢金，是以往韩德勤部队立下的规矩。"郑重说："他们是殃民的军阀，我们是共产党领导的新四军，不搞什么感谢金。"他坚持不收，后来老板脸都红了，非要郑重收下不可。为了以后工作的方便，郑重才收下了。回到部队，郑重把这事向刘少奇做了汇报，并提出把这款子交给总金库统一使用。刘少奇很满意地对郑重说："你这样做得对！这是共产党员应有的品德。如果暗中窃为私有，就是贪污，那是不好的，是可鄙的。"

刘少奇这一席话，深深地刻印在郑重的脑海里，一直鼓励和鞭策着他努力做一名真正合格的、名副其实的共产党员。在名利面前，郑重总会自然而然地想起刘少奇曾给他的嘱咐与鼓励，坚持拒腐蚀永不沾，受到党组织与同志们的表扬。每当这时，郑重总是说："这是共产党员应有的品德。"

"只要我们做好工作，危险就变成不危险"
——与成克

1942年深秋的一天，中共晋西南工委交给成克一个重要任务：护送刘少奇过晋中，要绝对保证他的安全。

为切实完成这一任务，平介县委全力以赴，预先做了周密的组织工作，做好了应付护送中可能出现的各种情况的准备，对出发时间、停留地点、行军路线、行军队形、谁前谁后、交通工具等，都做了安排。当成克向刘少奇汇报护送方案时，刘少奇放心地说："就按你们的办法去办，该怎么安排就怎

第八章
君子之交昭日月：刘少奇与他周围的人

么安排，我完全听你的。"他只让四名随身警卫人员跟着他。快出发的时候，成克把大家集合在一起，请他作指示。刘少奇走到大家面前，笑着说："我没有什么指示，从现在开始，我听你成克的指挥。"一句话把大家都逗乐了。

按原定计划，他们起程后的第二天晚上要从仁庄村出发穿过敌人的封锁线。当他们迂回到封锁线附近时，侦察员回来报告了一个新情况：敌人突然活动频繁，并在封锁线附近设有埋伏。成克分析了敌情后认为，敌情错综复杂，继续往前走实在是冒险。不走也很危险，在敌占区多待一天就多一天风险。而且在这里一耽误就要打乱全盘护送计划，在根据地接应的部队不能按时接到刘少奇。成克把这进退两难的处境向刘少奇做了汇报，刘少奇说："别急，光着急解决不了问题。"接着，他非常沉着地做了具体分析："按原计划也好，不按原计划也好，我们的主要任务是安全通过。去冒险，没有那个必要；我们看到了危险，就要冷静思考，化险为夷。只要我们做好工作，危险就变成不危险。"成克听完刘少奇的话后，认真地想了又想，决定改变原计划，停止前进，返回仁庄村再等一天。事实证明这样做是对的。据事后侦察报告，敌人在刘少奇一行经过的封锁线附近埋伏了一二百人。但由于晋西南工委书记率领的部队，在平遥城南积极活动和有意识地暴露目标，使敌人产生错觉，所以第二天拂晓就撤走了。

返回仁庄村等了一天，就打乱了预定计划。而要避开敌人的包围堵截，只有多跑路。考虑到刘少奇身体不好，成克对刘少奇说："我们不能走原路，也不能走大路，要从没有路的野地里穿行，这样既不能坐车也不能骑马，只能靠两条腿，在靠近敌人的上相村据点，敌人不注意的地方通过。刘少奇说："不坐车，不骑马，不走大道都可以，多走点路没有关系，你们不用为我的身体担心，为了抢时间，我能行。"为了照顾他的身体，大家预备一副担架抬他。他坚决地说："不要，我可以走！"就这样，他们摸黑在野地里行进，一会儿过沟，一会儿跨渠，一口气走了30多公里，把封锁线远远地抛在了身后。

一进入根据地，他们就碰上接应部队派来的侦察员。侦察员报告：大部队马上就到。这时，成克的心里才踏实下来。

在人民中间

"你是专家！你是专家！"
——与孙喜

1958年12月20日下午，一辆小轿车把孙喜接到了中南海刘少奇的办公室。

孙喜并不是什么领导，时任河北丰宁县南辛营公社南辛营大队大粪专业队队长，因发明大粪高温发酵杀菌的科学方法而闻名，这次应邀进京参加全国农业群英会。

刘少奇听说孙喜能够利用粪便高温发酵杀灭蛹蛆时，他联想到北京市在治理环境，解决粪便处理方面遇到的棘手问题，真是喜出望外，点名要见见这位大粪专家，共同商量解决粪便处理办法。

一见面，孙喜有些拘束，因为一个淘大粪的社员与国家领导人之间毕竟还是有一段距离。见到他紧张的神情，刘少奇马上意识到也许谈他的工作更好些，便切入正题：大粪高温无害化处理都有些什么好处？果然，一提到"大粪"，孙喜便滔滔不绝，从搞大粪高温无害化处理的起因到具体做法到实际效果，一一道来。

"大粪高温发酵达60摄氏度就能全部杀死蛹蛆。"谈到关键处，孙喜做起了手势。

第八章
君子之交昭日月：刘少奇与他周围的人

1959年10月，刘少奇在"群英会"上同劳动模范孟泰握手（历史图片）

"要真是这样,那不仅解决了首都灭蝇的难题,对全国的讲卫生除四害运动也有很大的促进作用啊!"刘少奇继续刨根问底:"达到60度要几天?"

"三天。"孙喜蛮有把握地回答。

"那我们做一次试验好吗?"

"当然好呀!"

现场选在淘粪劳模时传祥所在的北京近郊大粪场。

23日这一天,刘少奇与孙喜同乘一辆小轿车向现场驶去。一路上,大家谈笑风生。刘少奇还有些不放心,再次问:"三天大粪高温发酵到60度不会是吹牛吧!"

"那咱们说好,试验成功了,您的这支钢笔要奖励给我,行吗?"孙喜指着刘少奇胸前的那支钢笔,自信地说。

"好,那就一言为定!"刘少奇说得大家都哈哈大笑起来。

车到现场,只见北京各级卫生管理部门的干部和粪场工人已站得满满的,都在等候着一次非同寻常的试验表演。

"预备,开始!"随着孙喜一声令下,时传祥领着粪工首先砌起了船式高温发酵炉。刘少奇站在人群中,聚精会神地观看着,并不时地拿起铁锹往炉里添几铲大粪。按照孙喜的指点,很快,一座1米宽、1米高、6米长的发酵炉垒成了。刘少奇也一身汗了。

三天后,刘少奇又一次来到试验场察看效果。果然,温度计的水银柱上升到60.3刻度,粪里的蛹蛆全部杀死。试验成功了,人们都报以热烈的掌声。刘少奇也激动得紧握孙喜满是老茧的双手,连连称道:"你是专家!你是专家!"

回到住地,刘少奇果真兑现承诺,把那支钢笔赠送给孙喜,外加一套《毛泽东选集》,风趣地说:"你说话算数,咱也不能赖账呀!"并希望他努力学习,继续进行科学研究,争取在农业技术改造上做出更大贡献。孙喜乐得合不拢嘴,表示一定要继续努力,争取在农业科研事业上做出应有贡献。

"你是改造土匪的'博士'"
——与王国华

1939年的一天,刘少奇和王国华去一个叫北王庄的村子开重要会议。快进村时,猛听到村口传来一阵犬吠声。

"啊!皮子炸了,厉害得很,我去看看到底是怎么回事。"王国华机警地从车上站起来。

"什么?皮子炸了?"刘少奇听不明白。

"这本是土匪的黑话,狗一汪汪叫,他们就说皮子炸了。"

"噢,这可是处处留心皆学问哪!"

"这还算学问啊,土匪的黑话可多啦,说天有雾是挂帐子,打人家的寨子为撕围子,烧人家的房子叫挑棚子,上山称抓架子,他们的头目叫老架子,还有什么八大块……"

"再重复一遍,我记两句。"刘少奇越听越感兴趣,掏出笔记本来。

"别,别记,这些都是乌七八糟的东西,又不是马列主义。"

"不,你们在改造土匪的斗争中,包含的马列主义可不少哩。"趁机,刘少奇向这位"粗人"谈起了浅显而深奥的道理:"我看,竹沟这个小山沟里就有马列。你们坚持游击战争时,不比江南那些地方,人家是长征后留下来的队伍,你们是新创的,这么困难,这么复杂,你们却从小到大,慢慢站稳了脚跟,没有马列怎么行。你们把马列主义成功地和当地的革命具体实践结合。要我说,你是改造土匪的'博士',学问与贡献都很大。"

听了这些,王国华又是激动,又是惭愧:"胡服同志太过奖了,我们并不聪明,做的蠢事也不少。我们靠的,一是从挫折中总结经验,求得长进;二是中央的英明领导。说来真不怕你笑话,有时因我们水平低,干了事情也总结不出一个道道来。"

"你们的道道不少啊！不是吗？在那种环境下，你们提出了多交朋友，少结仇敌；只打'坏货'，不分土地；只建农民自卫委员会，不竖苏维埃的牌子；只脚踏实地发展武装，不搞飞行集会乱撒传单；搞黄皮红心、两面政权，改造绿林杆子……这些都是你们成熟的表现，这些经验要好好总结总结，它可以丰富我们马列主义的宝库。"

"我们有两个秀才，都是文武双全，又都是省委领导成员，他们出了许多好主意，可惜，都牺牲了。"说到伤心处，王国华双眼噙满了泪花，"我这个笨头笨脑的人，却活了下来……有他们在，一定能总结出许多条条来。"

刘少奇也动了感情："是啊，我们党牺牲了那么多优秀同志……可我们活着的人们，怎样才能对得起这些先烈呢？当然，是要继承他们的遗志，完成他们未竟的事业。"他亲切地对王国华说："依我看，你今后要下决心攻攻文化关，没有文化要误好多事，让组织上给你配个文化教员，辅导辅导，好吗？"

"好是好，只是我这么一大把年纪，工作又搞不赢，能行吗？"王国华对自己没有信心。

"行，我看，拿出打土围子的精神，没有什么可以难倒共产党员。"刘少奇一个劲地鼓气。

感人肺腑的话语给王国华以巨大鼓舞，他蓦地一站，像宣誓一般对着刘少奇说："胡服同志，我一定照你的话去做。"

从此以后，王国华加强了文化学习，并获益匪浅。

几年之后，王国华参加了中共七大，他俩又见面了。刘少奇还特意把他请到自己的窑洞，两人又进行了一番细谈，关于工作、关于思想、关于生活……一提到学习的事，王国华毕恭毕敬："向刘委员汇报，经过近几年的学习，我现在已经能够读书看报了，就是写字还不行。"

"恭喜！恭喜！"刘少奇一边祝贺，一边客气地邀请他吃饭，说，"以前,我在竹沟吃你的,今天,吃我的,我请客。"

窑洞里传出了欢快的笑声,他们在一起谈了很多、很久……

"学生看师母是应当的嘛"
——与朱五阿婆

1961年5月,刘少奇回到阔别40年的故乡——湖南省宁乡县花明楼公社炭子冲——了解农村生产和人民生活的情况。

他很想去拜望一下昔日的老师。在一次与当地群众的座谈中他关切地问道:"朱五阿公还健在吗?"众人七嘴八舌地说:"你是说那位老塾师吧,早死了,不过朱五阿婆倒还活着,住在安湖唐小队。""她生活得怎样?"刘少奇又问。大家一下子默不作声了,面面相觑。刘少奇环顾众人,目光中充满期待,但终无人言。

刘少奇见状,似乎明白了什么……他决定要去看看师母。

5月8日,刘少奇来到了朱五阿婆家。他亲切地问:"朱五阿婆!您老人家还认得我吗?"年逾古稀的朱五阿婆对这位突然登门的客人左瞧瞧,右看看,无奈地摇了摇头。

刘少奇并不急于讲明身份,而是操着浓重的乡音,谈起往事:"我是在您老馆子手里发的蒙。那时候,您经常烧开水给我们喝。中午见我们带的饭菜凉了,就帮我们炒热。您的贤惠,朱老师的严格,我至今还记得哩。"

"啊!你是九先生。"(刘少奇在兄弟中排行第九)朱五阿婆一下子叫了出来,随即又连忙改口:"你是刘主席!主席上门来看望我,叫我这孤老婆子怎么领受得起呢。"

刘少奇笑着摆摆手:"哪里,哪里,学生看师母是应当的嘛!再说,您还记得有我这么个'九先生',我可是不敢忘了老师和师母啊!"一席话,说得大家都笑了起来。

笑声中，刘少奇伸手搀扶师母坐下来，尽情地谈起往事，儿时读书的趣事、老师的教诲……往日沉寂的小院笑声朗朗，春光融融。刘少奇又谈起了朱五阿婆现在的生活，谈到老师的死。谈到师母现在生活不是很好时，他不由发出一阵阵的叹息。

临别，刘少奇拿出早就准备好的一斤饼干和20元钱，送给朱五阿婆，聊表弟子的一片心意，并再三叮嘱她老人家多多保重。

刘少奇走了，走出好远好远，朱五阿婆还久久地倚在门框上，频频挥手，眼窝里噙满泪水。

刘少奇上私塾的地方（历史图片）

第八章
君子之交昭日月：刘少奇与他周围的人

"我至死也不认为他是坏人"
——与时传祥

1972年10月26日，一位年近花甲的老工人破例买了好几样下酒的菜，兴冲冲地朝家中赶去。一进家门，便吆喝老伴忙开了。老伴好不纳闷："嘿，我说老头子，你今天怎么啦？"

"你忘了？今天是刘主席和我握手的日子，应该纪念纪念，就冲他能看得起我这个淘粪工人这一点，我至死也不认为他是坏人！""老头"动情地抽泣起来。

他，不是别人，正是1959年10月26日，受到刘少奇接见的北京市一位普通的淘粪工人，名叫时传祥。

故事还得从头讲起。

1959年10月，全国群英大会在北京召开。北京市崇文区淘粪工人时传祥以其"宁愿一身脏，换来万户净"的崇高思想和行动，赢得了全社会的尊敬，不仅光荣地被评为北京市劳动模范，并荣幸地被选为主席团成员，每天在人民大会堂开会，往返都有红旗牌小轿车接送。

26日下午3时许，人民大会堂湖南厅内气氛热烈而庄严，刘少奇、周恩来、朱德等党和国家领导人来到了英模中。接见一开始，刘少奇似乎就注意到时传祥，还隔老远，刘少奇就伸过手来打招呼："这是老时吧！"并像老友久别重逢似的拉着时传祥的手关心地问道："老时啊，这几年生活过得怎样？清洁队的工人同志工作累不累？"

听到刘少奇关切的询问，不知怎的，时传祥一下子就想起了中华人民共和国成立前的处境。那是什么日子？一年到头过的是"吃马路，睡马路，铺着地，盖着天，脑袋枕着半块砖"的非人生活，还被人骂为"屎壳郎""夜猫

1959年10月，刘少奇紧握着北京市清洁工人时传祥的手说："你淘大粪是人民勤务员，我当主席也是人民勤务员，这只是革命分工不同，都是革命事业不可缺少的一部分。"左一为张百发（历史图片）

子"，如今他却来到了人民大会堂，坐着"中国第一车"，还受到中央领导的亲切接见。时传祥高兴地答道："我们现在的生活过得挺好，大家的干劲可足了。过去我们是用轱辘粪车一车车推，平均每人一天才拖8桶，现在改成汽车运，平均每人每天可背93桶半，工作效率高多了。可大家并不满足这些成绩，还在暗暗较劲，要为社会主义建设多出几把力。"

老工人的话，逗得刘少奇哈哈大笑起来："大家的干劲够足的啦！可是，还得加把劲把全北京城的清洁工都带动起来才行。"

说话间，刘少奇又问起了他们的学习情况："老时，过去淘粪工人很少识字，你们现在学习没有？学得怎样？"

老时如实做了汇报："过去我们识字很少，解放后由于领导的关怀，成立了业余学校，现在一般的都达到了高小程度，能看报和写信，就我差点儿，只认识两三百字，连自己的名字还写不好呢。"

"老时啊！一个先进生产者，一个共产党员，光工作好不行，各方面都得好。我们的事业越来越发达，没有文化哪行？我这么一把年纪了，现在还照样学习哩。你才45岁吧，时间还不晚，以后要好好学习。"刘少奇又是批评又是鼓励，"阳历年的时候给我写封信，好吗？"

品味着亲切的话语，时传祥热泪盈眶。

"我们在党的领导下，都要好好为人民服务，你淘大粪是人民的勤务员，我当国家主席也是人民的勤务员，这只是革命分工不同，都是革命事业中不可缺少的一部分。回去之后，要更好地为党工作，为人民服务，不要骄傲自满，要和大家团结一致，把我们的首都建设得更美好。"最后，刘少奇在勉励时传祥，但同时也在自勉。

听了刘少奇的话，时传祥暗下决心：我们党的领导人对待每一个人是多么关心啊！我一定要记住他的话，下决心学习，在阳历年时给刘少奇同志去封信，汇报工作情况。

从此，时传祥更加积极工作，努力学习。1960年的元旦前夕，他果真亲手动笔给刘少奇写了一封信，虽然字写得并不好看，但对群英大会后的学习、工作等情况做了详细的汇报。看到时传祥的进步，刘少奇很高兴，回信表扬了他。

谁也没有想到，在"文化大革命"期间，刘少奇被扣上"工贼"等帽子而迫害致死，时传祥则因同"工贼"握过手，并因保存了当时的照片被戴上"粪霸""铁杆保皇派"的帽子而受到种种不公正对待。但是，凭着他的亲身体会，凭着自己的直觉，这位老工人"至死也不认为他是坏人"。

1980年5月15日，在党中央决定为刘少奇举行平反追悼大会的前两天，王光美派儿子刘源寻访到北京劲松小区时传祥家属的住所，将大会通告交给了这位淘粪工人的遗孀。从此，每年春节和其他节日，时传祥的四个儿女都要到王光美住处拜年、问候，两家来往频繁，至今仍保持着深厚的友谊。

"我们全家入你们的社"
——与草厂生产大队

1958年夏季的一天，烈日当空，天气灼热。正在北戴河中直机关招待所疗养的刘少奇提出要到附近生产队参加一下劳动，顺便了解了解基层情况。于是，他便在工作人员的陪同下，带着家人，信步来到秦皇岛市北戴河区草厂大队。刘少奇向队长杨少洲问道："我想到你们合作社来劳动劳动，可以吗？"杨少洲简直不敢相信自己的眼睛和耳朵。这时周围的群众认出了刘少奇，大家热烈欢迎他来指导，而刘少奇却坚持参加劳动。在他的坚持下，杨少洲只好同意他去劳动。

来到田地，刘少奇把上衣一脱便干开了。他一边翻着白薯秧，一边和大伙聊着农事、农家生活以及农村政策，整个田间谈笑风生。

毕竟平时体力活干得不多，这次又干得非常卖力，不一会儿，刘少奇斑白的两鬓不断淌着汗珠。社员们都不忍心，几次劝他去休息，可刘少奇执意不肯，还乐呵呵地说："干点体力劳动对我来说，就是最好的休息呀。"直到大家都停下活来，他才在地上坐下来歇了一会儿。

回到大队部，刘少奇一边和大家唠着家常，一边谈论农村人民公社、农民的生活水平和政治地位以及农村中存在的问题等话题。末了，他又询问在座的社员："你们都入了社，我也想入社，行吗？"

听到刘少奇要加入自己的合作社，社员们自然高兴不已："欢迎，欢迎！"同来的王光美也羡慕起来："我也想入社，不知行不行？"社员们再一次爆发出笑声和掌声表示欢迎。为表示郑重，队长杨少洲还特地站起来，大声宣布："我代表草厂大队表示热烈欢迎。"

"那好，我们全家一起入你们的社。"刘少奇顿时开怀大笑。

于是，刘少奇、王光美双双成为草厂社员。

……

转眼到了秋收时节，草厂大队获得了大丰收。广大干部和社员在欢庆丰收之际，没有忘记还有一位远在北京的社员——刘少奇。于是，杨少洲被推举为代表，带上花生和苹果，带上草厂全体社员的心意，来到中南海，坐到了共和国主席家的会客室里。

刘少奇立刻迎了出来，紧紧握着杨少洲的手，微笑着，端详着。杨少洲的心情却不轻松，既高兴又紧张。高兴的是，又见到自己的社员；紧张的是，刘少奇毕竟是我们共和国的主席，自己作为一个基层领导该向他说些什么呢？嘴张了几下，话终于冲出了口："少奇同志，咱社的干部群众，委托我向您汇报来了！"看他那拘谨的样子，刘少奇禁不住幽默地说道："我也是你的社员，怎么说向我汇报呢？"一句话说完，两个人都笑了起来。笑声中，杨少洲紧张的心情平静了许多，他指着桌上的东西说："乡亲们也不知拿点什么东西好，只让我带了点花生和苹果，送给您尝尝。"一提东西，刘少奇皱了皱眉头，不安地说："你来我们欢迎，但可不能带东西，这是社员的劳动果实啊！"杨少洲接过话茬说："正因为你是社员，才有应该得的一份。"这一句话，把刘少奇说得笑了起来，并只好表示收下"自己的一份"。

接着，刘少奇问起草厂大队的粮食产量，杨少洲兴奋地回答："亩产800多斤。"联想到社会上正有一股浮夸风，刘少奇思考了片刻，语重心长地说："一定要说实话！来自基层的一句假话，上边往往10次也查不清楚。"稍停，刘少奇又问："既然产量这么高，社员的生活怎么样？"杨少洲说："大炼钢铁，把锅都扒了，群众吃食堂。""锅没了，老人孩子吃饭怎么办？病号吃饭

1958年7月,刘少奇在天津郊区向农民了解施用化肥的情况(历史图片)

怎么办？"杨少洲无言以答，低下了头。显然，有些事情是他这个大队长所不能左右和回答的。

一个小时过去了，因为有人等着向刘少奇请示工作，刘少奇只好抱歉地结束了谈话，把杨少洲交给王光美陪同照顾，匆匆走出了会客室。

杨少洲与刘少奇的这次见面，为刘少奇后来提出"解散公共食堂"等重大决策提供了很好的素材。

"要树立战胜疾病的信心"
——与印刷厂工人冯金山

1941年春，正是抗日战争最艰苦的时期。陕甘宁边区充满着既紧张又令人振奋的气氛。然而这一天对印刷工人冯金山来说，却是忧郁的一天。他缓缓来到中央门诊部，在室内踱着步子，等着医生诊断。他心里很清楚，自己的病已有好久，不会轻易就好的。

忽然，一只大手亲切地抚摸在冯金山的头上，他扭过头去一看，不禁又惊又喜："啊！是刘少奇同志。"

刘少奇端详着冯金山的脸色，关怀地问："小鬼！你是哪个单位的？有什么病？严重吗？"

"我是中央印刷厂的，先当铸字工人，得了肺病，现在装订部工作。唉，这该死的肺病，害得我几次大口大口地吐血。领导叫我到这里来看看，说这里条件好些，可又会怎样呢？"冯金山边回答边叹气，一副无可奈何的样子。

"哦！是肺病。"刘少奇听罢，也不免一愣，随即安慰和鼓励道："既来之，则安之，要好好治疗。注意劳逸结合，病会好的，一定会好的，千万不要灰心丧气。"接着，他又说："印刷厂工作很重要。一张《解放日报》，一张

《新华日报》，可以发挥很大的宣传作用。它能团结人民抗日救国，又能瓦解敌军……这里面也有你的一分功劳啊！因此，你要树立起战胜疾病的信心，更好地投入到工作中去！"

一席话，冯金山先前的忧郁心情被冲得无影无踪，脸上又露出了笑容。见此，刘少奇不禁笑了，说："这就对了嘛！"随即同冯金山唠起家常来。

一摆家常，冯金山的话也多起来了。他是河南洛宁县人，从1937年刚刚15岁就同许多爱国青年一道投身于抗日的洪流，到1939年末，随八路军办事处一起来到仰慕已久的革命圣地延安。

"你是河南洛宁县人？"

"是啊！"

刘少奇听冯金山说是河南洛宁县人，也不禁兴致勃勃，脑海中又浮现出1938年年底主持渑池会议的情景。问道："我去过河南，到过洛宁、渑池，还在渑池开过会，你知道那次会议吗？"

冯金山惊喜地回答："知道，怎能不知道呢！我们许多青年同志就是在那次会议后，参加抗日的嘛！"刘少奇满意地笑了。

转眼，已是秋末冬初，宝塔山下枫叶泛红，延河水清澈晶莹。冯金山去中央门诊部复查病情，又碰到了刘少奇。刘少奇一眼认出了他，走过来询问："小鬼，病好些了吗？"

"谢谢您，大有好转了，已经好久不吐血了。"

刘少奇侧过头来，仔细审视了一下冯金山的脸色，而后高兴地抚摸着他的头说："我说嘛，有病要好好治疗，要劳逸结合，要有战胜疾病的信心，病是一定会好的，对吗？"

"对！对！对！"冯金山连连点头，说，"是您先治好了我的心病，病情才会好得这么快。组织上也已经同意我到安塞县的造纸厂去工作了。"

刘少奇赞许地说："小鬼，你做得对，有志气，去了要好好干，也要注意身体啊！"

冯金山望着这位只见过两次面的老首长，一股暖流涌上心头，他什么话也没说，庄重地举起右手，向刘少奇行了一个标准的军礼。

"团结起来才有力量"
——与挑脚夫袁品高

1922年，安源煤矿。挑脚夫袁品高做梦也想不到会遇上一位为他指点迷津的智者，他的人生会从此走上一条光明之路。

那天，因挨了工头一顿毒打而发誓要学"国术"护身的袁品高被同寝室的两个工友拉到俱乐部工人补习夜校。刘少奇接待了他，了解了他的姓名及住处后，刘少奇问："你读了几年书？"

"别提了，小时候读书被先生打怕了。"

"我们是反对老师打人的。"刘少奇笑着说，又问他在哪里做事，多少钱一个月，家里几口人，生活过得怎样。临走时，又把他送得好远，鼓励他去夜校读书。

当袁品高第二次跨进夜校门的时候，刘少奇就喊道："袁品高，你来了！"一股暖流顿时涌上这位煤矿工人的心头。

过了几天，刘少奇又与他聊起来：

"你在洋炉焦处哪个工头下做工？"

"傅桃藻名下。"

"傅桃藻对工人好不好？"

"还好。"

"有什么好呢？"

"他打架就要打赢。"

刘少奇笑了起来，说："打不赢呢？"

"打不赢，替我们赔礼都可以。"停了停，袁品高又补充说，"和别处打起架来，他还给我们工人助威。"

"呵！打谁呢？"

"不是洋炉焦处的工人，就是土炉炼焦处的工人。"

"嗯，他还有什么好处呢？"

"讲点义气，供人读大学。"

"供什么人？"

"他一个堂兄弟。"

刘少奇笑了一下："呵，这也是做好事呀？"

袁品高有点脸红了。

刘少奇又问："傅工头还有什么好？"

"赌钱不打赖，用洋瓷脸盆装花边（银洋）。"

"呵！"刘少奇又笑了，"你们的工人真有好处啊！"

袁品高意识到这是反话，便辩解说："刘老师，我说的都是实话。"

"实话？！"刘少奇脸上变得严肃起来，沉重地说，"老袁，你想一下，他好打架，可打的什么人？讲义气供人读大学，又供的什么人？赌钱不打赖，用洋瓷脸盆装银洋，他哪来这么多钱？"

听了这话，袁品高怔了一下，随即说："钱，他有的是。洋炉炼焦处的花边，一箱箱的，他自己搬不了这么多，就请人去捎。"

"你们怎么搞不到钱呢？怎么连饭都没得吃呢？"

"我们是赚硬的。"

"为什么不想多赚点呢？"

"我们没有三亲六友，想不到。"袁品高答道，一边想，谁叫我们"八字"不好呢。

刘少奇拉过他的臂膀摇了下："不是想不到，是没得团结。"

"不好团结，权在工头手里。"

第八章
君子之交昭日月：刘少奇与他周围的人

刘少奇做了个手势，比画着："一双筷子容易断，多了怎样？你们洋炉炼焦处、土炉炼焦处几百人，通通团结起来，你看力量怎样？你回去好好想想看，他们的钱是怎样赚来的。"

第二天，刘少奇问他："你想了没有？"

"想不通。"

"我告诉你，"刘少奇说，"你去找个工人谈话，要找生活苦的，问他工头哪来的这么多钱买田、置地、赌钱。你也许以为：是命。他会说：'不是什么命，是他们吃了工人的血，拿工人当牛马，他们剥削了我们。'你不相信，他又告诉你：'工头一个月只有几十块钱，要养活一家，还要请女工、买田、用脸盆装花边赌钱，不是剥削工人哪来的这么多钱？是你蒙在鼓里了。'接着，他又说：'你或者以为有菩萨助他。'他就会问：'为什么菩萨专助这些人，不助穷人呢？'"

"菩萨，我根本不信。"袁品高又说，"我家二公公教过书，他不信神，别人叫求神，他胡子一抹：'行时不要神灵保，神灵不保失时人。'"

"是呀！你去找穷人，他们会把真理告诉你的。"

袁品高说："穷苦人到处是，不用找，我天天和他们在一起。彭冬生是最苦的一个，他外号叫婆公，人高大，穿件烂袄子，无钱缝新的，见到地上有块布就捡起来补，俗话中只有百家衣，他的就成了千家衣，5斤12两重，裤子4斤，合起来9斤12两。"

"他为什么这样穷呢？"

"他家人口多，生活顾不过来。他每月总是打连班，傅桃藻看他多发了几个钱，青面獠牙，算盘子啪啦啪啦，东一扣西一扣，却总发不到钱，还欠一身账。"

刘少奇听到这里，笑着问道："你不是说工头好吗？"

袁品高不好意思地笑了笑，说："好什么，工头真好恶啊！"

刘少奇的话就像一把钥匙，打开了他的心窍，从此，袁品高认识了阶级

355

对立和阶级斗争的道理。

按照刘少奇的指示,袁品高去找可靠的工人谈谈工人受苦受难的原因,他们的心一下子都亮了,都到学校里来找刘少奇,要求和工头算账。

罢工的前一天,袁品高又去找刘少奇,说:"工人们一定要找工头算账!"

"那好!"刘少奇很高兴地说,"他们靠得住吗?"

"靠得住!"

"他们会听你的?"

"会听。"

"你怕不怕呢?"

"怕什么?说了不怕就不怕。"

"杀头呢?"

"杀就杀。"

"那好,今天晚上我们要罢工,不光是找工头算账,还要同矿上的官僚资本家算账!"

"那太好了!我们工人早就要干了!"

刘少奇接着指示他:"要得,你负责洋炉炼焦处、洗煤台,汽笛一叫,你就把人集合好,和全矿一同罢工。"

听毕,袁品高飞快地向指示地点跑去。

震惊中外的安源路矿工人大罢工,就是这样在工人们"从前是牛马,现在要做人"的齐声呐喊中开始了。刘少奇和袁品高的故事只是他帮助工人提高觉悟,转变认识的一个小小的例子。正是在刘少奇的耐心启发教育下,饱受欺凌剥削的广大工人走上了革命的道路。

"党多么希望你们这些年轻的有一定文化知识的共产党人快快成长"
——与北京地质学院学生

1957年5月17日下午，刘少奇接见了由学院团委副书记王玉茹带领的北京地质勘探学院50多名应届毕业生代表。在接见中，刘少奇要求学生们成为又会操作又讲得出道理的知识分子，并乐于做新时代的"青年游击队员"，搞好地质勘探。刘少奇送给同学们一支猎枪，同学们也送给刘少奇一些小礼品。同学们备受鼓舞。接见结束时，王玉茹对刘少奇说："我们一定要把您讲的话，很快整理出来，传达给每个同学。"在场的《中国青年报》的记者也说："我们要尽快地在报上发表您的重要讲话。""那好，你们什么时候整理好，就拿到我这里来，我要亲自看一看。"刘少奇说。

当天深夜，王玉茹等人就带着初稿来到了中南海刘少奇家里。刘少奇笑着和他们握手，夸奖说："你们好快呀，要是我们的工作都有这样的效率就好了，还是年轻人干劲大。"刘少奇边听王玉茹念稿边做修改。对于那些形容他的音容笑貌、谈吐风度的话，诸如"神采奕奕""慈祥和蔼""伟大""敬爱""最难忘"等，他全部用铅笔圈掉，并严肃地对王玉茹和《中国青年报》的徐才说："这些都是废话，不仅无足轻重，而且讨厌。不要华而不实，写文章也要如此。现在有些文章有这个问题，废话多，这也是文风问题，要注意。"看到王玉茹有点委屈和难堪，刘少奇又说："我不是批评你们，我是说要注意这个问题。你们写了那么多神采奕奕，我真的有那么神采奕奕吗？"说着，爽朗地笑了，大家也都笑了起来。

听到同学们给刘少奇送礼那一段，刘少奇说不要写。他说："我们不主张给领导同志送礼，写出去将来老百姓纷纷给领导同志送礼就不好了。我送给

1957年5月，刘少奇在中南海接见北京地质勘探学院应届毕业生代表，勉励同学们做社会主义建设的"开路先锋"。图为刘少奇向同学们讲话（历史图片）

1960年12月，刘少奇率领中国党政代表团访问苏联时，看望中国留学生、实习生和使馆工作人员（历史图片）

第八章
君子之交昭日月：刘少奇与他周围的人

你们一支猎枪可以写。"他接着讲起河北平山县的一位老大娘，前些天到中南海来，一定要把一袋小米和几斤红枣送给他的事，无限深情地说："我们的人民实在太好了，太可爱了，我们为他们做的事还很不够啊！"王玉茹听了很受感动，但仍坚持写上同学们送礼这一段："这些小礼物代表了同学们的心意，这段不写进去，同学们要有意见的。"刘少奇见她那执着的样子，笑着说："你把群众和同学们端出来，这一着真厉害，把我'将'住了。看来，这一段只有保留喽！"

稿子改完了。这时王光美端来一盘点心，大家意犹未尽，边吃边谈。谈到整风中学校里贴了一些大字报，主要反映出党群、干群关系上的一些问题，刘少奇若有所思地说："领导要到群众中去，关键是要改善党群关系。不要坐在办公室里，哪里有怕群众的领导呢？我们党的力量源泉就在人民群众之中，过去是这样，现在还应该是这样。学校的领导更要经常深入师生之中。要知道，办好一所大学不简单，所有党员领导干部都要兢兢业业，刻苦钻研，增长才干，以身作则，吃苦在前，享受在后。要努力为群众谋利益，绝不能为自己牟私利，要到教学第一线去，搞好调查研究，及时解决问题，不要等问题成堆才去解决。要教育行政、后勤人员搞好服务，这不是谁高谁低，而是为了共同的目标——为祖国培养合格的和优秀的人才。"当王玉茹谈到有些师生也有些过激的语言和行为，比如贴"红辣椒"大字报和一些不大好的漫画时，刘少奇又接过话头说："要学会教育群众和引导群众。群众的思想是参差不齐的，一个人的十个指头还不一般齐呢！有些过头和偏激的语言和做法，是不难想象的。我们要实事求是，冷静沉着，学会分析问题。群众提的意见正确，要虚心接受，坚决改正，尽快改正；不妥或过分的，就要进行教育，说明情况，讲清楚有些事情一时还办不到，不可能一个早晨把所有应该做的事都做好，还有个主客观的条件问题。对一些内容和形式不好的大字报和漫画，要批评，这也是一种教育。要相信绝大多数群众都是通情达理的，只要我们方法得当，不断改进自己的工作，不脱离群众，一些偏激的群众也会受到教育,改变自己的思想方法。"

接着刘少奇又询问王玉茹的个人思想情况,鼓励她说:"你是我们共和国培养出来的第一代大学生,你毕业后留校做青年的工作,这是党对你的信任和爱护,也是一种锻炼。这项工作比你搞业务工作更重要,因为一个大学的团委书记,是在众多的学生中挑选出来的。你在大学四年中学习的知识,对你从事这项工作都有用,可能还不够。思想政治工作是一项难度很大、意义重大而深远的事业。思想是人的灵魂,思想指挥着人的行为,好的思想,科学的、先进的思想能够指导人们创造奇迹。我们党的工作,青年的工作,很大程度是做人的思想转变工作,做人的教育工作,要让人们接受马克思主义,认识到共产主义是人类最先进的社会制度,愿意为实现它而奋斗,这需要有很大的本领和献身精神。"稍停,刘少奇接着说:"你们是所谓'双肩挑'的干部,做一个大学教师,当然也不容易,可是,思想政治工作干部是一种特殊的教师。要好好珍惜这个工作,你还年轻,基础是很好的,要准备经受挫折和委屈;要严格要求自己,任何情况下都要坚定信心,磨炼意志,努力工作,尽职尽责。这样做不是为了让别人对我们如何评价,而是出于对党的事业和对人民的忠诚。一个人一生要经受多种考验,使自己在政治上日益成熟起来!我们党多么希望你们这些年轻的有一定文化知识的共产党人快快成长,来承担大业啊!"这一番语重心长的话语,感动得王玉茹不知说什么好,她心里暗下决心:一定要努力工作,不辜负他老人家的教导。

不觉时间已到了次日凌晨,王玉茹等人不得不告辞了。刘少奇再次叮嘱她:"回校后转告党委领导同志,要主动地到群众中去,学会引导和教育群众,把学校的整风工作搞好,有什么重大的事情和问题,可以写信给我。"望着刘少奇慈祥的面容,王玉茹的眼睛被泪水模糊了……

第八章
君子之交昭日月：刘少奇与他周围的人

破例"开条子"
——与乡村干部马保山

刘少奇从来不开"走后门"的条子，但破例为马保山开过一次。

那是1959年2月15日，河北省定县韩家洼公社干部马保山来到北京刘少奇家做客并汇报工作。刚一进门刘少奇就迎出来握着马保山的手问好。等客人坐下来后，刘少奇亲切地询问起他家里几口人、生活怎样。当问到农业机械化情况如何时，马保山说："眼下搞电力、兴水利、万事齐备，只缺电动机和电线。"刘少奇拍拍马保山的肩膀："我给你出个主意，你可以去找县委解决。""俺找过了，县委没有物资。""那你再找地委呀！""地委俺也去过了，也无法解决。"刘少奇一听笑着说："那只好找省委了。"马保山说："省委俺进不去。""怎么会进不去？上下都是为着粮食嘛。"马保山听了便趁热打铁："您给俺开个找省委的条子吧！"他怕刘少奇不答应，便补充道："就这一次，您就给俺开了吧，俺们有1万多亩地急着用水哩。"

见马保山用水如此心切，刘少奇破例在马保山的小日记本上，给河北省委负责同志写了一封短信：

林铁同志：

　　韩家洼公社马保山同志来说，他们有个大发电机，又有抽水机，只缺电动机和电线。如果这两样有了，他们的全部土地就可以灌溉。请您酌情办理。

刘少奇
一九五九年二月十五日

会见结束后，马保山立即去了河北省委，问题得到了解决。回到家后，马保山与大家齐心合力地干起来。不久，1万多亩地得到了灌溉。

与部属之间

"快回去看看妈妈吧"
——与医务人员宋雅美

1964年，刘少奇到杭州视察，一下车他便工作起来。医务人员宋雅美摸准了他的脾气，像在北京一样，忙着做治疗前的准备工作。这时，警卫员走过来对小宋说："少奇同志有事叫你进去。"

"您找我吗？"小宋走到刘少奇跟前问道。

刘少奇合上文件，关切地对她说："来到杭州了，离你的家不远，回家去看看吧。"

小宋非常奇怪：少奇同志怎么会知道我的家在杭州附近呢？想了半天才记起，她第一次见到刘少奇时，刘少奇曾问过她是哪里人。想不到这点小事，又隔了这么长时间，刘少奇还记得。小宋非常感动。可又一想，自己还要给刘少奇治疗呢。"不，我不回去了。"

刘少奇猜中了她的心思："治疗的事不用你操心，让别人做好了。快回去看看妈妈吧！"

第二天一早，秘书就按照刘少奇的吩咐替小宋把火车票买好了。拿到火车票，小宋激动得说不出话来。

火车缓缓起动了，美丽的杭州渐渐被抛在了后面，小宋的心跳得也越来越快了。很长时间没回家,妈妈和家人还好吗?四个小时后,当小宋推开家门时,小宋母亲看到突然出现的女儿,喜出望外。小宋像孩子一样扑在妈妈怀里:"妈妈,我好想你呀!"

"妈妈也想你啊!"母亲抚摸着女儿的头发,看看这,摸摸那,问长问短,母女俩亲热得一刻也不愿离开。但小宋想到自己的工作,当天下午就告别了母亲,登上了返回杭州的晚班车。

刘少奇一见到小宋这么快就回来了,很惊奇地说:"怎么回来了?该跟妈妈多待些时候啊!"

小宋笑了笑回答说:"我见到了妈妈,她挺好。她说这里工作忙,见个面谈谈就行了,让我马上回来,我就回来了。"

"好不容易回次家,多待几天才对!"刘少奇又说道。

小宋笑了笑,算是对刘少奇的回答。心里想:您脑子里装着那么多的大事,忙得连西湖风光都顾不上看一眼,却忘不了一个普通工作人员探家的小事。我们也是受党和人民重托,要更好地照顾您的身体呀!

当晚,她又精心地给刘少奇做治疗了。

小宋还记得,有一年她随刘少奇去洛阳拖拉机厂参观,她有位朋友留苏回国后,就分配在拖拉机厂。她想:自己一下车,那位朋友一定会发现我在少奇身边工作,这是不符合保密原则的。于是,在刘少奇参观过程中,她始终没下汽车。

这件事被刘少奇知道了,把她叫来和蔼地批评道:"你怎么不去看看朋友呢?如果你和他换过来,他到了你的单位不来看你,反偷偷躲起来,你会不会生气呢?"

小宋脸一下子红了,虽然挨了批评,但她心里暖乎乎的,感受到一种父亲般的关怀。第二天,在秘书的安排下,她去看望了那位朋友。

刘少奇对身边工作人员的关心真是无微不至。

"安心养病,不要着急"
——与警卫员张起

1950年10月,张起从野战部队调到北京,担任刘少奇的警卫员。当刘少奇知道他过去没念过书,文化水平很低,就鼓励他好好学文化,以适应新的任务的要求。

每次碰到张起,刘少奇都要询问:"学习怎么样?有什么困难?"有时他还教张起等警卫员认字、读书,检查他们的学习笔记。在刘少奇的帮助、督促下,张起的文化水平迅速提高,不几年就成了小"秀才"了。

有一年,张起得了热病,病得很重。刘少奇闻讯立即派医生去治疗抢救。张起住院后,刘少奇委托王光美来看他,转达自己的意见:"安心养病,不要着急,一定要等病好了再出院。"随后,刘少奇又让孩子给他送去水果、罐头、鸡蛋。在刘少奇的关怀和医生的精心治疗下,张起很快恢复了健康。

1956年,张起准备结婚,刘少奇叮嘱他说:"要注意节俭,不要铺张浪费。"张起于是只花了六元钱,买点糖果、葵花子和香烟招待大家。刘少奇知道后,非常高兴,大加赞扬。由于太忙,不能参加他们的婚礼,刘少奇向张起表示歉意。后来,他让王光美带了两瓶酒去参加张起的婚礼,并把自己从延安带来的一个装衣服和文件用的木箱送给张起作纪念。

1957年,张起要转业到地方工作。刘少奇就给他讲白求恩的故事,谆谆叮嘱:"共产党员要有共产主义的远大理想,不能只考虑一时一事,更不能计较个人的得失。要处处做群众的表率,党叫到哪就到哪,一心一意地为人民服务。"

张起转业到哈尔滨市蔬菜公司工作,1958年秋因公出差到北京,特地去看望刘少奇。刘少奇非常高兴,为他倒茶,热情招待。交谈中,刘少奇问道:"哈尔滨情况怎么样?群众有什么反映?市场上东西多吗?"

"市场形势很好,鱼、肉、蛋很多,群众干劲很足。"

"你这次到北京干什么来了?"

"主要是到关内组织一部分蔬菜运回去,我是在蔬菜公司工作的嘛!"

刘少奇听了,沉吟一下,说:"那么大的城市,靠外地进菜怎么行?要想办法就地多种菜,多贮菜,不然来回运输,人力、物力、财力都是个很大的浪费,这可与我们勤俭节约的方针不符哟。"

张起当即表示:"我回去后就向领导汇报您的指示,争取早日解决这一问题。"

聆听刘少奇的教诲,张起备受鼓舞,他深知只有更加努力地工作,才能不辜负少奇同志的关怀。

对秘书约法三章
——与秘书刘振德

1956年3月,刘振德被调到刘少奇身边做秘书工作。报到的当天,他心情有些紧张。刘少奇见他来了,马上从躺椅上起来,指着座位说:"请坐,请坐。"

刘振德很拘束地坐下来,刘少奇坐在对面,十分慈祥地看着他,和蔼地问了他的经历。由于紧张,当回答哪一年入党的时候,刘振德竟把"42年"说成"52年"。刘少奇马上微笑着反问:"怎么,52年?"刘振德这才意识到说错了。见此情景,刘少奇便转移话头,很随便地扯起家常来。当他听说刘振德参军是在四兵团时,便风趣地插话说:"陕西陈赓同志的那个四兵团,打大仗不多,跑的路不少啊!"

一句话说得刘振德心里热乎乎的。他钦佩地点了点头,心想:四兵团走路确实不少,从太行山到伏牛山,从伏牛山到大别山,后来又从大别山走到云贵高原,在漫长的革命战争年代,到底走了多少路,实在算不清了。刘少奇对一个兵团的情况这么熟悉。真了不起!

接着,刘少奇又问刘振德念过几年书。刘振德红着脸说:"这一条差劲。小时候家里穷,拖拖拉拉念了两年小学就出来工作了。文化低,做不好工作。"

他说:"那不是绝对的。很多工农干部,包括现在的一些部长、中央领导人,也没念过很多书,有的原来是木匠,有的是店员,后来就在革命工作中锻炼,不断提高,现在工作不是都做得很好吗?你到这里来工作,也还可以学习嘛,这里的学习条件还是很好的。"

就这样,家长里短地谈了一阵子,刘振德紧张的心情不知不觉消失了。这时,刘少奇才谈起工作问题。

他说:"到我这里工作,第一,要如实地向我反映情况,要说老实话,办老实事。凡是要经过我办的、要请示我的事情,你们不要自作主张;对外要如实地传达我的意见、我的话;不要以我的名义干其他个人的、别的事情。

"第二,你过去长期做机要工作,保守机密这一点你是懂得的。在这里工作,有些事知道得早一点,多一点,不能搞小道消息,对谁都一样,包括我的孩子,都一样。

"第三,对外联系、传达我的意见,或人家打电话来,要注意态度和蔼、谦虚、有礼貌,不能盛气凌人;要埋头苦干,夹着尾巴做人。处理问题要及时,要紧张而有秩序地工作,轻重缓急要安排好。"

这三条要求,等于是工作上的约法三章,也是他多年来为秘书工作总结的经验。

刘少奇的要求不仅重要,指导性强,而且想得那么具体,连打电话时应注意的语气态度都给想到了。这对一个刚到任的秘书是多么大的关怀和帮助啊!

第八章
君子之交昭日月：刘少奇与他周围的人

"你的字已经写得不错啦！"
——与老部属马文

1957年，马文到中南海看望刘少奇。刘少奇笑着说："你的字已经写得不错啦！"马文一听，立刻想起当年的那件事。25年啦，刘少奇还没忘记！

1931年，中央苏区建立了不少工厂，如兵工厂、被服厂、药厂，等等。这些工厂的工会主要受中央苏区总工会中央执行局（以下简称全总执行局）领导。全总执行局的委员长就是刘少奇。而担任兵工厂工会委员长的马文，当时还是一个20多岁的小伙子。由于工作关系，马文经常到全总执行局开会。

一次，马文在全总执行局刚汇报完工作，全总执行局组织部部长梁广叫住了他："刘少奇同志要和你谈谈。"

"找我？委员长找我有什么事呢？"马文很惊讶。马文怀着不安的心情，推开了刘少奇的屋门。

"马文同志吗？请坐吧！"刘少奇热情地请他坐下。

马文小心翼翼地坐在椅子上，不知说什么好。刘少奇看他很拘束，便笑着和他拉起了家常。看刘少奇这么平易近人，马文渐渐自然了。刘少奇问起了工厂的情况，工作中存在的问题，马文都一一作了回答。刘少奇赞许地点点头，屋里的气氛活跃起来。忽然，刘少奇微笑着对马文说："有件事我要批评你。"

马文以为自己工作上犯了什么错误，心一下子揪了起来。

"你写的工作报告，有些字太潦草，以后应当誊写清楚再寄。"

噢，原来是这么回事。马文暗暗松了口气。刘少奇看出了他的思想活动，和他亲切地讲起了工作要认真仔细、写字要工整的道理，讲到古代书法家刻苦习字的故事，还讲了由于一字之差而影响战斗进程的教训……马文越听越不安，心想：委员长工作那么忙，连我字写得潦草都管。他取过报告一看，上面刘少奇像老师批改作业一样把错字一一改了过来。马文心中一热：他对工作多认真，对年轻干部又是多么关心哪！而自己呢，也不替领导想想，把那样潦草的报告送给少奇同志看，该耽误他多少时间哪。想到这里，马文心里难过极了，几次想向刘少奇道歉。刘少奇从他的表情上，看出他已经认识了自己的缺点，便鼓励说："不要紧，以后注意改正就行了。"

时隔25年，刘少奇还关心着自己的进步，马文十分感动。

"做工作就是要肯想办法"
——与秘书柳岗

抗日战争时期，柳岗是刘少奇的秘书，他开朗热情，擅长宣传工作。刘少奇曾派他暂时去山东分局宣传部帮助工作。他在那里利用宣传画形象地宣传我们的政策，瓦解敌人斗志，起到了意想不到的效果。旁人夸他有办法，他却笑笑说："哪里是我的办法，这还不是从胡服同志那儿'偷来'的！"

这是从何说起的呢？

柳岗没到宣传部门工作之前，一天，他同刘少奇到山东军区驻地旁的一个小镇上。刘少奇在屋里喝了一杯水，就上街去观察地形，了解情况。走着，走着，刘少奇的目光落在了一张彩色招贴画上，这是一张天主教的宣传画，题为"入地狱之门"。

刘少奇端详很久，回过头来对柳岗和警卫员说："你们看，要信他的教，就可以上天堂，不信，就会走到阴间地狱里面去。"

刘少奇停顿一下，又指着画启发说："你们看，这幅画他们在宣传上是挖空心思的，形式使人一目了然。"柳岗牢牢记住了刘少奇的这些话。当柳岗暂时到宣传部帮助工作时，一次，部门研究对敌宣传工作，有的同志提出：

第八章
君子之交昭日月：刘少奇与他周围的人

把我国古代的反对战争的诗歌译成日文，对敌宣传，准能达到瓦解敌人的目的。这时柳岗一下子想起了刘少奇在小镇上讲的那番关于招贴画的话。于是，柳岗把那幅画和刘少奇的分析指导讲述给宣传部的同志。同志们一听，大受启发。不几天，一张张图文并茂的宣传画创作出来了。有的在"可怜无定河边骨，犹是春闺梦里人"的诗句下面，画上美丽的日本富士山，山前樱花树下，一个漂亮的日本少妇正在痴情地等待着丈夫的归来；画的另一端是中国广袤的原野里，破碎的太阳旗下一堆骷髅白骨。有的在"一将功成万骨枯"的诗句下面，画上一个胸前挂满勋章的军官，双脚踩在一堆日本士兵的尸体骷髅上，左手高举酒杯，右手搂着"爱国妇人慰劳队"的女人，在扬扬得意地狞笑。

刘少奇很快就看到了这些宣传画，非常高兴，说："对，做工作就是要肯想办法。我看这些画，日本士兵一定会喜欢看的，而日本的军官呢，又一定会阻止他们去看。这样，不只是达到了宣传反战的目的，而且还会扩大日本军官与士兵之间的矛盾。"

听了刘少奇的鼓励，柳岗和宣传部的同志更起劲地干了起来。一张张宣传画随着装满了袜子、毛巾、肥皂、香烟、糖果的宣传袋，送到了敌人的据点里；在敌人要经过的路口，墙上、树上也到处贴满了宣传画。

这些画一张张贴出去，果然像刘少奇所预料的那样，把日本士兵吸引住了，一个个看得痴迷迷的，有的还偷偷地抹起了眼泪。日本军官惶恐了，下命令不许士兵看。但士兵仍偷偷看，有的被军官发现了，一顿拳打脚踢，敌人官兵之间的矛盾加深了。宣传画成了一种特殊的武器。

"一个党员,应该以大局为重"
——与身边保育人员

1955年,刘少奇家里的几位保育人员罢领工资了!一连两三个月过去了,虽经领导几番催促,她们仍不去领钱。这是怎么回事呀?

原来,1955年国家由包干供给制改行薪金制。有些工作人员对此想不通,特别是几位保育人员。她们以为实行薪金制国家要支付更多的钱,国家吃大亏不说,人们钱多了也没好处,说不定还会变质呢!而且听说,实行薪金制以后,保育人员就不算国家编制的工作人员了。这下就更想不通了,心想:我们到刘少奇同志这里工作,也是组织分配来的,怎么一下子连国家工作人员也不算了?太不公平了!她们考虑来,考虑去,也没想清楚,就干脆不去领工资了。

这事让刘少奇知道了。一天,刘少奇吃饭时,把保育员杨淑梅叫到身边。"听说你对薪金制有意见,是吗?"边说着边夹了些菜让小杨吃。

小杨把心里话"竹筒倒豆子"稀里哗啦都倒了出来:"包干制不是很好吗,干啥要改薪金制?钱多了要变质,我们不要那么多钱!"

刘少奇微微一笑,说:"你们现在没有负担,钱多可以存起来,等以后需要的时候用嘛!你说包干制国家省钱,其实并不省钱,一人一份,用不用全要支付,改薪金制,把钱发给工作人员自己,由他们自己支配、安排,不是更好吗?"

小杨她们对薪金制并不大了解,听刘少奇这么一解释,她也说不出什么不好来。可一转念,又想起编制问题,就脱口问道:"一改薪金制,我们是不是就不算国家编制的工作人员了?"

刘少奇见小杨道出了问题的实质,不由得笑了。稍停一下说道:"这个问题，你们可以向领导反映、解决。不过，国家制度是大家讨论制定的，几个人反对也改变不了呀！一个党员，应该以大局为重，模范地执行党和国家的方针、政策。你们有意见可以提，不过，工资还是要领的！"

在刘少奇慈祥的目光注视下，小杨不好意思地扭过了头。回去后，几个姐妹都高兴地领回了工资。后来，刘少奇又向有关部门转达了她们对编制的意见。不久，编制问题也得到了解决。

很久以后，当她们回忆起这件事，还为自己的幼稚行为感到不好意思。

"累了一天，快去休息吧"
——与警卫员苏斌

故事发生在 1939 年春天。

一天，刘少奇要到十里开外的延安大礼堂做报告，警卫员苏斌奉命保卫刘少奇的安全。一路上，刘少奇骑马，苏斌骑骡子，两人边走边聊，从工作到学习，从个人到家庭，好不亲热。本来苏斌刚调到刘少奇身边不久，还不免有些拘谨，但一路上的谈笑，使他一下子感到和刘少奇熟悉起来。

在延安大礼堂做了整整一天的报告，第二天前往中央党校，刘少奇带苏斌就在大礼堂附近的中央组织部临时找个地方住了下来。夜里怕牲口丢失，临睡前，苏斌特意托组织部管理牲口的同志把他们的骡子和马拴在组织部的马厩里。

第二天天刚蒙蒙亮，苏斌就一骨碌爬起来。想着首长今天要去党校做报告，还得走一大段路，坐骑可怠慢不得，他顾不上洗漱，便直奔马厩，打算先准备好骡马。

跑到马厩门口一看，苏斌不禁惊呆了，马厩里，只有他的那匹骡子还在熟睡，刘少奇的马却早已不知去向。马挣断缰绳跑了。

这怎么办呀？到刘少奇身边担任警卫员第一次执行任务就把马给丢了，更何况一会儿刘少奇就得骑上它去党校，几百号人还等着听他的报告咧。这可怎么交差呀！苏斌越想越急，豆大的汗珠直冒，他围着马厩转了一圈又一圈，心里在默默祈祷：马呀，你快快回来吧。

四周，依旧一片空旷，苏斌企盼的奇迹没有出现，他找遍了附近的几个地方，均见不到马的踪影。苏斌害怕极了，他不知该怎样向首长交代。

天已经大亮了，眼见刘少奇出发的时间快到了，他只得沮丧地离开马厩，硬着头皮去向刘少奇报告："首长，马……不……见了。"

这时的刘少奇正在整理东西准备出发，看见苏斌慌慌张张的样子，愣了一下，便关切地说："不要急，慢慢说，到底发生了什么事？"

"昨，昨晚，马没下鞍，又没喂料，挣脱缰绳，跑，跑了……"苏斌还是上气不接下气，结结巴巴，他感到自己惹的祸太大了。

"哦，原来是马丢了。"刘少奇看了看手表，显然是有点着急，但一想，马反正已经丢了，急又有什么用呢，只有赶快想法子才是。"马没了还有骡子嘛。"他对苏斌说，"你不要紧张，我去党校可以骑你的骡子，你现在到社会局去，请他们帮忙找找看。"说着，就提笔给苏斌写了个条子。完了，刘少奇背着背包就准备走，并嘱咐苏斌："我现在就走，马找到你随后再来。"

本来，苏斌担心刘少奇会对自己的过失发火、生气，谁知他连半句责怪的话都没有。苏斌赶忙牵来骡子，一直把刘少奇送至延安东门。

在社会局同志的帮助下，到傍晚，马终于找到了。但是，由于马脱缰逃逸了大半夜，马鞍已被碰得稀烂，搭在马鞍上的毛毯也不见踪影。这时，苏斌好不容易平静下来的心又忐忑不安起来，一想起自己当时的粗心就懊悔不已，只是牵着马低头默默地往回走。

待苏斌走回王家坪刘少奇的窑洞前，已是午夜时分。窑洞的灯光还在一闪一闪，苏斌越走近门口，心跳得越快。他急切想见刘少奇，报告领导马已找到，但又害怕见到刘少奇，马鞍坏了不好交代。喜忧交加，他越想越矛盾，脚步不由得在门口停了下来，想着怎么向刘少奇报告。

　　一直在等着苏斌回来的刘少奇远远就听到了熟悉的马蹄声，早已站到了门口，苏斌犹豫不决的举动自然没能躲过他的眼睛，他忙迎上前去，高兴地说："小鬼，你可回来了，赶快把马拴好，进屋来暖和暖和。"

　　"首长，马是找到了，可鞍子坏了，毯子也丢了，都怪我……"苏斌先是一喜，打了个立正，而后低下头来，说话的声音越来越小，几乎听不见。

　　"好了，好了，不要难过了，累了一天，快去休息吧。"看到苏斌那难过而又疲惫的样子，刘少奇心疼地说。

　　闯了这么大的祸，原以为刘少奇会狠狠地批评一顿，可是，刘少奇不但没有批评，而且还安慰自己，苏斌心里比挨批评还难过。特别当他走进住所时，听别的警卫员说刘少奇一回来就打听他回来没有，晚饭后又来打听了好几次，还不时地出去望望，并坚持一定要等到他回来才放心时，他更加感到对不起刘少奇，激动得半天说不出话来。

"奶油饼干"的故事
——与保健医生朱仲丽

　　在抗日战争最艰苦的1942年，正在杨家岭医务所工作的朱仲丽接到通知，担任刚从苏北解放区到延安的党中央领导人刘少奇的保健医生。

　　当时刘少奇受党中央委托，从江北苏区出发，经山东、河南、河北、山西等省，一路跋山涉水于年底到达延安，参加筹备党的七大的工作，由于路途遥远，长期劳顿，刘少奇的身体极为消瘦和虚弱。

　　一天深夜，一阵敲门声惊醒了朱仲丽："朱医生，请你来看看病。"是刘少奇身边工作人员的声音。朱仲丽急忙穿好衣服，带上卫生箱，直奔刘少奇的窑洞。

刘少奇正躺在一张藤条编织的长椅上，右手按着腹部，面色苍白，神情十分疲惫，看到朱仲丽进来，他点头微笑。"很对不起，把你请来了，干扰了你的休息。"刘少奇抱歉地说道。

"不，你的脸色不好，我帮你检查一下。"

经过仔细检查，朱仲丽发现刘少奇的肠胃炎又发作了。

她打开药箱，取出解胃痉挛的药给他吃。朱仲丽看着刘少奇痛苦的样子，心想：现在能有一杯热牛奶让他喝该多好。或者，有一碗热面条也不错。可是，在当时的艰苦条件下，这些都是一种奢望。朱仲丽只好叮嘱刘少奇，以后要少食多餐。

刘少奇一听要少食多餐，就说道："一天三顿还不够？还要吃四五顿？大师傅老陈已经够辛苦的了。他为我做的饭菜很柔软，又不油腻。在延安能做到这些，就已经不容易了。"

朱仲丽还是不放心，她动起脑子，想出一个妙主意。她请大师傅老陈把馒头切成薄片，在炭火上烘干给刘少奇吃。这种干馍片与面包相比，别有风味。

朱仲丽将烘好的干馍片装在一个铁盒里，送给刘少奇："少奇同志，陈师傅说你有胃病，特为你精制了一盒'奶油饼干'。你夜里工作时，吃上几片，对胃很有好处。"

刘少奇半信半疑地接过铁盒，打开一看，里面是烘干的馒头片。他很高兴地取出一片放到嘴里，连声夸奖说："不错，不错，又脆又香，真是山沟沟里的上等美味饼干，我还是头一次享受。朱医生真有办法。"

看着刘少奇高兴的样子，朱仲丽笑了。

第八章
君子之交昭日月：刘少奇与他周围的人

"我们是生死与共的阶级兄弟"
——与工运战友张琼

　　1930年，刘少奇在上海沪东区搞工人运动，住在高朗桥（今兰州路）一家豆腐店楼上的小亭子间里。这时候张琼也在沪东区搞工人运动工作，并在一家纱厂做工，每逢上夜班时，她都不回家，住在刘少奇家里。刘少奇和何宝珍晚上送张琼上班，第二天早上又来接，以防止坏人袭击。一到刘少奇家里，饭已烧好了，要是有点什么好吃的，他们都是先给张琼吃，张琼要睡觉了，他和何宝珍便外出工作去了。

　　因为斗争的需要，张琼先后到工厂做工，到工人夜校教书，也摆过书摊作掩护，因此，生活是十分艰苦的，有时一顿饭只能吃到一个大饼。刘少奇对张琼一家很关心，经常叫何宝珍来看望他们。一天，刘少奇知道张琼爱人贺树病了，立即叫何宝珍把张琼叫去。刘少奇见张琼来了，便走进屋内，一会儿，张琼看到何宝珍拎了一个小包袱，匆匆出门去了。这时，张琼又发现刘少奇身上的皮袍子没有了，心里纳闷：这么大冷天，刘少奇为什么把身上的皮袍子脱了？何宝珍拎了小包袱到哪儿去了？

　　正在张琼疑惑不解的时候，何宝珍匆匆地从外面回来了。这时候，刘少奇把一沓钱递到张琼手里，亲切地说："老贺病了，这几元钱你拿去找个医生给老贺看病。"张琼一看，这一沓钱有十几元，再看刘少奇身上只穿了一件薄夹袄，顿时明白了。他不顾自己寒冷，脱下身上穿的皮袍子去典当了，张琼怎么也不肯拿这十几元钱。因为她知道他们的生活也并不富裕，最近又刚生了儿子允若。可是刘少奇感情真挚地说："我们是生死与共的阶级兄弟，快回去带老贺看病吧！"坚持要张琼收下这些钱。张琼两眼噙着泪花，心里有说不出的感激，回家去了。刘少奇这十几元钱，救了贺树，也帮助张琼一家熬过了冬天，度过了困难时期。

到了1931年时，刘少奇夫妇搬到北京路一家五金商店的楼上，住三个房间，有一个保姆，津贴也增加了。张琼和贺树也已搬到辣斐德路一家洗衣店楼上。张琼考上了江南造船局子弟学校的教师岗位，贺树也在中华职业教育社当日文教员，生活比较安定了。但刘少奇仍然很关心他们，他领了津贴，就请他俩去改善生活。

一·二八事变爆发不久，党组织派张琼去何香凝主办的伤兵医院工作。因张琼日夜工作，表现十分积极，引起了何香凝的注意，并要张琼做她的秘书，负责伤兵医院的工作。事后张琼去刘少奇家，谈了何香凝要自己当秘书的事，并征求他的意见。他思考片刻说："要你去当秘书，你就去吧！抓住一个伤兵医院，我们可以带动一批。"他还说："国民党里也有爱国的人士，我们要争取他们，只要能站在正确的一边，哪怕站得远一点，也应该欢迎，不能红、白、蓝一扫光！"最后，他笑着对张琼说："何先生怎么看中你这门大炮当秘书？对，何香凝先生也是敢开炮的。"

当时，在王明"左"倾路线的统治下，刘少奇的不少正确思想受到排斥。1932年3月，他被迫写了一份检查。这份检查是张琼帮他抄的。张琼是边抄边生气，觉得受了国民党的气不算，还要受王明他们的气，实在气死人！刘少奇却平心静气地劝导说："你们靠拼命就行了？党内斗争靠拼命是不行的，责任还是应该承担下来，要忍耐一下。"他这种讲究党内斗争策略和方法的思想作风，使张琼很受教育。

这年年底，刘少奇夫妇请张琼和贺树到他们家吃饭，他告诉张琼夫妇，中央已决定他去苏区工作，叮嘱他们在上海加倍努力工作，为党的事业艰苦奋斗。不久，刘少奇离开了上海。

刘少奇与张琼夫妇就这样分别了。

一别竟是十几年！

中华人民共和国刚成立，张琼听说刘少奇在中央工作，就写信向他问好。刘少奇知道张琼仍在上海,非常高兴,很快给张琼回了信,告诉他在中央工作的情况,并告诉张琼他和何宝珍生的三个孩子允斌、爱琴和允若的近况。信中还谈到他已和王光美结婚,也有了三个小孩。刘少奇非常热情地邀请张琼去北京他家玩。

1952年,刘少奇因事去上海时,还特地派车接张琼去他的住所,同王光美和孩子们一起欢聚。刘少奇就是这样一位富有感情和热爱阶级兄弟姐妹的令人敬仰的同志。

刘少奇与张琼一家的关系就是他和身边工作人员关系的一个缩影。

"小方,好好干吧"
——与普通战士方志明

1939年冬天的一个早晨,上级令方志明去接一位叫胡服的首长。方志明接过支队政委的信,匆匆踏上路途……

一个普通的农家院落,土坯砌的墙,茅草盖的屋,黄黄的颜色,投上了灿烂的阳光,光亮悦人——这就是胡服的住地。方志明由门岗警卫引进一间窄小的土屋内,警卫对他说:"首长昨晚工作到深夜,才起来吃了点东西,正在打针,马上就来。"警卫边讲边端了杯开水给方志明喝,一杯水还未喝完,那位首长就出来了。他穿着一套灰色的旧粗布军装,朴素整洁,神态潇洒,严肃而又和蔼,沉静而又慈祥。初见之下,方志明心里紧张,一时不知该怎么是好,拘谨地向他敬了礼。他笑着,和方志明紧紧地握握手,亲切地问方志明:

"你就叫方志明吧?"

"是。"

"好,小方同志,请你带路到支队司令部去……"

他们离开农家院落，向新四军第四支队司令部所在地太平集走去。胡服步行了一段路之后，骑上一头灰色小骡子。两个警卫员在后面，方志明走在前头，时时都想回头望望这位党中央的领导人，但又不好意思多望，只得借走田坎小埂帮牵牲口的机会多看几眼，心里有许多话想说，可就是不知怎么开头。刘少奇好像一下就看穿了方志明的心思，温和地问道：

"小方同志，你今年多大了？"

"首长同志，我18岁了。"

"什么时候参加新四军的？"

"去年春。"

"呵，不错嘛，哪里人呀？"

"南京。"

"哟，大城市。"

走了一段路，他又继续问："小方同志，你为什么要参加革命呀？"

"我家里穷，日军又打进中国来了。"

"你想了没有，革命是危险的，不怕吗？"

"不怕！"

"讲得容易啊，做起来是不容易的，年轻人革命热情高是好，更要革命意志坚才行，你说呢？"

"首长，你说得很对，我一定努力锻炼。"

刘少奇喜欢吸烟，一路上已抽了好几支。这时一支放在嘴上的香烟，几次没有点着，他风趣地说："小小火柴要和我开玩笑啦，走着擦不着，停住就好擦了。"方志明赶忙走到他跟前，为他擦着了火柴。他笑着说："还是你们青年人行。"他们这样边走边谈，方志明也就不再那么拘谨了。

刘少奇边抽烟，边和方志明往下谈："小方，干革命不怕死，是好的。可是我们国家穷呀，由于国民党老蒋他们的封锁和限制，我们党和军队经济很困难，再加上日军打进来的大破坏，革命可苦啦，你也不怕吗？"

第八章
君子之交昭日月：刘少奇与他周围的人

"不怕。"

"嗯，大城市来的青年能这样，可不错啦。"

走着走着，坐落在山岗上的太平集越来越近。太平集圩子外站着许多人，三三两两，时而游动，时而聚散。他指着前方问方志明：

"那岗上的圩子就是你们司令部吗？"

"是的。"

"你们今天来开会的人不少吧。"

"听说要开干部大会，人要坐满满的了。"

"人好多哇，大家在一块儿热火得很，你过得惯吗？"

"渐渐惯了。"

"在革命大家庭里生活，你受过委屈吗？"

这一问可把这个才参加革命、刚入党的青年人问住了，方志明只是说："我来革命队伍里不久，还没受过委屈呢。"

"我看你这样年轻可能还未受过委屈，要长期革命下去，在革命队伍内受点委屈那就像行路中风沙刮到眼睛内一样，是难免的，这也是一种必要的锻炼，这个道理你会渐渐明白的。"

"我懂了，首长。"方志明边说边想……

突然，传来"叽喳叽喳"的鸟叫声，方志明不禁抬头仰望，只见成群的大雁排成人字形，整齐地由北向南飞来，方志明看在眼里，笑在心中：这好像是远在北方艰苦战斗的八路军老大哥念着新四军小弟弟，托雁儿捎来问候的口信……

胡服说："你们看，小小的雁子都飞得整齐、遵守纪律……"听到这里，方志明和那两位警卫员不约而同地笑起来。

"你们可看到这群雁子里领头的在哪里？"

"看不到嘛！"

"怎么看不到呀！天地之间，任何成群的队伍里都有领头的，没有头怎行呢！我们革命队伍领头的就是中国共产党，我们党和革命队伍的领袖就是现在延安的毛主席嘛。"

"啊呀，这下可懂了……"

他们说着说着，走完了这七八里路程，来到了太平集前，人群中走出了支队司令员和政委，他俩大步迎上前来，双双敬礼后说："少奇同志，您好。"此时方志明是多么惊喜、多么高兴啊，原来这位首长就是刘少奇！方志明急忙向他敬了个礼，刘少奇伸出温暖的大手握了握他的手说："小方，好好干吧。"方志明激动得说不出话来……

"我有什么不对的地方，要多原谅"
——与警卫员张寿巴

那是从西柏坡来到北京后的一天，组织上突然通知张寿巴，要调他到刘少奇身边当警卫员。刚开始工作那阵子，张寿巴心里还真有点担心和拘束，恐怕工作出了差错，挨首长的批评。但没过多久，他就觉得刘少奇是那样平易近人，没有一点"官"架子，慢慢地就踏实下来了。

在生活上，刘少奇对身边工作人员关心备至，常常利用散步的时间，和他们谈心、拉家常，了解同志们的家庭情况：谁家人口多，谁家生活有困难，这些都装在了刘少奇的心里。

有一次，张寿巴陪刘少奇散步，刘少奇突然关切地问他："你家小孩的病好了吗？"张寿巴连忙回答："好了，请首长放心。"当时，他就感到奇怪，孩子前天发烧住进了医院，而刘少奇是今天上午才从外地回京的，怎么知道的呢？后来他才得知，是王光美告诉了刘少奇。这位管理那么多国家大事的国家主席，竟把这件小事也挂在了心上。

在政治上，刘少奇也时刻关怀着他们的进步与成长。他经常教导他们要听党的话，党叫干啥就干啥。刘少奇对他们的学习抓得很紧，每当报刊发表了重要文章，总要让大家逐字逐句地学习，并提出一些问题，和大家一起讨论。在刘少奇的帮助下，大家都根据自己的水平，制订了学习计划，理论水平和文化水平都提高得很快。

1961年，组织上决定张寿巴到基层去工作，刘少奇在百忙中抽出时间和他亲切话别。望着和蔼可亲的老首长，张寿巴鼻子一酸，眼泪掉了下来。一晃的工夫，在刘少奇身边整整工作了12年，在这朝夕相处的12年里，和首长结下的友谊是那么真诚、纯洁。这里没有上下级的等级界限，只是兄弟、战友、同志的诚挚，多么不愿意离开老首长啊！

看得出刘少奇的心情也很激动，他伸出一双温暖的大手，紧紧握住张寿巴的手，语重心长地说道："你跟了我这么多年，不容易啊！我有什么不对的地方，要多原谅。下去后千万不要忘了自己是一名共产党员，要努力为党多做工作。"张寿巴含着热泪，把刘少奇的教诲牢牢地记在了心里。

亲人之间

"穿着工商界衣服，屁股能坐在共产党、工人阶级一边，那就很好嘛"
——与妻兄王光英

1949年3月的一天，风和日丽，天气晴好。这天上午，刘少奇应邀第一次来到王光英家里。王光英特意换上了一身最好的西服，出来迎接刘少奇。他看到刘少奇的装束后，第一感觉是亲切、朴素自然。

在见过老人（王光美的母亲），寒暄之后，刘少奇便与王光英攀谈起来。王光英当时在天津工商界做事，对政治、军事是外行。他认为当时全国还未解放，仗还是要继续打的，便向刘少奇建议，哪些工厂可以做军服，哪些工厂可以制造子弹、装甲车，稍加改造就可支援大军南下，等等。刘少奇听着听着，笑了起来。

刘少奇对王光英说："仗不会打很久了，全国很快就会解放。现在应该考虑的是和平时期的建设问题了，比如说，城市应当如何搞……"

王光英听了恍然大悟，于是向刘少奇谈起了有关天津工商界的一些情况。他说："由于不了解共产党的政策，工商界有些人士心存疑虑，有的还听信了反动宣传，害怕买卖要没收，要像地主那样挨斗，所以人人自危，没有心思做买卖，更谈不上发展生产了。极少数人甚至想抽掉资金，一走了之。再加上帝国主义、反动派的破坏，市场极为混乱，物价上涨、原料匮乏、生产停顿、工人失业……"

刘少奇十分关注地听着，思考着。他对王光英说："你今后多联系联系工商界，做点工作，宣传宣传党的政策嘛！"

王光英感到新的时代即将来临，他觉得再戴"资本家"这顶帽子太不光彩，决心一定要抛掉它。他向刘少奇说起心里话："我不愿再干工商界的事了。我是辅仁大学化学系毕业的，有一技之长，我不需要企业和资本，我完全可以搞技术，干本行。再说，兄弟姊妹中一半是党员，我干吗当资本家？我要向他们学习……"

刘少奇听到这里，十分郑重地说道："共产党员、干部，我们党内有许许多多，但是能在工商界起作用的却不多。你如果穿着工商界衣服，屁股能坐在共产党、工人阶级一边，那就很好嘛！也可以为党工作嘛！"

他这番深入浅出、通俗易懂的话，使王光英茅塞顿开，明确了自己今后应走的道路。

王光英感到刘少奇虽不是一个好说、好动的人，但他亲切、诚挚、容易接近。他帮助人认识问题,没有丝毫教训的味道,既入情入理,又精辟透彻,使人心服口服,自然而然中接受了他的意见,心里也觉得很舒坦。

由于是第一次见面,王光英将自己买来的一条驼、灰两色交织的方格薄毛围巾,送给刘少奇作为见面礼。刘少奇虽然高兴地收下了,但他对王光英说:"我们没有这些规矩,今后不要搞了。"这条围巾,刘少奇一直用着,无论是国内重大活动、出访视察,还是出国访问,经常围着它。

第一次的见面给双方留下了深刻的印象。此后,一有机会他们便在一起交交心,关系十分融洽。

"应当到别人最不乐意去的地方"
——与孙侄女刘维孔

1957年,刘维孔从北京的中学毕业后没有考上大学,打算去广州,到爸爸那里去复习功课,等来年再报考。但她又觉得待在家里不好,是不是先服从学校的安排去当小学老师或去农场工作,总拿不定主意,想来想去,就想起去找叔祖父刘少奇,听听他的意见。

来到刘少奇的家里,刘维孔谈了自己的想法,刘少奇仔细听了她的打算后,马上就说:"我的意见是下农村去,回老家去当农民。"当时,刘维孔毫无这种思想准备,猛地一愣,就把头一扭,没有吭声,表示不同意。刘少奇一看刘维孔一时想不通,就和蔼地说:"我们老一辈的人总是要死的,青年一代总要接替老一代的班。我们革命事业要交给谁呢?一定要交给对工人、农民有深厚感情的人,对生产内行的人,受到群众真心拥护爱戴的人。中国的农民占全国人口的80%,不把农村搞好,中国就搞不好。农村是比较艰苦,你是革命的后代,应当到别人最不乐意去的地方,到最艰苦的环境中去,这样才能更好地磨炼自己。"接着他又说:"你不是共青团员吗?不是还想争取入党吗？共产党员要吃苦在先，享乐在后，要先天下之忧而忧，后天下之乐而乐。过去搞革命，是拿自己的生命和敌人拼，现在和平环境下，革命不革命就看你能不能带头吃苦，能不能到别人不愿意去的地方去、到环境最艰苦的地方去。"稍停一会儿，他意味深长地对刘维孔说："事情来了，你都挑选待遇低的、条件艰苦的地方去做。头一次、两次，有的人会说你是傻瓜，但是10次、100次，而且一贯这样做，别人就会说你是好同志。你再好好想想，想好了，有决心下农村去，我还有话跟你谈。"

刘维孔在叔祖父家住了三天。三天里，她吃饭不香，睡觉不甜，思想展开了激烈的斗争。后来，她又跑回学校与老师和同学们商量。大家都鼓励她照刘少奇的教导去做。就这样，刘维孔逐渐坚定了下乡的决心，于是又去找刘少奇。

刘少奇看见刘维孔又来找他，非常高兴，指着身边的沙发说："来，坐这儿来，这么些天没有答复我，跟我谈谈你是怎么想的。"刘维孔想到快要与刘少奇分别，又怕下农村遇到困难，在复杂的心态下，禁不住哭了起来。刘少奇却说："哭什么呀！你回家生产，贫下中农是欢迎你的。贫下中农欢迎的事，你应当高兴才对，应当笑才对哩！"他这么一说，刘维孔又破涕为笑了。接着，刘维孔就跟刘少奇唠唠叨叨地说了许多思想斗争的过程。刘少奇耐心地边抽烟边听，不时地插进一两句问话，启发刘维孔谈谈究竟是怎样下决心回老家的。他好像要从刘维孔身上摸到青年人的脉搏似的。

等刘维孔说完了，刘少奇又说："回家以后先要扎扎实实搞好劳动，先不要去干小学老师、会计之类的工作。把所在地方的田底子摸清，好好向老农学习农业技术，把人与人之间的关系搞清楚。跟别人打交道时，要时时关心别人、帮助别人、体贴别人，可做点帮助人家认字、写信这些事。遇到困难的事自己要先干，要舍己为人。跟别人来往，不要占人家的便宜，爱占小便宜的人，是思想上政治上不健康的人，是不值得信任的人，这样的人到头来还是要吃大亏的。"停了一下，他又说："在任何情况下，不要去做见不得人的事，纸是包不住火的，做了坏事，将来总有一天被别人发现。"他还特别叮嘱刘维孔："回去以后，还会有人讽刺、讥笑你，说你高中毕业回家滚泥巴是傻子，种地丢人。你自己要站稳脚跟，不要动摇，对别人要耐心解释。思想上一定要有吃苦的准备。"他还勉励刘维孔说："劳动几年以后，论生产你是内行，论文化你不低，论群众关系你也不差，这时如果群众推选你当队长，你可以当了。你要是真有本事，把一个队搞好，产量比别人高，就可以把你的经验向别人介绍，向全国推广。这就叫脚踏实地，胸怀全局，有远大的理想。青年人要把自己的理想前途与人类的前途紧密结合在一起，急人民之所急，想人民之所想。这样，人民有了前途，自己也就有了前途。"

最后，刘少奇关切地说："下去有什么困难可以来信。"并嘱咐说："多给我反映农村情况，多反映农民的思想情绪和要求。"

于是，刘维孔愉快地回到了宁乡花明楼老家落户，并在农村度过了十几个春秋。当然，她忘不了经常给刘少奇写信，汇报乡下的情况。十几年里，刘维孔从农民身上学到了许多高贵的品质，和农民结下了深厚的情谊。这时，她才真正懂得了叔祖父让她下农村、下基层的深远含义。

"自己提水做饭给别人吃，那就是给了我们以光荣"
——与二姐刘绍懿

刘少奇的二姐叫刘绍懿，嫁入了一个地主家庭，中华人民共和国成立后，感到自食其力有些困难。她想起了在北京的弟弟刘少奇，于是写信："我在塘边，一边打水一边想，我弟弟在北京做大官，可是我在这里打水……"言外之意，是让刘少奇说句话，照顾一下。

收到信后，刘少奇立即给姐姐回信："你三月初九日写来的信，我收到了，并看懂了……二五减租及三七限租，是人民政府的法令要办的，你们必须老老实实照办。"

对姐姐今后应走的路,他指出:"你们以后应该劳动,自己种田,否则,你们就没有饭吃。今年,如果佃户和农会愿意让几亩田给你们作,你可请求佃户和农会让出一点田作。如果农会佃户不肯让,你们只有揽零工做,或将家中的肥料送给佃户,帮助佃户伙种,请求佃户把多收的粮食分点给你们,作为你们肥料和人工的报酬。在今年分田以后,农会还会分几亩给你们自己作的,以后你们就作田吃饭。"

因为二姐在信中说要去找刘少奇,刘少奇便在回信中写道:"你们不要来我这里,因我不能养活你们。我当了中央人民政府的副主席,你们在乡下种田吃饭,那就是我的光荣。如果我当了副主席,你们还在乡下收租吃饭,或者不劳而获,那才是我的耻辱。你们过去收租吃饭,已经给了我这个作你老弟的中央人民政府副主席以耻辱,也给了你的子女和亲戚以耻辱。你现在自己提水作饭给别人吃,那就是给了我们以光荣。你以前那些错误的老观点,应完全改正过来。"

刘少奇在回信的最后写道:"我回这封信给你,还是为了你们好,你们必须听我的话,老实照办,否则还是要讨苦吃的。对于过去,你们必须认错,请求农会原谅和教育你们。"

本来,只要刘少奇说句话,他的姐姐就会受到照顾。但他不愿意这样做。不过,姐弟间的情谊还是长存的。

1961年,当刘少奇回到阔别了近40年的故乡时,他没有忘记去看望年过七旬的二姐。他给姐姐送了5斤米、2斤糖、1斤猪油、2斤饼干、9个鸡蛋,作为见面礼。虽然看到姐姐生活得十分清苦,他也没有给姐姐任何特殊照顾。姐姐也很理解小弟。

"年轻人多吃点苦没有坏处"
——与侄子刘久亮

1953年,刘少奇的一个侄子刘久亮正在北师大附中上学。

刘久亮住在学校,由于教室离宿舍比较远,每天来去要走很多路,他就向婶婶王光美提出要买一辆自行车。

那时,骑自行车的人很少。王光美把刘久亮的这个要求告诉了刘少奇。

"这事由我办好了!"刘少奇对妻子说。

过了几天,刘少奇要刘久亮到他办公室去,说要谈买自行车的事。刘久亮一听可乐了,以为叔叔答应了他的要求,连蹦带跳地来到刘少奇的办公室。

不料,进门后,刘少奇不提自行车的事,倒是先问起了学校的情况和刘久亮的学习情况。刘久亮急于知道能不能买自行车,便简短地回答了刘少奇的提问。

这时,刘少奇才问刘久亮:"你们宿舍离学校远吗?"

刘久亮一听,忙把路程如何远,来回走路如何艰苦说了个够。

刘少奇听后又问:"你们学校有多少人?"

"一千多名学生。"

"那骑自行车的多,还是不骑自行车的多?"

直到这时,刘久亮才明白过来,只好如实回答:"不骑自行车的人多。"刘久亮有点失望了。

"你为什么不能向不骑自行车的人学呢?要和大多数同学打成一片嘛!不能搞特殊。历史上有好多家境贫寒的名人都是在艰苦的环境中刻苦学成的。我看,年轻人多吃点苦没有坏处。"

看见刘久亮此时面带愧色,刘少奇又说:"我是你的亲叔叔,这不假!但你不要时刻想着叔叔是什么官,而是要时刻想着自己和普通的群众子女没什么两样。就连叔叔也没有任何可以特殊之处,你能做到这一点吗?"

刘久亮抬起头,看着叔叔,语气坚定地说:"能!"

从此以后,刘久亮每天和同学们一起步行上下课,风雨无阻,再没叫过苦。

"共产党员应该全心全意为人民服务"
——与家乡亲戚

1959年4月,刘少奇当选为中华人民共和国主席。在当时高指标、瞎指挥、浮夸风泛滥成灾的特定历史条件下,选他担任共和国主席,反映了全国人民对刘少奇的无限信任和期望。这就意味着,他肩上的担子更重,责任更加重大。

然而,刘少奇湖南老家的一些本家和亲戚,看到他当了国家主席,大权在握,就给刘少奇写信,或直接来到北京找他,有要求解决工作问题的,有要求解决升学问题的,还有要求解决生活困难的,大有应该"一人得道,鸡犬升天"之架势,而且不给办或办得不周就怨气冲天。这样无疑给刘少奇的工作带来许多麻烦。

1959年10月1日,是我们年轻的人民共和国的10周岁生日。这天晚上,刘少奇很高兴,他打破平时吃完饭要休息一会儿的常规,把秘书刘振德叫去说:"请你告诉今天到我这里来的同志们,我们开个会吧,你也参加。""在什么地方?"他用手指了一下说:"就在隔壁那个会议室。"

当时,刘少奇的一些亲戚和以前在他身边工作过的同志利用国庆节来看望他,当然有些是来请他解决困难的。

刘少奇走进会议室,看人到齐了,就举起手同大家打了个招呼后坐下,

第八章
君子之交昭日月：刘少奇与他周围的人

他抽出一支烟，安到烟嘴上，点燃后吸了一口，开始讲话："今天趁这个机会开个会，在座的有我的亲戚，有过去在我这里工作过的同志，还有我的家人，我看就叫家庭会议吧。"

他环顾了一下会议室，看了看在座的人，说："这个会议室是我主持召开政治局会议的地方。不是要正确处理人民内部矛盾吗？今天我们开这个会就是要处理一下这个矛盾。"他开门见山，点了主题。

"矛盾是什么呢？有的人认为我当了国家主席，做了大官，权力很大，就想沾我点光，给点方便。但我却不这么认为。这就是矛盾。处理这种矛盾，我看无非就是做点思想工作。"

刘少奇举了几种情况："有人给我写信说，不愿意在农村当农民，想进城当工人；有人当面向我提出给他安排个合适的工作；有人想来北京上大学；还有人提出要把他的老人送到中南海来让我养起来。这些要求在你们看来很简单，似乎只要我说一句话、开个条子就解决了。但我偏偏不能说这个话，不能开这个条子。而且有人还受到了我的批评。总而言之，我使大家很失望，所以许多人不高兴、不满意、发牢骚，甚至有人还在背地里骂我，说我不近人情……"

刘少奇深深吸了一口烟，吐出的烟雾很浓。他继续说："现在解放了，在农村也好，在城市也好，生活都比过去好多了。当然马上消灭城乡差别现在还做不到。你们想请我这个国家主席帮忙，以改变自己目前的状况，甚至改变自己的前途。说实话，我要是硬着头皮给你办这些事，也不是办不成。可是不行呀！我是国家主席不假，但我首先是个共产党员，共产党员应该全心全意为人民服务，不是为个人小家庭服务。我手中有点权也是真的，但这权是党和人民给的，我只能用于维护党和人民的利益。我们党处于执政地位，权力很大，但责任更大。如果我们利用手中的权力去为个人小家庭谋私利，那么，我们很快就会失掉人民的支持，我们的政权也会得而复失的。我们为什么能够打败国民党，我看最重要的一条就是因为国民党脱离了群众的大多数，他们腐化堕落了嘛！我们共产党人绝不能重蹈他们的覆辙。

"不要以为你是国家主席的亲戚就可以搞特殊，靠沾我的光提高不了你的觉悟，我送给你一块怀表，也不能代表你的劳动。正因为你是国家主席的亲戚，更应该严格要求自己，更应该艰苦朴素、谦虚谨慎，更应该有富贵不能淫、贫贱不能移、威武不能屈的志气。不要打着我的旗号到处吹牛。前几年，湖南老家有两个亲戚到我这里来了一趟，回去就吹牛，把我送他们的几十块钱路费，说成是因他们报告煤矿生产情况有功，我给的赏钱。这件事影响很不好，我去信严肃批评了他们。我欢迎你们经常给我写信或者到我这里来反映家乡的真实情况，但绝不允许借我的名义吹牛。我希望大家监督我，不要帮助我犯错误……"

刘少奇的一番话，情真意切，深深打动了在座的每个人的心。大家纷纷表示，今后要从大局出发，绝不能再为个人的私事打扰刘少奇的工作，而要全力支持刘少奇把工作搞好，只有这样，才配做刘少奇的亲戚、工作人员。

看到大家对自己的话很理解、很支持，刘少奇高兴地说："今后我们共勉吧！"